整体论：一本购物指南

[美] 杰瑞·福多
[美] 欧尼·勒炮 著
刘小涛 何朝安 主译

ZHENGTILUN
YIBEN GOUWU ZHINAN

東北林業大學出版社
Northeast Forestry University Press
·哈尔滨·

图书在版编目（CIP）数据

整体论：一本购物指南／（美）杰瑞·福多，（美）欧尼·勒炮著；刘小涛，何朝安主译．—哈尔滨：东北林业大学出版社，2016.12（2024.8重印）

ISBN 978－7－5674－1003－9

Ⅰ．①整…　Ⅱ．①杰…　②欧…　③刘…　④何…　Ⅲ．①整体论—研究　Ⅳ．①B089

中国版本图书馆 CIP 数据核字（2017）第 021211 号

责任编辑：赵　侠　马会杰

封面设计：宗彦辉

出版发行：东北林业大学出版社

（哈尔滨市香坊区哈平六道街 6 号　邮编：150040）

印　　装：三河市天润建兴印务有限公司

开　　本：710 mm×1 000 mm　1/16

印　　张：17.25

字　　数：207 千字

版　　次：2017 年10月第 1 版

印　　次：2024 年 8 月第 3 次印刷

定　　价：59.80 元

如发现印装质量问题，请与出版社联系调换（电话：0451－82113296　82191620）

杰瑞·福多（Jerry Fodor，1935—　）

当代著名的美国哲学家和认知科学家，美国罗格斯大学荣休教授，美国艺术与科学院院士。他的工作对心灵哲学、语言哲学、认知科学等领域的研究产生了重要的影响。福多教授致力于发展和捍卫两个理论：一个是“心灵的表征理论”（包括著名的思想语言假设），认为心灵状态是生物体根据大脑里有物理实现的心智表征进行计算，这些表征具有和自然语言中的语句相似的内部结构（句法结构和组合性的语义结构）；另一个是关于心智架构的理论假设，根据他的意见，心灵具有一些“模块化”的系统，如感觉系统和语言，它们的运作方式不同于“中央”系统，具有“信息封装”“域特异”“独立性”等特点。主要著作有《思想语言》《心灵的模块性》《心理语义学》《概念：认知科学的失足》《心灵并不那样运作：计算心理学的范围和局限》《整体论：一本购物指南》（合著）等。

欧尼·勒炮（Ernest Lepore，1946—　）

当代有国际影响的美国哲学家和认知科学家，美国罗格斯大学教授。在戴维森研究、语言哲学、心灵哲学、认知科学哲学等领域颇有建树。勒炮教授长期担任美国罗格斯大学认知科学中心主任，为推动中美学术交流与合作做出了积极贡献。主要著作有《真理与诠释》《组合性论文集》《意义与论证》《唐纳德·戴维森：意义、真理、语言与实在》《不敏感语义学》《想象与约定》《整体论：一本购物指南》（合著），以及《语言哲学手册》（主编）等。

序　言

似乎，一切都依赖于语境。比如说，“The bark”在“树的……”语境里意味着“树皮”，但在“狗的……”语境里意味“犬吠声”，两者意思不一样。“Flying planes”的复数用法意味着飞机（aircraft），单数用法的意思则是领航（piloting）。脱离了语境的“这个”（The）毫无意义（不管怎样，伯特兰·罗素使我们确信这一点），但在“这个F是G”（the F is G）这样的表述里意思就很明确。[Empedikli: s li: pt]在英语里意味着“某人跳了起来”，但在德语中意味着“某人沉浸爱河”。“Je vais”在英语中毫无意义，但在法语中意味着“我去”。

因而，语词在“**语句**”（sentences）中才具有“意义”，语句在**一种语言**（in a language）中才具有“意义”。如同心脏仅仅是整个器官系统（system）的一部分，财政部仅仅是整个机构系统（system）的一部分，一个符号（symbol）脱离了**整体的所指系统**（a whole system of signifiers）什么也不是。弗雷格在《涵义与指称》中曾经说过：“一个语词只有在语句的语境中才有意义。”维特根斯坦则说：“理解一个语句就是理解一种语言。”（《哲学研究》，第199节）戴维森将二者合而为一：“只有在某种语言的语境中一句话（以及一个词）才有意义。”（《真理与意义》，第22页）看起来，支撑这些结论的论证仅仅以一些**自明之理**（truisms）作为前提。难怪这些结论本身广为人们所接受。

此书旨关意义整体论。大体而言，它讨论这样一个论题，即只有作为整体的语言、整体的理论，或者整体的信念系统才真正具有意义，而那些细小组成部分——语词、语句、假设、预言、交流、对话、文本、思想，诸如此类——的意义仅仅是衍生性的。意义（语义）整体论必须与若干相关且易于混淆的观念区分开：比如说关于确证的整体论、关于诠释的整体论或者功能性质的个体化的整体论。即使意义整体论为假，其他那些整体论也可能是真的。或者至少，看起来是这样；除非有论证表明，不仅仅确证、诠释、功能性质的个体化是整体性的，而且，一个符号的意义完全由这样的事实所确定——它的应用如何得到确证；或者它的殊例该怎样诠释；或者它究竟执行何种功能。这些可能性我们都将予以探究。

我们研究意义整体论的原因如下。首先，它很重要。其次，它或许是真的；整体主义理论甚至在亲缘关系较远的音系学和认识论中都有其地盘，为什么在语义学中不能？再次，迄今为止，我们所知道的关于意义整体论的论证，或者我们能够从意义整体论中重构出的论证，或者我们能够从关于意义整体论的讨论中重构出的论证，没有一个是真正合理的。你将在本书中看到的一切内容几乎都致力于说明这一论断。

全书的内容如此安排。根据我们的打算，各章会在很大程度上具有独立性。第一章是问题的地图。它试图相对准确地说清楚，意义整体论的学说究竟是什么，也会稍稍涉及它与其他一些哲学问题的关联；这些问题不仅仅关乎语言和心灵，也关涉认识论、意向性解释以及形而上学。在本书的这一部分，我们唯一带有倾向性的论断是：坚持一种极弱形式的意义整体论，并使得这一立场的哲学蕴涵跟上述范围更广泛的那些问题完全隔绝开，这极有可能根本行不通。这一论题会在第七章得到更进一步的阐释。

其他各章主要致力于批判性地考量近期哲学文献中出现的三种不同论证，据说，它们为意义整体论提供了支持。它们分别是：假定了认识论整体论和证实主义的论证（第二章）；依赖于使得彻底诠释、彻底翻译和意向性解释得以可能的条件的先验论证（第三章至第五章）；假定了一个表达式的语义性质来源于它的“概念角色”的论证，也就是这样一个论证，它要么从某种意义使用论推论语义整体论，要么从结构主义符号学推论语义整体论（或者二者得兼，如果它们本无区别的话；第六章）。

我们进行这一批判性探究的策略或许有点不那么守常规。我们决定直面文本，而不是先构建一个整体论的稻草人，然后将之击倒。在导言之后，每一章都会立足于文本分析而前行。所选文本，根据我们的判断，都特别清晰而富于启发地铺陈了一种或许能支持语义整体论的思路。这样，正在考虑购买的读者至少有机会接触到不同类型的意义整体论，能够多些选择。最低程度，我们希望能抑制冲动性购物。

然而，值得强调的是，并非我们讨论的所有文本都旨在论证意义整体论。例如，威拉德·范·奥曼·蒯因的《经验主义的两个教条》（以下简称《两个教条》）看起来主要是关于认识论（epistemological）整体论和实用主义的。布洛克在任何一种意义上都不是一个整体主义者；他依赖于分析/综合之区分来避免整体论后果，否则，他的概念角色语义学就会让他陷入整体论。尽管刘易斯可能坚持整体论立场，他的“彻底诠释”当然目的不在于捍卫整体论。学术注解不是我们的主要关切；我们会根据自己的目的来使用这些文本，并不必然与作者的写作意图相合。在每个要考察的文本里，我们都能找到可能被认为是（也常被人们认为是）支撑意义整体论事业的思虑。我们感兴趣的是判定类似断言的力度。

之所以选取这些文本进行讨论，原因之一在于，它们的作者都认为，意义整体论和其他一些我们认为很有趣的哲学问题之间存在着关联。比如，有可能存在一个彻底诠释理论吗？在语义理论中，组合性有何种地位？语言内容理论和信念内容理论之间的关系怎样？规范性原则是意向性归属的构成要素吗？只有理性生物才能意指别的事物吗？只有理性生物才能思考吗？真理和融贯之间关系如何？有没有一种可以反驳关于外部对象的怀疑论的先验的语义论证？我们该如何解释语言和心灵之间的关系？我们该如何解释语言和世界之间的关系？讨论意义整体论是桩好玩的事情，部分原因就在于，它迟早会将你引向这些问题。有许多可供我们选择的文本，但是，在其他条件相同的情况下，我们会倾向于选择能尽早导向这些问题的文本。

我们已经说过，本书的关键之处在于：我们发现哲学（以及认知科学）文献中迄今为止所提供的支撑意义整体论的论证都不具有理性的说服力。不过，我们会非常仔细地区分反驳（或支撑）意义整体论的各种观点。本书的作者之一倾向于认为意义整体论简直是荒谬，他在其他地方将其描述为“一种非常疯狂的理论”。另一位作者则倾向于认为意义整体论的观念至少非常有深度而且有趣。尽管在直觉上存在深层的分歧，但我们在一种相当和谐的氛围里着手这项合作，因为我们都认为，已有的支持意义整体论的论证都还不够好。这一点，也只有这一点，是本书试图让你信服的东西。

然而，常常有人跟我们说，究竟意义整体论的论证是否足够好，这并不要紧；哪怕是确实不好，也并不要紧。有人跟我们讲，意义整体论是一个很漂亮的隐喻（我们确实有一次听到过这几个词），是一种深刻地看待事物的方式，一幅富于启发的图景，它揭示世界究竟是怎样的，甚至是一种生活形式。看起来，与隐喻、图景以及生活形式进行论辩不是特别合适；就像前巴洛克风格的歌剧，或者鞑靼风味的牛肉，它们要么吸引你，要么不吸引你。如果某人对意义整体论没有感觉，就说明他缺乏敏感性吗？或者更糟糕的，就意味着他的世界观（weltanschauung）过时了吗？有哪个哲学家希望被人发现还持着去年的世界观呢？

我们不知道对此如何回应。不管怎样，我们相当确定，这不是我们希望的做哲学的方式。在我们看来，没有论证就没有理由去相信。对于一个不存在令人相信的理由的东西，任何人都没有理由去相信它。接下来，我们要着手检验意义整体论的论证，从这些冷冰冰的论证的道理中，希望能获得些慰藉。

许多人已经读过这本书的全部或部分手稿，并且提供了很多有益的建议。下述列表可能并不完全，倘有遗漏，确属无心之过。诚挚地感谢以下所有的评论者：布鲁斯·昂、安妮塔·艾芙拉米德斯、内德·布洛克、保罗·柏高贤、詹妮弗·邱奇、保罗·邱奇兰德、波·达尔鲍姆、唐纳德·戴维森、麦克·戴维特、雷·艾略加多、理查德·弗利、罗杰·吉布森、吉尔·哈曼、约翰·黑尔、詹姆士·席根波森、戴维·刘易斯、巴里·娄鸥、提姆·毛德林、巴里·麦克劳林、克里斯托弗·皮考克、威拉德·范·奥曼·蒯因、乔治·雷、马克·罗林斯、麦克·罗特、吉登·罗森、戴维·罗森塔尔、斯蒂芬·谢福尔、约翰·塞尔、加布·西格尔、罗伯特·斯托内克，以及斯蒂芬·史迪奇。我们同样感激罗格斯大学、华盛顿大学和纽约城市大学的同事与学生，本书的大部分材料都在这些地方的研究生讨论课上获得进展。

我们要感谢斯蒂芬·钱伯斯和安德鲁·麦克尼尔的敦促，感谢卢卡·波那提在参考文献方面的帮助、凯瑟琳·麦肯在索引方面的帮助，以及简·范·阿尔特纳在版面编辑方面的帮助。特别感谢杰西·罗森塔尔博士。

第六章的部分内容曾在《芝加哥语言学会学报》（1991）发表，题为《何以意义（可能）不是概念角色》。

杰瑞·福多

欧尼·勒炮

目　　录

第一章

引言：问题的地图

非原子性质和整体性质

此书旨关语义整体论。语义整体论是关于某物具有意义或内容所需要满足的**形而上学必要条件**的学说。因此，讨论伊始，我们尝试在形而上学语境里来考虑语义整体论。

许多性质具有我们将称之为非原子性质（anatomic property）的性质。[1] 一个性质是非原子的，仅当如果有任何一个事物具有此性质，则至少还有另外一个事物也具有此性质。考虑一个不带偏见的例子，比如，是兄弟这个性质。如果我是兄弟，那么，我必然是某个人的兄弟；这个人必然不是我，因为没有人是自己的兄弟。[2] 我是兄弟的这一性质，人们会说，在**形而上学上依赖**于其他人也具有这一性质（同样的，我的兄弟要成为兄弟也需符合此条件）。因此，是兄弟这一性质是非原子的；我不可能是世间唯一具有此性质的人。如果我可以**证明**我是兄弟，那就可以驳斥唯我论。

如果某一性质不是非原子的，那么，我们就说它是原子的（atomistic），或者说是点状的（punctate）。原子性质（或点状性质）是一个原则上能仅被一个事物例示的性质（举个例子，由“发现了唯一的……”或“吃了最后的……”这样的谓词所表达的性质就都是点状的，我们假定，是块石头也是点状性质）。阐述此书将要讨论的一个核心问题的一种方式是问：是否是一个符号，是否是一个属于语言 L 的符号，是否有一个意向对象，是否有意向内容，是否表达一个命题，是否有一个指称，是否是语义上可评价的，以及其他类似的性质是否是点状性质？当前颇获支持的哲学观点认为，这些性质不是点状性质，而是非原子性质。我们打算探究支持这一观点的哲学论证。

许多非原子性质都特别的非原子，或者我们可以说，这些性质具有整体性。整体性质（holistic property）是这样的性质，如果有任何事物有此性质，则必然有许许多多的其他事物也有此性质。无疑，定义中的“许许多多”还可以进一步推敲；但是，对我们的目的而言，这不是必需的。此书首要关切的是自然语言和心灵。自然语言和心灵的生产性，可用许多有趣的案例来说明：人类的心灵可以把握无限多不同的观念；人类语言能够表达无限长且数量极多的不同命题。因此，我们要讨论的语义性质将会是这样一些一般性的性质，倘若它们具有整体性，那么，如果有任何一个事物有此性质，则会有无限多的其他事物也有此性质。

考虑这样一个不带偏见的整体性质的例子——是一个自然数。有些哲学家怀疑没有东西有此性质，换言之，他们怀疑数的存在。据我们所知，他们的怀疑审慎而融贯。但是，没有人能融贯地怀疑（当然，据我们所知，也没有人打算要这样做）：如果有数存在，那么，必然有许多数存在。举个例子，人们不能融贯地怀疑是否只有数字 3 存在。

这是为什么？根据标准的处理方式，自然数是利用后继关系来定义的：要没有一个自然数是它的后继，就不会有任何东西能成为一个自然数。没有一个数是它自身的后继，因此，如果有任何东西是一个自然数，就必定有别的东西也是一个自然数。每一个数的存在在形而上学上都依赖于其他自然数的存在。也就是说，是一个自然数这个性质是非原子的。数的例子和兄弟的例子很像，但两个例子也有些差异。任何一个兄弟都是他兄弟的兄弟，但没有一个数是它的后继的后继（或者它的后继的后继的后继，等等）。因此，如果有东西是兄弟的话，就必须至少有两个这样的东西；但如果数存在的话，就必然有无限多的数。因此，区别于是兄弟这个性质，是一个数这个性质不仅仅是非原子的，它还是整体性的。

如果数存在，就必然有许多数存在，这一认识意味着是一个数确实是一个关系性质（relational property）（显然，是兄弟是一个关系性质；人们不仅仅说是兄弟，也说有一个兄弟）。不过，不是所有的关系性质都是非原子性质；毋庸置疑，也不是所有的关系性质都是整体性质。除非确实有一只猫是你的，否则，你不可能是猫主人。因此，是猫主人是一个关系性质。但是，这不意味着，如果没有其他的猫主人，你就不能是猫主人。很明显，要使得你成为猫主人，也不需要你拥有的猫也拥有一只猫。因此，这个情况就不会太让人诧异，一个猫主人和他的猫之间的关系区别于一个数和它的后继之间的关系；尽管是一个猫主人和是一个数都是关系性质，但后者是非原子性质，也是整体性质，前者则不是。

考虑另一个例子：除非还有许多人，他们的收入以某种方式同你的收入有联系，否则你就不可能有平均收入；因此，有平均收入是一个关系性质。事实上，它是一个人及其收入和 n 个人及其收入之间的关系，他的收入等于 n 个人的收入之和除以 n。但是，你有平均收入并不要求还有其他人也有平均收入，因此，有平均收入是一个点状性质。就这个情况而言，要使得你有平均收入，甚至并不需要其他人有收入，因为根据平均收入的定义，它可以仅仅是一个有收入的人和他自身的关系。这样，你可以在一个只有你有收入的经济情境里有平均收入。确实，在这样的经济情境里，你不得不有平均收入。

好了，诚如所愿。但这些很重要吗？

非原子论与语言理论

有时候，一些云遮雾绕的哲学困难可以重述为某种性质究竟是不是非原子性质。这种运思几乎是“语义上行”策略的形而上学等价物；并且，就像语义上行，它也有退烧醒脑的效果。比如，以是否存在私人语言的讨论为例。认为私人语言存在，就至少要否认会一门语言这个性质是非原子性质；相应地，就至少要断定，概念上完全可能有一门语言它只有一个使用者。尽管这个策略还没有让你走出很远，但它至少帮助你将私人语言问题中的语言部分和私人性部分区分了开来。(可以比较瑞斯的论文《可能有私人语言吗?》)

如前所述，此书主要关心语义性质是否有整体性。我们会看到，支持意义整体论的标准论证都需要这样一个前提，即语义性质都是典型的非原子性质。因此，进入相关问题（比如，是一个符号和属于一门语言二者之间的关系究竟是不是内在的？符号是否因为它是整个语言系统的组成部分才能存在?）的一种方式是先讨论非原子性（anatomisity）。因为这将是下文铺陈所用的主要策略，我们希望先对读者做些警示。

第一个警示

尽管关于意义整体论的问题通常能重述为某些语义性质是否是非原子性质的问题，但不是所有的语义性质都能企及这一目的。这个不受欢迎的后果是因如何定义“非原子”而产生的。举个例子，断言在语言 L 中表达命题猫在席子上这个性质是非原子性质，就意味着断言，如果一门语言有一个表达式意指猫在席子上，就至少还有另外一个表达式也意指猫在席子上。这个说法看来完全不可信。不过，意义整体论的一般性论题也都不会取决于它。

一个有趣且看来合理的主张是，概括性的语义性质（松散地说，例示一个性质的变项范围包括命题、内容、意义，以及类似的东西）是非原子的。比如，此类性质——表达这样或那样的命题，有这样或那样的指称，有这样或那样的内容——都是非原子的。正是以这些性质为基础，才可以建立从语义非原子论到语义整体论的论证。因此，如果前者能站得住，后者就也可能站得住。特此，我们建议读者要留意，除非有特别提示让你注意相反的情况，否则，当我们谈论语义性质是否是非原子性质的时候，我们头脑里想着的都是概括性的语义性质。

此书的讨论大多与两个关系密切的论题相关。我们将称之为内容整体论的论题主张，在此意义上，即没有表达式有此性质，除非该语言还有许多其他非同义的表达式也有此性质，像有内容这样的性质都是整体性的。就后果言之，这个论题意味着不可能有点状的语言。我们将称之为翻译整体论的论题主张，在这个意义上，即除非它属于这样一个语言，该语言包含许多可以翻译 L 中的公式的不同义的公式，否则再没有任何东西可以翻译 L 中的公式，像与 L 中的这个公式或那个公式意义相同这样的性质具有整体性。[3] 几乎所有出现在哲学文献里的支撑意义整体论的论证实际上都是支撑内容整体论的论证，这一点让我们很吃惊，我们希望，它也会引起读者的兴趣。支撑翻译整体论的论证看来是这样的，它假定意义随附于语句之间的关系（它们是些类似于推理角色的东西），因此，翻译之所以能保存意义，仅当元语言中许多语句之间的推理关系也保存了对象语言中的许多语句之间的推理关系。在第六章，我们会仔细考察此类论证。

第二个警示

当哲学家提出意义整体论问题的时候，关于非原子论的问题绝对不是他们头脑里唯一的问题。举个例子，维特根斯坦、奥斯汀，以及他们的追随者，曾探究过这样一个著名论题，即是一个符号与在一个非语言的约定、实践、仪式及行为系统中起作用之间有一种内在联系，我们不妨说，是符号和生活形式之间的一种内在联系。[4]

我们之所以提到人类学整体论，仅仅是为了要将它撇到一边。这么做的理由如下：人类学整体论区别于语义整体论仅仅在于，它关心语言和语言的意向性背景之间的关系，也就是语言和信念、建制、实践、约定的文化背景之间的关系，根据人类学整体论的意见，语言在形而上学上依赖于它们。然而，当应用于这个背景自身的时候，人类学整体论就会还原为语义整体论。也就是，还原到这样一个信条——意向状态、建制、实践等，在形而上学上相互依赖。因此它们是非原子的。换一种稍有区别的表述，就当前目的而言，我们没有一个论证来支持这样的哲学家——他们既认为语言整体性地依赖于一个意向性背景，同时又对该意向性背景持原子论立场，因此，在后果上允许具有任意性的、点状的生活形式（比如说，我们假定某个在思想和语言的关系上持格赖斯主义的学者也能够融贯地对思想持原子主义立场）。再换一种说法，情况可能是这样的，任何语言的东西要有内容，就必然有些非语言的东西也有内容。即便确实是这种情况，只要非语言的东西具有内容的条件是原子论的，我们就乐于接受。

尽管非原子论不是与语义整体论相联系的唯一哲学问题，然而，它足够用来区分语言哲学中的两大传统。原子论传统始于英国经验主义者，继而有皮尔士和詹姆士等实用主义者。最常被引用的论述出自维也纳学派的著作以及罗素的《心的分析》。这种传统的当代代表大多数是模型论理论家、行为主义者以及信息语义学家。鉴于这一传统的学者认为，符号的语义性质完全取决于符号与非语言世界中的事物之间的关系。第二种传统的学者则认为，符号的语义性质取决于（至少部分取决于）符号在语言中的功能。既然语言是符号系统，如果一个符号的意义由它在语言系统中的功能所确定，那么，是一个符号这个性质就是非原子的。第二种传统始于语言学中的结构主义者们，以及哲学中的弗雷格们。[5] 它的当代代表众多。他们包括：哲学家蒯因、戴维森、刘易斯、丹尼特、布洛克、戴维特、普特南、罗蒂及塞拉斯；几乎所有的人工智能研究专家和认知心理学专家；和几乎所有研究文学批评的法国人。

显而易见的是，如果你真对语言哲学有兴趣，那么，语义性质是否是非原子性质就会是个很有趣的问题。我们再次强调，关键在于有一个广泛接受（也许常常是暗自接受）的论证认为，如果一个语义性质是非原子性质，那么它就是整体性质。设若我们目前假定，这个从非原子论到整体论的推理是有效的，那么，语义性质的非原子论立场会导致的任何理论后果，语义整体论也会具有。并且，对于语言哲学而言，意义整体论的影响不可避免。

比如，达米特就坚持认为：

> 一个彻底的整体论，虽然它或许能提供一个在抽象层面具有可理解性的语言模型，但对于我们如何使用语言作为工具进行交流，或者如何掌握一门语言，却不能提供一个可信的解释。……本质上，这种情况类似于一门所有语句都由单个的词构成的语言，也就是说，它没有内在的语义结构；……这就很难理解，某语言的使用者如何能够将特定涵义与那些单个的词句关联起来。更不要说不同说话者如何都达成同样的涵义，或者某人如何能够发现别人赋予一个语句的涵义是什么，甚至确定这一涵义与他自己赋予此语句的涵义是否相同。同样，如果一个整体性（total）理论被视作无法分解为有意义的构成部分，那么我们无法从其内在结构导出其意义——因为它根本不具有内在结构。而且，我们也没有任何其他东西可以推断其意义。（达米特《弗雷格：语言哲学》，第 599—600 页）

实际上，达米特的论证基于这样一个类比：语句之所以是公共可理解的，是因为它们的意义由其构成部分的意义组合而成，并且，说话者和听话者知道语句构成部分的意义以及管辖其组合方式的约定。这个解释预设了语句的构成部分都具有意义，它们在说话者和听话者的语言里意谓相同的东西。达米特声称，如果我能理解你的理论（通过增加某种程序），那就必然是因为理论的内容由构成该理论的语句的内容所确定（出于论述的方便，让我们假定理论是一组语句）。并且，如果我能学习你的理论，那就必然是因为我可以通过学习它的一些构成语句学到部分的理论，通过学习更多的构成语句学到更多的理论，通过学习全部的语句学到全部的理论。但是，这些可能性预设一个理论的构成语句都有意义，而且，它们在你的整个理论里以及在我学习你的整个理论的过程中有相同的意义。

如果意义整体论是对的，那么，这些想法看起来就可能是错的。因为意义整体论要求（读者应能回忆起来）如果你理论中的任何一个语句出现在我的理论里，那么，你理论里的所有语句都必须出现在我的理论里。同样，在细节上做些变动，以“语言”来代替“理论”。如果整体论是对的，那么，除非我能理解你的所有语言，否则我实际上就不能理解你的任何语言。但这样的话，任何一种语言如何能被人学会呢？除非语言认知是一个类似顿悟的过程。

达米特推进的观点是否构成对语义整体论的反驳，这个问题我们还不想表态。首先，此书的目的与常见情况相反，不是要确定整体论究竟是对是错，而仅仅是要审查那些支持整体论的论证。其次，假定达米特是对的，也就是说，假定关于语言如何被学会、如何被交流等的标准图景预设了理论和语言的语义性质由构成它们的语句的语义性质确定，类似于一个语句的语义性质由构成该语句的词项的语义性质确定。仍然以这样的论证来反驳意义整体论可能会低估了整体论的适用范围，比如，整体论者可能也是修正论者（revisionist）。一个语义整体论者可能会接受达米特的分析，然后回答说：“可我们关于语言和理论的习得与交流的常识理解要更为糟糕啊。”显然，蒯因、丹尼特、史迪奇、邱奇兰德夫妇，以及其他许许多多的意义整体论者，都受到了这种修正主义的影响。

对于当前目的而言，这就够了，即倘若你假定在 L 中有意义和与 L 中的某表达式意义相同这样的性质具有整体性，那么某种关于交流和语言习得的标准图景就可能会崩溃。根据这种图景，说话者和听话者的语言承诺和理论承诺可以部分重叠（其程度随你所愿）：你可以部分地相信我所相信的东西，但不必要全部相信；你可以部分地理解我的语言，而不需要学习我的所有语言；如此等等。对于协调语言具有人际性和社会性这一基本观念和没有两个说同一门语言的人的言语完全一样这一显然的事实，原本看起来很关键。正如弗雷格在一个文献里评论道：

> 必须把符号的指称和涵义与同符号相联系的图像（image）区别开来……图像是主观的，一个人的图像不可能是另一个人的图像……因此，图像与一个符号的涵义有根本性的区别，后者可以为许多人所共有，并因此不是个别人的心灵的部分或形式。因为，很难否认，人类拥有共同的思想财富，它代代相传。（弗雷格《涵义与指称》，第159—160页）

但是，如果我们对达米特理解准确的话，他想论证的是，这种把语言视为公共财产的图景只有在这种限制下才讲得通，即语言用法的部分契合并不要求用法的完美契合，也就是要拒斥语义整体论。[6]

初次勾勒语义非原子论可能跟语言哲学中的其他问题有怎样的联系，我们就说这么多吧。

更广泛的蕴涵

指称整体论与科学实在论

近来，情况越来越明显，在其他领域也听见了语义整体论的回响。考虑性质R——一个语言表达式有性质R，当且仅当它跟某英语表达式指称相同的事物。举例来说，R是表达式“la plume de ma tante”具有的性质（因为它与英语表达式“my aunt's pen”指称相同的事物），当然，也是表达式“la penna di mia zia”和“my aunt's pen”所具有的性质。问题：性质 R 是整体性的吗？只有少量重叠的不同语言可以共享彼此的“本体论承诺”吗？

上述问题之所以重要，其中一个理由是这样的：假定本体论承诺是整体性的，那么，两门语言要能够共享本体论，仅当他们共享相当多的本体论。比如说，真相可能是这样的，没有任何语言能够有一个表达式跟英语表达式“the pen of my aunt”指称相同的事物，除非这门语言还有其他的表达式，它们可能指称芝加哥，猫在席子上，1927年世界职业棒球大赛的最后一场比赛，最后的莫西干人，《最后的莫西干人》，如此等等。[7] 这个结果的重要性仍然是语言哲学的，但它显然非常有趣，而且也非常反直觉。

真正提高风险的是这一点，即同样的考虑也适用于语义性质 R*。一个表达式有性质 R*，当且仅当它指称的这样或那样的东西也是当前成熟天文学理论所指称的东西。设若 R* 是非原子的，并因此也是整体性的（基于非原子论蕴涵整体论这个假定）。那么，情况就会是这样的，没有任何理论能够指称恒星，除非它也能指称行星、星云、黑洞、银河系的中心、光的传播速度、最近的类恒星的位置，等等。这意味着，古希腊的天文学（及天文学家）从来都不可能指称恒星；并且，它还意味着，古希腊人的观点——恒星很近，它们在一个玻璃球面上绕行于天堂四周——就并不真正与我们的观点相冲突，根据我们的观点，恒星很远，它们没有绕着天堂转。实际上，严格地讲，它意味着古希腊人没有任何关于恒星的观点；以当代的天文学词汇，我们也不可能说出古希腊天文学所谈论的东西。更不必说，以经验为基础在古希腊天文学和现代天文学中做出选择的努力是毫无意义的。在你不能言说之处，你必须保持沉默。[8]

因此，如果性质 R^* 是整体性的，那么科学理论之间就在经验上不可通约，除非它们的本体论承诺或多或少地相同。请注意，支持科学实在论的主要论证是，科学一直在进步。就当前的案例来说，支持关于天文学理论的科学实在论观点的论证是这样的，凭借当代天文学理论，我们可以做出远胜于古希腊人的预测。可是，如果这一点不过是贫乏地为真（因为古希腊天文学并没有对恒星及我们的天文学所谈论的东西做出任何预测），那么，支持科学实在论的标准论证就是白费心机。[9]

这种关于 R^* 的整体性所具有的理论蕴涵的看法非常普遍。从本体论承诺的整体论推论到关于科学理论构体的反实在论（及相对主义或工具主义）一直是20世纪形而上学家的主要策略。比如，当代哲学家中的蒯因、古德曼、库恩、费耶阿本德、普特南，以及其他许多人。[10]甚至，就近来的哲学发展而言，库恩对科学范式间不可通约性的发现（或者推定）看起来几乎是许多哲学圈外的人唯一在意的一个结果。先导向整体论然后再导向不可通约性的论证，在本质上依赖于这个判断，即像 R^* 之类的性质是整体性的（自不必说是非原子的）。

意义整体论与意向性解释

现在考虑性质 T。一个表达式有性质 T，当且仅当它翻译英语中的某一表达式。因此，“ten pen of my aunt”和“la plume de ma tante”都有性质 T，像“The pen of my aunt is on the table”“La plume de ma tante est sur la table”“La penne di mia zia é sul tavolo”之类的语句也都有性质 T。问题：性质 T 是不是非原子性质？

此问题之所以重要，理由是这样的。再一次假定，有一个从语义性质的非原子论到语义性质的整体论的论证。那么，情况就会是没有任何一门语言有一个表达式能够表达“The pen of my aunt is on the table”所表达的意思，除非该语言还有其他的表达式能够表达英语表达式“Two is a prime number”“London Bridge is actually in Arizona”“XYZ is not H_2O”“Snow is white”“The snark is a boojum”所表达的意思。这种情况的一个后果是，乔叟、莎士比亚、林肯都不是说一门可以表达“The pen of my aunt is on the table”的语言（甚至维特根斯坦也不是，因为XYZ不过是最近的一个发明）。

如果有论证能表明，乔叟、莎士比亚、维特根斯坦都不能表达他姑姑的笔在桌上，那么同样的论证或许也能表明，他们不能思考他姑姑的笔在桌上。一个信念有性质T*，当且仅当它表达的命题是我的一个或一些信念的内容。根据当前的假定，如果T*是非原子的，那么它是整体性的。进而，如果T*是整体性的，那么（假定思想的个体化是根据其命题内容的），情况就可能是，没有人有这样的思想，它们是跟我关于姑姑的笔的思想类型（type）相同的思想殊例（token），除非他也有这样的思想，它们是跟我其他的思想（比如，猫在席子上、黑洞是种奇怪的对象、有些总统很无能、没有人会去奥马哈宣讲福音）类型相同的殊例。或许，这也可以看作心灵哲学中的一个有趣甚至有点反直觉的后果。在其他领域，它同样也有些理论蕴涵。

包括绝大多数认知科学家和普通民众在内的许多人都对行为持如此看法，即高等动物的行动是出于他们的信念和欲望。据此观点，有一种受反事实条件支持的概括，可以将高等动物的心智状态和他们的行为（及不同行为）联系起来，它们包含心智状态（由于心智状态的意向性内容）。考虑这样一些陈旧的例子，比如“如果你看到月亮在地平线上，那么你看到的月亮会显得大些”，或者“如果某人问你盐让你想到的第一样东西，你会想到辣椒”，或者“如果某人问你想到的第一种颜色是什么，你会想到红色”[11]。如此等等。

我们要强调，正是由于思想所指向的东西才使得思想能够落入像“如果你想一种颜色，你想到的第一种颜色会是红色”这样的概括，也就是说，是由于它是一个关于颜色、关于红色的思想（这里对“关于……的思想”作从言解释）。自不待言，这类概括能够包含你和我，仅当我们都具有关于颜色和关于红色的思想。

但现在，让我们假定关于思想内容的整体论是正确的。于是，既然你和我有很大程度上不同的信念系统（显然，你知道很多我不知道的东西）。并且，根据定义，一个性质是整体性的，仅当任何事物都不能有此性质除非还有其他许多事物有此性质。那么，看起来你的任何思想都不会有相对于我的思想而言的性质 T^*。[12]逻辑上，这还会意味着我们中间不可能多于一个人具有关于颜色或红色的思想。因此，在最好的情况下，我们中间的一个人能够落入“如果你想一种颜色，你想到的第一种颜色会是红色”这一概括。事实上，在最好的情况下结果很可能是，我们两人之一的一个时间片段能够落入这一概括。因为，一个人的许多信念都会随时间发生变化，而根据当前的假定，信念的个体化是整体性的。

这些考虑意味着，如果 T^* 是整体性的，看来就不可能存在能同时被一个以上的个体所满足的受反事实条件句支撑的意向性概括。[13]确实，许多哲学家的论证都是这样推理的。根据他们的意见，既然心智性质是整体性的，就不可能存在真正的意向性定律（intentional laws）；并且，既然不存在真正的意向性定律，意向性解释就不可能完全是事实性的（比如，蒯因、戴维森[14]、史迪奇、丹尼特、邱奇兰德夫妇，以及其他一些哲学家）。或许，如果不可能存在完全事实性的意向性概括，那么，在物理学家和生物学家所设想的“科学”的任何一个含义上，都不可能有一门关于人性（或者科学认识论、科学道德心理学）的意向性科学。总之，如果语义整体论是真确的，那么，严格说来，“行为科学”“社会科学”“认知科学”等都是矛盾的概念。

最重要的是，不可能有一个关于合理性（rationality）的科学理论：

> 所有的黄金都遵从一些普遍定律……但是，我们有多大机会能找到所有得到合理辩护的信念都遵从的普遍概括呢？同样的考虑曾挫败了归纳逻辑纲领，为“可投射性”或者“先验概率”找一个合理（在“合理”这个词的一般意义上）标准的理论需要看起来既依赖于论题又相对于兴趣，这意味着……即便在一个最严格的领域，比如物理学，也没有像严格定律之类的东西能确定什么是合理的推理（以及什么不是），或者什么是值得期待的得到辩护的信念（以及什么不是）……我们应该也必须以一种类似于科学之取得进步的方式前进……但是我们不能期待所有有恒心的研究者都必定能在一种道德理论或者一种实在的观念面前会师。（普特南《哲学家与人类理智》，第201—202页）

要注意的是，这条论证路线不依赖于对意向性内容的特定预设。所要求的全部东西（不管意向性内容是什么）不过是它们有“论题依赖性和兴趣相对性”，也就是说，具有整体性。

意向性内容的自主性

到目前为止，我们想阐明的要点是，意义整体论的蕴含延伸出去可能一方面会危及科学哲学中的某种形而上学实在论；另一方面，也会危及意向性科学最终可以获得其客观性和可靠性平行于物理学和生物学的理论的可能性。乍一看，这会让意义整体论成为一个坏消息，特别是从语言学家、心理学家、经济学家、认知科学家，以及其他一些社会科学家的角度看来是如此。

不过，对这一点也可以做积极的理解：如果意向性理论的“构成性原则”事实上是整体性的（或者规范性的，或者也许因其规范性而具有整体性；参见第五章），而在同样的意义上，物理学和生物学不具有这种性质，那么，意向性解释事实上就可以免除物理学和生物学经常带来的还原论威胁。用另一种方式表述这一点，如果你认为常识信念/欲望心理学不过是另一种“经验科学”，它与那些在哲学上不成问题的气象学和地质学等经验科学在类型上并没有区别——尽管它还不够清晰。那么，这也许就意味着，最终可能表明，以经验作为基础来判断常识信念/欲望心理学可能在很大程度上或者全部是错的——就像我们的气象学或地质学也可能最终被表明在很大程度上或全部在经验上是错的一样。在这样一些情况下，如果被证明它不能被整合进我们的成熟的科学世界观，常识信念/欲望心理学就会被表明是经验上错误的。邱奇兰德夫妇（也许还有蒯因）就认为这一类情况实际上正在发生。

但是，如果一个诠释性或释义性解释因其具有整体性特征，事实上并不与经验科学中的理论构成竞争，那么上述情况就不可能发生。如此，人们就完全可以合理地采纳这个观点——不管生物学和物理学最终发展的情况如何，意向性解释的一般结构“没得商量”（用英国人喜欢的一个说法）。沿着这条论证思路可以发现一个类似于康德的策略，后者为了给伦理学的基础找到某种自主性，不得不以接受科学理性范围的先验限制作为代价，区别仅仅在于，人的概念是作为一个意向性系统，而不是一个其自由在经验批判之后可由先验论证来保证的道德主体。[15]

不管你以何种方式看待，如果意义整体论跟一个强健的内容等同的概念不相容，并因此与一个强健的意向性定律的观念不相容，那么，整体论论题和一些如何理解人类自身的难题之间的联系就非常密切，也迫切需要解答。

内容的等同与内容的相似

那么，为什么许多哲学圈之外的人（比如认知科学家、行为科学家、社会科学家）都不担心整体论问题呢？一个理由是，他们可能没有意识到整体论的诸般恶果，或者他们怀疑这些结果是否真能从整体论推出来；另一个理由是，人们普遍假定，即使整体论排除了内容的等同（identity），但它仍然允许谈论内容的相似（similarity）（在以下的叙述中，我们会看到第三个理由）。人们视这一点为理所当然，就像常识一般。确实，人们的日常口语经常说到信念的相似。我们会说“凡总统相信的东西我都相信”“她的世界观近似于吸血鬼（Dracula）”“她对确定摹状词的理解更接近斯特劳森，而不是罗素”等。或许，可以利用“相似信念”的这种日常含义来解释意向性概括。也许一个恰当的概括如同：如果某人问你某个类似于你想到的第一种颜色的东西，那么你会想到某个类似于红色的东西。[16]

困难在于，我们完全不清楚这样一种新的概括在什么情况下是真的（或假的）。除了某种帮助理解的效果，诉诸内容的相似来减轻语义整体论的恶果的建议非常空洞。这一点极为重要，但并没有多少人认识到这一点，我们愿意再费些唇舌。

无疑，人们确乎知道，或多或少和总统相信一样的东西是怎么回事——也就是享有总统的许多信念。比如，总统相信P，Q，R及S；我相信P，Q及R。因此，我的许多信念都跟总统的信念相似。另一个相容的替选解读是，总统非常强烈地相信P和Q，我也以几乎同样强烈的程度相信P和Q，因此，我的信念相似于总统的信念。但是，这两种解释信念相似性的办法对当前的困难都没有帮助。当前的困难不在于解释强烈或不强烈地相信P或者相信P，Q，R，S中的大多数是怎么回事，而是要解释相信某个相似于P的东西（或多或少P的东西）是怎么回事。

"相似信念"在口语中的含义预设了某种信念计数的办法，也因此预设了某种信念等同的观念。如果你具有大多数我有的信念，那么，更不必说存在一些我们都有的信念。如果有一个你相信的命题，并且我也强烈地相信它，那么，更不必说这个命题是你我信念的对象。但恰恰是相似信念的这些口语含义预设了信念等同的观念，因此，诉诸信念相似的观念来免除解释信念等同的理论要求的做法就算无效。就后果而言，如果你是个整体论者，并且你的信念等同的概念不算特别强健，那么你必然也要认为，实际上人们几乎不可能有相同的信念，而且，在我们刚刚讨论的相似信念的任何一种口语含义上，人们都不能有相似的信念。如果我不能相信总统所相信的任何东西，那我当然就不能相信总统所相信的大多数东西。如果总统和我根本不能有任何相同的信念，那自然也就不存在什么总统和我都强烈地相信的东西。

当然，在这些口语含义之外，设想另一种与意义整体论和强健的意向性概括相容的"相似信念"的概念，这没有什么逻辑上的不融贯。问题是，就像我们前边的评论所云，看起来还没有人知道这样一种有理论作用的新含义会是什么样子。恰恰相反，这一点极为可能，你不能获得一个强健的相似概念，除非你有一个相应的等同概念。要注意的是，问题不在于说，如果整体论是正确的，那么信念等同的条件就会很难满足；如果整体论是正确的，那么“相同信念类型的殊例”的概念就是以这样一种情况来定义的，也就是每一个信念都被共享的情况。整体论没有提供如何在其他情况下构建一个信念类型相同概念的办法，也没有为这种构建提供任何线索。然而，在两个信念系统没有完全重叠的情况下，如果对两个信念是两个相同类型的殊例这一判断没有有效的说明，我们怎样才能说明这一概念——两个信念是几乎（almost）相同的两个类型的殊例？（第七章会讨论一种说明意义相似概念的最新建议，请参阅）

我们真的认为，这个困境很难挣脱。当前认知科学中关于意向内容相似的流行谈论显然不是深思熟虑的结果，它们的作用只是模糊问题的重要性。比如，人们可能建议说，一个内容整体论者可以对信念的相似采取一种物理主义的解释；毕竟，如果你和我在分子层面完全相同，那么你和我的信念就也可能完全相同。[17]难道这不意味着，如果你我在分子层面相似，那么你我的信念也会相似？信念相似的这种概念看起来有些指望，因为即便没有任何生物体的两个时间片段在物理上完全相同，我们仍然有许多办法说生物体的两个时间片段在物理上近似。

然而，仔细思考后我们发现，这完全是条死胡同。即便认定信念系统的相同随附于物理上的相同，这也不能推出信念系统的相似随附于物理上的相似。或许可以合理地假定，如果你是我分子层面的孪生物，那么你享有我的所有信念；但我们没有任何理由假定，如果你是我分子层面的近亲，那么你的某些信念就也因此相似于我的某些信念。（另外，究竟是哪些呢？）毫无疑问，有许许多多的办法可以使两个分子上是近亲的大脑成为相似的大脑；但同时也有许许多多的办法使它们不相似，并且我们完全不知道究竟是哪个相似或者差异会决定它们的信念究竟是否相似。这不过是说，较之如何解释与心理学分类相关的内容的相似，也没有人对如何解释与心理学分类相关的物理的相似有更好的办法。

“好吧，两个信念相似仅当它们通常在几乎相同的推理中起作用。”有两个理由可以表明这步棋不奏效。其一是我们刚刚强调的要点：如果这种建议想要为相似信念提供一个强健的概念，它就不得不预设一个同样强健的相同推理的概念。这看起来正是意义整体论想要否认的一个东西。如果情况表明，没有两个人有完全相同的信念是意义整体论的一个后果，那么，没有两个人接受完全相同的推理就也会是意义整体论的一个后果。毕竟，推理的相同要求完全相同的前提和完全相同的结论。也许有人会辩解说，整体论仍然允许不同的人能接受相似的推理。但这不过是让我们回到了起点——除了是相似推理（而不是相似信念）这个概念在呼救以外。

以所采取的推理的相似来建立相似信念概念的第二个困难在于，某些推理常常不得不依赖于别的东西。想想那个正在思考红色的人吧。当我在思考红色的时候，我是处在一个准备好做出某个关于西红柿的推理的状态。比如说，如果我认为这本书是红色的，那么，我就会准备相信这本书与熟透的西红柿差不多是相同的颜色。但是，我做出这个推理（以及许多类似推理）的意愿显然不是我拥有关于红色的思想的构成要素。如果它是的话，那莎士比亚就不走运了，他并不知道什么是西红柿。

事实上，不管你如何对信念进行个体化，世界上都有数量极多的红色的东西——因此也有数量极多的关于红色的东西——是莎士比亚不知道但我知道的东西；当然，反之亦然。这样，我们就需要知道，莎士比亚和我所做的关于红色的推理之间的区别有多少可以算作我们关于红色的概念的区别。这类问题在多大程度上没有原则性的答案，我们就在多大程度上缺乏一个可以与信念归属的整体论解释相容的内容相似的概念。我们以为，它是完全没有答案的；与相信西红柿是红色的比较，相信火星是红色的算是更多（或更少）地拥有红色这个概念吗？[18]

简而言之，意向性解释需要一个强健的信念等同的概念，而意义整体论看起来则排斥这样一个概念的可能性。你不能诉诸内容相似这一概念来摆脱困境，因为所有强健的内容相似的概念——或者，最低限度是所有在脑海里浮现的概念——都预设了一个强健的信念等同的概念，因此它们自身也与整体论不相容（如果强健的信念等同的概念确实与整体论不相容的话）。

意义整体论与分析/综合之区分

在这样的关键时刻，哲学家们常常还有另一步棋，那就是——基于分析/综合之区分为信念等同选择一种合适的观念。信念相同，当且仅当它们参与相同的分析推理（如果需要的话，也许就可以再引入一个相对应的相似信念的概念，只要对“信念是相似的，仅当它们参与许多相同的分析推理”做相应调整。第二章会对分析性做进一步讨论；第六章会论及分析性与等同信念之间的关系）。严格说来，这种调适内容整体论和一个强健的相似信念的概念的办法会被指责为窃取论题，因为看起来它还是假定了一个接受相同的推理的概念（也因此假定了相同推理的概念）。但我们现在不拿它做文章。对整个讨论而言，分析/综合之区分一直躲在幕后，是把它揪出来的时候了。

到目前为止，我们都在考虑，假定这二者——语义性质是典型的非原子性质以及如果一个语义性质是非原子性质，那么它是整体性质——会有什么样的后果。值得注意的是，要是没有第二个假定的话，第一个假定相对而言还算没有害处。而且，对这一点的阐明很有趣，比如，你不能享有我的任何信念，除非你享有两个以上我的信念（细节上做些改变，一门语言不能表达任何命题，除非它能表达许多命题，如此等等）。然而，如何从这样一种“分子论”的语义学推出它在理论的通约性、科学实在论、翻译、意向性解释等论题上的重要蕴涵，就是件很不明了的事情。[19]这些推论看起来还依赖于整体论的主张，即内容的条件相对于整个语言或者信念系统。例如，你不能分享我的部分信念，除非你分享我的所有信念。

我们现在想强调的是，从非原子论到整体论的论证，它本身依赖于在分析和综合之间不能做出区分这个前提。如果情况确实如此，那么对语义整体论的讨论而言，唯一值得关心的语境就是这样一个语境，它以分析/综合区分的失败作为共同基础。正如前文所述，之所以许多认知科学家都不担心整体论给信念等同的概念造成的威胁，那通常是因为他们认为某种相似信念的概念能够拾遗补阙。以大致相同的理念，之所以许多“功能角色”（functional role）语义学家或者证实主义者都不担心整体论的幽灵，那通常是因为他们买了区分分析/综合的膏方。[20]

现在，我们要考虑从语义性质的非原子论到语义性质的整体论的论证究竟是怎样的，以及否定分析/综合的区分在这个论证中发挥了怎样的作用。以下是个候选构想。

论证 A

前提 1：概括的语义性质，如 T，T^*，R，R^*，是史密斯的某个信念，是语言 L 的一个公式，等等，是非原子性质。

评论：

1. 我们不想对**有多少**概括的语义性质是非原子性质做出承诺。当前分析的论证仅仅要求是史密斯的某个信念这样的性质是非原子性质。

2. 前提 1 自身也许能从别的理论立场推导出来，比如，某种形式的“推理角色”语义学——例如，从概念的等同（语词意义的等同）至少部分地取决于它在一个信念系统（或者语言、理论）中的角色这样一个假定。根据我们的印象，绝大多数当代哲学家之所以接受前提 1 都是由于这样的理由。举个例子，在第二章我们会看到，根据普遍的理解，蒯因接受论证 A 的一种形式，它的第一个前提是从语义证实论推导出来的：粗略地说，是从这样一个假定推导出来的，即一个信念的内容是确定该信念为真（或为假）的方法，特别是还包括确定过程中所包含的推理。

引理：如果史密斯有信念 P，他就必然另有区别于 P 的信念。

前提 2：在这两类命题之间不存在原则性区别。一类是为了获得信念 P，史密斯不得不相信的命题；另一类是为了获得信念 P，史密斯并非必须要相信的命题。

评论：

1. 坚持前提 2 的常见理由是：一方面，人们能想到的唯一的原则性区别依赖于这样一个观念，即如果你不能相信 P，除非你相信 Q，那么“如果 P，那么 Q”就必然是分析的（或者说，对你是分析的）；

另一方面，在分析/综合之间不存在原则性区别。这恰恰就是从语义性质的非原子论到语义性质的整体论的论证拒斥分析/综合之区分的关键之处。

2. 然而请注意，“拒斥分析/综合之区分”在当前语境里的理论蕴涵区别于蒯因在写作《两个教条》及其他一些论文时脑袋里所想的东西。当蒯因对分析/综合说“不”的时候，他或许想的是“没有分析语句”。然而，以这种方式解读前提 2 的话，论证 A 就会显得不融贯。因为前提 1 要求，要形成关于 P 的信念，必然还要相信除 P 之外的其他命题。像我们已留意到的那样，这会使得以一个这样的命题补充完整条件句“如果 P，那么……”就会构成一个分析语句。

因此，针对前提 2，论证 A 所需要的解读是“分析/综合之区分不是原则性的”，而不是“没有分析语句”。当然，概念角色语义学者及其亲故都能接受这种解读；但很明显蒯因不能容忍它。[21]这有些讽刺的意味。接受语义整体论通常被认为是同意蒯因关于分析/综合之区分的看法的一个后果。但是蒯因关于分析/综合之区分说的是没有分析语句，而这看起来不是一个采取论证 A 的语义整体论者能够同意的东西。

结论：是史密斯的某个信念这一性质是整体性质。

评论：

1. 论证中的“史密斯”无关紧要。如果论证是可靠的，它就会表明不可能存在一个点状的心灵（一个可以只容纳一个命题的心灵）或者一门点状的语言（一门能够仅仅表达一个命题的语言）。

2. 论证 A 的形式是：“如果一些 a 是 F，并且在是 F 的 a 和不是 F 的 a 之间不存在原则性区别，那么所有的 a 都是 F。”因此，这个论证有“连锁推理”（sorites）或者“滑坡推理”（slippery slope）的形式。

3. 哲学中常常发生这种事，当出现一个悬而未决的哲学论证形式时，想要在文献里找到一个明确表达的实例会困难得让人沮丧（戴维特在《意义整体论》里写下了同样的抱怨）。不过，史迪奇已经比较接近了：

> 我想表明……一个主体的信念是否能够以某种特定方式来刻画的直觉判断……通常非常敏感……相对于我们认定这个（或这些）主体拥有的其他信念。我们归属给一个信念的内容或多或少整体性地依赖于这个主体的整个相关联的信念之网。……
>
> 考虑这样一个事实……关于概念等同或概念差异的直觉……看起来……构成一个连续统。比如说，回忆一下T夫人的案例，她正承受着逐渐丧失记忆的痛苦。在她生病前，T夫人清醒地相信麦金莱死于暗杀，到了此书第四章所报道的对话的时候，她明显已不再相信这个事实。然而，在她生病的过程中，究竟是在哪个关键点上，使得她的信念内容跟我的信念内容不再相同？这个问题很让人迷惑，也得不到合适的解答。我们会倾向于说，她的信念内容逐渐变得越来越跟我的不同（我们所共享的推理其重叠部分变得越来越少）……我儿子必须学会多少物理学才能使得我们恰当地说他相信 $E=mc^2$？当然越多越好，但我们显然划不出一条明晰的界线来。（史迪奇《从民间心理学到认知科学：反对信念的一个案例》，第54，85—86页）

在丹尼特的《意向系统》、邱奇兰德的《知觉可塑性和理论中立性：答杰瑞·福多》、季博森的《蒯因的哲学：一种解释》，也许还有蒯因的《经验论的两个教条》里，可以找到论证A的或清楚或模糊的形式。确实，除非在类似论证A这样的语境里，否则，援引"不存在分析/综合之区分”作为前提来支持语义整体论的普遍倾向就会显得毫无意义。

论证 A 的地位

有许多理由怀疑论证 A 的可靠性。第一，人们会怀疑语义性质是否真是非原子性质。比如，认为它们是非原子性质的一个常见辩护预设了某种功能角色（或者证实主义）意义理论。否认这一假定就会挖空支持前提 1 的论证。第二，即便分析/综合之区分站不住脚，也仍然可能有其他的办法使得人们能够区分，对于获得信念 P 而言，哪些命题是必须要相信的，哪些不是。第三，如上所述，论证 A 是一种连锁论证的形式，这种论证形式臭名昭著，因为它常常会从真前提推出假结论。想想关于秃头的滑坡论证吧，它就是从秃头和有头发之间没有严格的区分这一前提推出了所有人都是秃头（或者没有人是秃头）的结论的。第四，对论证 A 之有效性的挑战还可能出于别的与滑坡论证无关的理由。就第四个反对意见来说，它至少有一种情况还值得进一步讨论。

弱非原子论，强非原子论，以及分析/综合之区分

不少人认为（柏高贤，娄鸥，毛德林；参注释 9），以下情境可以表明，论证 A 在前提可能为真时结论为假。想象有一些彼此分离的命题集合，使得：①相信这些集合中的任意一个对于能够相信 P 而言都是充分的；②要能够相信 P，你必须至少相信这些集合中的一个；③这些集合没有任何一个对于能够相信 P 是必要的。这样，如果某人相信集合 A 中的命题或者相信集合 B 中的命题，他就能相信 P，等等。还可以进一步假定，有数目不定的集合，它们是能够相信 P 的充

分不必要条件，并且，没有人能够对这样一个命题——将所有这些命题集合进行析取构成的命题——形成信念（也许因为如此构成的命题过于复杂，以至于没有一个心灵能够容纳它）。如此，前提 1 显然是真的。前提 2 也会是真的，至少在没有分析信念这样一种含义上为真。[22]然而，内容整体论和翻译整体论都不能从这两个前提推出来。说内容整体论推不出来，是因为它要求我们要能够相信 P，必须还相信别的许多命题（也就是说它比非原子论要求的东西更多），而当前的假定允许每一个分离的命题集合都可以是能够相信 P 的充分条件，这较之内容整体论的要求来说要低得多。这样，相容于当前的解释，内容可能是分子的而不是整体性的。翻译整体论也推不出来，因为它要求两个人要共享任何信念的话，必须至少共享另一个别的信念，然而当前的模型允许你相信 A 和 P，而我相信 B 和 P。每个人真正希望的其实是这样一个结果——意义是非原子的，而翻译整体论则是错的。这个想法看来有望成功。

换种方式表述这个要点吧。在“非原子”的定义里潜藏了一种量词辖域的模糊性，这种模糊性被带进了论证 A 的前提 1 之中。具有某个信念这样的性质是非原子性质这一断言究竟意味着什么呢？在已进行的讨论中，我们认为这个断言的意义如下：

> 存在其他命题，除非你相信它们，否则你就不能相信 P。可以称之为长辖域解读或者强解读。

或者，它也可能意味着：

> 你不能相信 P，除非还存在别的命题并且你相信它们。可以称之为短辖域解读或者弱解读。

对论证A的批评是这样的，若对“非原子”做短辖域解读，则A的前提可以为真而结论为假。

迄今我们所考虑的，是要勾勒一个反驳论证A的框架。但可以认为，它也表明坚持非原子论的同时又拒斥分析/综合之区分不必然产生恶果。我们已经看到，对“非原子”作短辖域解读，前提1和前提2的合取推不出这样的结论——你不能分享我的任何信念，除非你分享我的所有信念；或者你要能有任何信念，你就必须有许多信念。乍看起来，论证A会使得语义整体论成为语义原子论唯一融贯的替代。也就是说，乍看起来，避免论证A的唯一办法是认为前提1是错的。实际上，还有另外的办法，那就是根据短辖域解读认为前提1是真的，从而既可以堵死原子论，又不会导致整体论，这样就在不承认原子论的情况下，论证A被拔去尖牙。

这种运思的麻烦在于，通过对前提1做短辖域解读获得的非原子论非常弱，都不值得费力气为之辩护。看到这一点的一种办法是问你自己论证语义性质是非原子性质的重要性何在。我们认为答案是很清楚的：人们有这样一种不可否认的前理论直觉，两个人不可能仅仅只在一件事情上有相同意见。根据这种直觉，如果你和我都相信质子非常小，那么，你和我就必然还都相信别的许多事情，比如质子不是橘子、素数、哺乳动物；在其他条件不变的情况下，非常小的东西会比非常大的东西小些；存在亚原子粒子；正电荷区别于负电荷；如此等等。在效果上，语义整体论希望坚守这种直觉，哪怕所付出的代价是要声称除非我们在其他所有事情上都有相同意见，否则你和我就不可能都相信质子非常小。

我们没打算直接采纳这一直觉，这么干意味着结束了反驳语义原子论的可能性的任务。[23]但我们并不否认它有某种力度。人们甚至会想，内容的归属依赖于这个直觉的真确；也就是说，仅当共享任何一个信念都要求共享许多信念这一点成立，内容归属才能使得根据“意向性立场”所做出的预测是有保证的（在第5章，我们会考察丹尼特的一个论证，它几乎完全秉承这一精神）。然而，我们当前的要点是，如果尊重这个直觉是非原子论的动机，那么，弱非原子论就比原子论好不到哪去。

整体论者想捕捉住这一直觉——你和我不可能都相信质子非常小，除非你和我两个都还相信别的一些命题。但是，同样要注意到这里数量词的模糊性。它可能意味着“除非你和我各自都至少相信除‘质子非常小’之外的一个命题”，或者，它也可能意味着“除非在‘质子非常小’之外至少还有一个命题，你和我都相信它”。很清楚，你和我不可能仅仅只在一件事情上意见相同这个观念要求第二种解读（第一种解读只是说你和我关于质子非常小的信念不能是点状的）。但第二种解读不过是强非原子论，也就是说，它的真确与否不能从一种弱原子论推论出来。

以上讨论之要义在于，强非原子论是唯一值得拥有的东西。因此，从现在起，我们会依据长辖域解读来理解前提1。

论证A的地位（继续）

当然，根据非原子论和拒斥分析/综合之区分推出语义整体论的论证，仍然有可能在某些地方出错。尽管关于类似论证我们该说些什么还不清楚，但这一点是清楚的：如果在分析和综合之间存在原则性的区分，那么从非原子论到整体论的论证就会受阻。一个关于分析/综合的解释将会区分这样两类命题：对于要能够相信P而言，你不得不相信的命题，以及你不必要相信的命题（以及一门语言要能够表达P所必须能够表达的命题和不是必须要能够表达的命题)。目前为止，我们能够看到，这个关键点完全是一般性的。不管你支持的语义整体论的论证是怎样的——不管它是不是论证A的某种变形——它都会因分析/综合之区分的有效而失败。仅当你思忖要放弃分析/综合之区分的时候，你才不得不认真地思考语义整体论。

这样的话，如果我们要讨论语义整体论，最好接受论证A中的前提2作为共同的基础；具体言之，之所以接受它是因为在分析和综合之间不存在原则性的区分。要注意的是，对我们的目的而言，这排除了在原子论和整体论之间存在任何一种“分子论”的可能性。一个分子论者认为，要使得我们能共享信念P，我们必须还要共享别的一些信念。但他们否认我们需要共享所有除P以外的信念。区分那些必须要相信的命题和不是必须要相信的命题（要能够相信命题P）依赖于援引分析/综合之区分，因为相信P要求接受包含P作为前提的分析推理。整体论是完全可能的这一假定（也就是，分析/综合之区分不能成立）就使得分子论因此成为一个已经封闭了的选项。

接下来，我们的探究将着力于粉碎论证A以及一些相似论证。但我们不会声称这个论证错在前提2（区别于戴维特，参见《意义整体论》)。我们也不会声称，它们之所以出错是因为具有滑坡论证的特质，尽管有可能从非原子论到整体论的所有论证确实都是滑坡论证，而这也确实是它们包含的一个错误。我们要着力地攻击前提1赖以成立的一些基础；我们将尽力表明，对于为什么（概括性的）语义性质是（强；参见上文）非原子性质，人们还没有给出很好的理由。如果我们的这个判断是对的，那么，自不必说，就不存在支持语义整体论的可靠论证。这当然是个强有力的论点。

关于论证A，还需要补充最后一个预备性评论：尽管它也许不是非常有说服力，但它仍然能带来一些预兆。最低程度是，如果你独立地发现整体论的原子主义替代物已经过严格的探究并且表明是行不通的，那么精神上类似 A 的论证就足够产生这样一个理性信念——整体论是对的。这个观点将我们引入故事的下一节。

语义原子论

为什么几乎每个人都是意义整体论者？我们以为，有两类考虑会导向这一信条。第一类考虑由正面论证构成，这些论证认为意义整体论是对的（比如，精神上与论证 A 相似的论证）；第二类考虑是关于语义学的历史境况的一种直觉——整体论看来是疆场上唯一还竖着的一面旗帜，关于意义的哲学讨论的历史表明，或者语义性质是整体性质或者就根本没有这样的性质。

设若你认为并不存在分析/综合之区分，并且从非原子论到整体论有一个很有说服力的论证。效果上，你就会认为语义性质要么是整体性质要么是点状性质。它们是点状性质的可能性有多大呢？如果它们是点状性质的话，那么，根据定义，一个表达式的意义就不能依赖于它在一门语言里的角色。它还可能依赖于别的什么东西吗？传统的非整体论答案是这样的：某种符号—世界关系——更具体地说，某种点状的符号—世界关系，一种一个事物和世界之间具有的关系，即便再没有任何事物具有这种关系。这就是我们称之为“语义原子论”的信条。

人们常常认为，语言哲学史的大部分章节由想让语义原子论法案通过审核的败绩构成。[24]这种看法就会有一个归纳论证——唯一与对语义性质的严肃思考相容的语言图景是整体论。[25]比如，从霍布斯、洛克、贝克莱、休谟等人的心智经验主义到华生、米德、斯金纳、杜威、奥格登、理查德等人的行为经验主义的传统就提供了两种不同的建构心灵—世界关系的方式（按照设想，内容依赖于心灵—世界关系）。这两种建构都是原子论的，并且他们都没有成功。

此传统的心智主义版本认为，语义性质必先依附于一类心智殊相（mental particulars）——“观念”（根据这个术语的一种用法）。（语词的语义性质是派生的；一个词意指狗不过是说，该语词跟狗的观念有一种恰当的联系。）这些心智殊相是一类图像，它们意谓什么取决于它们像什么。[26]拥有一个关于一只狗的观念，因此（大致）就是有一个看起来像一只狗的观念；有一个关于一个三角形的观念就是有这样一个观念，它看起来像一个三角形；等等。既然某人的某个观念究竟看起来像什么可能不依赖于这个人拥有的其他观念，因此，根据这种解释，意义要求是原子的。

根据此传统的行为主义版本，意义首先依附于某种行为姿态（其典型是言语行为）。在某人的行为姿态中有一个声音意指狗，就（大致）是说狗会因果性地引起某人说出该声音；在某人的行为姿态中有一个声音意指三角形，就（大致）是说三角形会因果性地引起某人说出该声音；如此等等。既然一个人的行为姿态中包含的某个声音意指狗是根据狗和该声音之间可靠的条件关系所达成的，它或许独立于这个人的行为姿态中的其他声音的激发条件。因此根据这种解释，意义也要求是原子的。

我们不打算让读者去费力琢磨那些旨在表明意义不能还原为相似性或者行为条件的论证。[27]我们只想做这样一个评论——承认这些版本的意义原子论的无望，不等于承认语义原子论是错的；更不必说，它也不等于承认意义整体论是对的。事实上，（或者说，我们觉得是这样）语言哲学的当前境况有以下一些开放的选项：

1. 情况可能是，语义性质是非原子性质（因此，语义原子论是错的），但整体论仍推不出来，因为分析/综合之区分被证明是站得住的。这就会让某种形式的语义分子论成为最后的候选（就像达米特以及其他许多人所建议的那样）。粗略地说，一个最小的能表达P的语言会是这样的，它能够表达跟P有分析性联系的命题。

2. 情况可能是，语义性质是非原子性质（因此，语义原子论是错的），但整体论仍推不出来，因为尽管分析/综合之区分站不住，但还有别的原则性办法使得我们能区分构成内容的推理关系和不属于内容构成的推理关系。结果可能会导向某种语义分子论。

3. 情况可能是，整体论能从语义性质是非原子性质这一假定推出来，但是语义性质事实上并不是非原子性质。也就是说，语义原子论可能是对的。

在我们看来，那些熟悉的论证展示了如果最终情况表明选项3是对的，那么，人们就不得不建构这样一个理论，它要在不诉诸相似性或行为条件的前提下，解释符号—世界关系是如何构成内容的。我们所疑虑的是，迄今人们据以反驳意义原子论的理由会表明这种情况不可能发生。[28]

我们向来谦虚，随后的文字不会着墨于任何一种富于野心的捍卫意义原子论的想法。相反，我们要做这样一件事。我们要尽可能细致、穷尽性地考察支持意义整体论的论证，这些论证拒斥分析/综合之区分，但并不假定意义原子论是错的。我们将要努力表明，这些接下来要考察的论证没有一个是可靠的。这样，底线或许在于根本没有任何语义性质；或者也许是，某种意义原子论是对的，但没有人知道究竟哪一种是对的；或者也许是，确乎存在支持意义整体论的可靠论证，但至今还没有人能找到一个这样的论证。我们未曾采信某种立场；你得自己去选择。

第二章

威拉德·范·奥曼·蒯因：意义整体论与确证整体论

威拉德·范·奥曼·蒯因的《两个教条》也许是过去50年来被讨论得最多的哲学论文了，许多关于整体论的讨论都以之作为起点。我们这里的处理会因此显得相对简略了些。我们打算囫囵地吞下蒯因的认识论，集中分析《两个教条》中被广泛解释为承载了意义整体论的那些内容。我们认为，蒯因的认识论主张对于那些严格来说属于语义学论题的哲学蕴涵在某些方面被夸大了。特别是，即便假定《两个教条》中关于确证整体论（所谓的蒯因—迪昂论题）的看法几乎在方向上都是正确的（我们倾向于这么做），意义整体论也可以被拒斥。

首先，我们先提醒读者回顾一下《两个教条》的结构。实际上，这篇论文分成两个主要部分。第一部分（第1~5节）是一个长长的论证，结论是分析/综合之区分不能有效地施行，同时也反驳了还原论者的这一主张，对于一个经验性理论的每一个“陈述”都存在一个确证（或否证）条件的专有范围（比如，感觉材料陈述的一个专有范围）。根据定义，一个还原论者会认为，一个陈述的确证条件是先验（a priori）可知的，因为它们就在该陈述的分析性蕴涵当中。蒯因由此认为，反还原论是抛弃分析/综合之区分的直接结果。特别是，说分析/综合之区分无效就是说我们关于确证关系的知识是后验的（a posteriori）。对蒯因而言，这就意味着它是一种偶然知识（contingent knowledge），因为像他之前的实证主义者一样，蒯因认为“后验的”和“偶然的”是共外延的（比较克里普克的《命名与必然性》）。

除了第5节的最后一个段落（那是我们将要讨论的主要对象），《两个教条》第一部分的意思很清楚，假使没有分析/综合之区分，其结果就是确证整体论：“我们关于外在世界的陈述不是个别的，而是仅仅作为一个整体来面对感觉经验的法庭。”（《两个教条》，第41页）当然，这是《两个教条》中受到批判性关注最多的部分。但是我们不打算卷入这样一些口角，诸如蒯因是否真的已表明分析/综合之区分站不住脚，或者分析/综合之区分的失效是否真的蕴含蒯因—迪昂论题（即认为确证是整体论的主张）。我们的策略不过是先暂时假定所有这些都是对的，去追问它们对于语义学而言究竟意味着什么。

《两个教条》的第二部分（比第一部分要短得多）第6节进一步阐明蒯因所以为的确证整体论对于科学哲学的实用主义蕴涵：“作为一个经验论者，我继续把科学的概念构架看作根本上是根据过去经验来预测未来经验的工具。……就认识论的立足点而言，物理对象和诸神只是程度上而非种类上的不同。这两种构体都只是作为文化的设定物进入我们的观念。”（《两个教条》，第44页）我们的正式立场是，我们既承认分析/综合之区分的无效，也承认确证整体论的真理性，但我们对实用主义保持中立。它在很大程度上独立于我们要提出讨论的语义学问题。为了强调这一点，值得说点题外话：你可以融贯地接受蒯因的确证整体论，但拒绝他的实用主义。显然，它们是彼此独立的两个方向。

说实用主义者可以接受分析/综合之区分（因此是关于确证的局

域论者)，不过是以另一种方式说实用主义者可以是蒯因所说的“还原论者”（也就是通常所说的“证实主义者”[1])，当然，实用主义者向来如此（比如皮尔士)。事实上，《两个教条》特别让人惊讶的想法之一是，你可以有一种非还原论的实用主义（也就是说，一种没有分析/综合之区分的实用主义，因而也是一种持确证整体论的实用主义)。给定实用主义的历史，你可能会一直认为它与还原论的关联是内在的。

一个确证整体论者并不一定是一个实用主义者。的确，他有可能是一个本体论实在论者[2]，这一点也是清楚的。事实上，如果蒯因—迪昂论题是这样一个主张，即X确证Y乃是后验的（而不是先验的)，那么蒯因—迪昂论题显然就是实在论者应该赞成的理论。原因如下：从实在论的视角而言，X确证Y不是一桩关于语言约定的事情，而是究竟与世界里的什么东西真实地（比如，因果地）相关联。如果石蕊试纸的红色确证了液体的酸性，那不是因为“是酸”的意义是“使石蕊试纸变红”，而是因为是酸和是使石蕊试纸变红的原因是酸的两种有定律性关联的性质。但是，如果确证关系依赖于世界上事物的状况，那么，或许我们关于确证关系的知识就必然是后验的，因而蒯因—迪昂论题就能成立。

或者，更准确地说，是蒯因—迪昂论题的一种版本能够成立[3]。这将会越来越清楚，我们认为，蒯因—迪昂论题实际上是一系列并不等价（但紧密相关）的观点，《两个教条》常根据论辩的需要使用这个论题的不同版本。例如，我们会看到，有一种蒯因—迪昂论题的版本，蒯因的用法特别重要，根据这种表述，你可以坚持任何陈述，只需要在遇到顽强的证据时对理论的其他方面做出补偿性的调整。这个主张与确证关系是后验的主张并非一回事，但很难看出来，如果后者不正确的话，前者怎么能够是正确的。既然蒯因假定了“先验的”和“语义的”之间的对等，修正一个非经验的关系可能就会导致语言上的含混。

既然我们认为聚集在蒯因—迪昂星系（Q/D galaxy）中的绝大部分认识论主张都可能是对的，我们就不会再特别强调它们之间的差异。迟早会有人写一篇博士论文对它们进行分类说明。

在长长的第一部分与简短的第二部分之间，蒯因插入了如下一段文字：

> 如前述，较之洛克和休谟的不可能做到的一个语词对应一个语词进行翻译的经验主义，根据符号在实际使用中的用法来定义一个符号的想法是种进步。弗雷格开始认识到，要对经验论者的批评负责的单位是陈述，而非词项。但我现在极力主张的是：即使以陈述为单位，我们也已经把我们的格子画得太细。具有经验意义的单位是整个的科学。（《两个教条》，第42页；这部分的着重号是本书作者加的）

《两个教条》中如果有一个整体论的语义学论题，看起来就是它了。

之所以说“如果有”，是因为文章的立场和诸如“对经验论者的批评负责的单位”及“具有经验意义的单位”之类的短语的出现，很自然地使我们想知道，这段话本身是否不只是对蒯因—迪昂论题的——也就是确证整体论的——一个重申了。毫无疑问，至少如此。然而，至少有三个理由建议我们严肃地对待这样一个观点，即它其实也包含一个语义学论题：第一，对弗雷格[4]的引用（或许，弗雷格确实谈论的是意义的单位，而不是确证的单位）；第二，批评的传统，根据这一传统，“两个教条”是意义整体论的权威表述；[5] 第三，既然还原论在《两个教条》中被明确地看成既是一个语义学教条，也是一个认识论教条，那么对它的否定也自然应该解释为既是认识论的，也是语义学的。正如《两个教条》根据蒯因—迪昂论题来反驳卡尔纳普的确证的局域论看起来确实有可能，它也根据语义整体论来反对卡尔纳普关于意义的局域论（尽管，如我们后面会看到，这绝不是不可避免的）。

出于论证的目的，我们打算按下“经验论的”，而把蒯因理解为声称“具有意义的单位是整个的科学”（做必要修正的话，也就是信念体系的整体）。那么，随即产生的问题是，这个主张是如何与该文随后的部分联系在一起的：一言以蔽之，“确证整体论要如何处理意义整体论?”

有一个很明显的建议——我们认为它与蒯因学术的批评传统是一致的（参见达米特《弗雷格：语言哲学》；吉伯森《蒯因的哲学》）。蒯因是一位证实主义者，[6] 也就是说，他接受这个论题：一个陈述的意义等同于证实它的方法。正如蒯因对皮尔士的解释，“一个陈述的意义就是经验地证实或否证它的方法”（《两个教条》，第 37 页）。[7] 常规的做法是，如果你把证实主义与蒯因—迪昂论题结合起来，你就得到了意义整体论，并且这就是蒯因在《两个教条》中采用的对意义整体论的论证。[8] 不管这是不是他心中所设想的论证，它都是靠不住的，至少我们是这样认为的。

作为初步的勾勒，证实主义论证意义整体论的方式是这样的。蒯因—迪昂论题认为确证是整体性的；也就是说，一个理论中的每个陈述都（部分地）决定这个理论中其他陈述的确证度。[9] 证实主义认为一个陈述的意义是由它的证实关系决定的。这引出的整体论推论就是，一个理论中的每个陈述都部分地决定了其他陈述的意义。

对上述初步勾勒，首先要说的是，这一结论究竟会具有什么样的力量，这还很不清楚——不仅在我们的重构中，而且在蒯因的文本中也大致如此。经常与意义整体论相伴而行的一个隐喻是这样的：一个理论就像一个网络，陈述是网络上的节点，陈述之间重要的意义关系是网线。一个陈述的意义就是它在网络上的位置，因而是根据节点和网线的总体来定义的（因为网络的同一性条件本身就是整体性的）。如果你很严肃地看待这一比喻，那么，理论的任何变化都会导致理论所蕴含的所有陈述的语义值发生改变；而且，严格说来，只有完全同一的理论才能推出相同的陈述。

这当然只是对《两个教条》中的论证之结论的一种解读；但是，也有理由认为，它不是蒯因意欲论证的观点。

首先，正如我们将有理由强调的那样，根据蒯因所偏好的表述，蒯因—迪昂论题是说，无论面对怎样反对的数据，你都能坚持任何陈述。但是，这个主张看起来不可思议地禁止了一个概念——陈述跨理论同一（trans-theoretic statement identity）这个概念，而这正是语义整体论所排除的概念。[10]

其次，考虑一下观察陈述在确证中的作用。一方面，如果要保持科学确证的公共性特征，那么观察陈述必然是可以跨理论识别的。如果观察陈述可以中立于理论的方式来确定，那么观察陈述意味着什么就不能依赖于你所持有的理论。另一方面，如果它们不进入跟其他陈述之间的确证关系，那么观察陈述将不会证实除它们自身之外的任何陈述，这是不言自明的。但是，蒯因—迪昂论题能推论这一点，如果它们确实进入了与一个理论中任何一个命题之间的确证关系，那么它们也就进入了与理论中每一个命题之间的确证关系。皮尔士论题说的是，确证关系是语义同一的构成要素。这或许意味着，如果两个理论彼此可以推出不同的陈述，那么，关于究竟哪一个观察陈述是真的，它们就不可能彼此赞同（或者不赞同）。[11]

事实上，要勾画出意义整体论的一个合理版本并非易事（它要与蒯因—迪昂论题相兼容，暂且不说它是否能与语义性质的实在论兼容）。然而，那不是我们的问题。就我们的目的而言，我们情愿对“理论中的每个陈述部分地决定了其他陈述的意义”这一主张不作太多解释，附加条件只是它能推出我们在第一章所阐明的语义整体论中的一种：要么内容的形而上学必要条件排除点状的理论（心灵—语言），要么只有同一的语言才能包含可互译的陈述，要么两者兼而有之。

现在，我们面对这样一个论证，它根据证实主义和蒯因—迪昂论题推论语义整体论。自然产生的问题是，我们能就它说点什么呢？有几个很明显的选项。比如，如果你认为这个论证有效，但是你不喜欢语义整体论，那么你就可能很合理地说，“嗯，证实主义（或者蒯因—迪昂论题，或者证实主义加上蒯因—迪昂论题）实在太糟糕了。”[12]既然证实主义已经饱受攻击，这就不会是一个极其不合理的反应。

尽管我们声称自己也是反证实主义者，然而，我们不打算沿上述道路前进。尽管我们将要论证的表面看来不是这样，但其实，甚至确证整体论和证实主义的合取也与拒斥语义整体论相容（就语义整体论的上述两种含义而言）。（因此，这可能是提醒读者的一个好时机，在我们看来，这个论证是否真正出现在《两个教条》里，这并不是特别清楚。）

让我们根据《两个教条》的思路来建构一个论证，以表明一个理论（语言—信念体系）不能只含有“天在下雨”这一个陈述。

前提1：陈述“街道是湿的”（S）部分地确证陈述“天在下雨”

(R) 这一陈述。(气象常识)

前提2：确证关系事实上是语义关系。(皮尔士论题)

前提3：陈述通过它们的语义性质被个体化；或者，如我们有时所说，陈述本质上都因其具有语义性质。(公理)

引理：R的个体化，除别的东西以外，主要是根据它与S的关系。

结论：任何包含R的理论都必须包含S。并且，一个理论不可能只包含R。

因为这一论证形式明显不依赖于选择某一特定的例子，而且，蒯因—迪昂论题至少保证，一个理论中的每一个陈述都跟其他许多陈述有确证关系，由此就得出意义整体论。

这个论证有什么地方错了吗？我们想说的是，要保持这个论证表面上看起来具有的有效性，依赖于非常小心地不去说一个陈述是什么(而且事实上，在《两个教条》中，蒯因确实非常小心地避免说一个陈述是什么)。就我们的愚见，这个问题只有下面三种可能性，而且，没有哪一种可能性能满足论证之需：陈述是公式，或者陈述是命题，或者陈述是附有语义评价条件的公式。我们依次考虑这几种选项。[13]

1. 陈述是公式

这也就是说，它们是些通过形态—句法得到个体化的表达式，它们的语义学特征和语言归属都是偶然获得的。[14]这意味着，一个(相同的)陈述能够有许多不同的意义("The duck is ready to eat")①，同一个陈述可能会出现在许多不同的语言中([Empedikli: s li: pt])。如果

① 译者注：脱离语境的"The duck is ready to eat"是个歧义句，(至少)可表达两种意思：(1)某只鸭子准备吃东西了；(2)面前的鸭子可以吃了(比如已经煮熟)。

这就是期望获得的对“陈述”的理解，那么，整体论论证的前提1就相当于说：“街道是湿的”确证了“天在下雨”。

问题：

（1）这不可能是期望的理解。事实上，它与前提3所表达的公理不一致。公式本质上并不具有语义性质。

（2）此类公式不能进入确证关系（蕴涵关系等）。问“街道是湿的”这一陈述的形式是否倾向于确证“天在下雨”这个陈述的形式，这是没有意义的，因为那完全取决于这些语词形式的意义。[15]在“It's raining”意味着“天在下雨”以及“The streets are wet”意味着“街道是湿的”的语言中，答案是“对的”；或许，如果第一个陈述的一个殊例（token）是真的，那么相应的第二个陈述的殊例也极有可能是真的。但是，在第一个陈述意味着芝加哥在印第安纳而第二个陈述意味着猫在席子上的语言中，答案可能是“错的”（尽管毫无疑问，这是一个经验问题）。

（3）将陈述等同于公式与蒯因—迪昂论题相冲突（或者使它变得贫乏），至少，就蒯因—迪昂论题人们钟爱的一种解读而言是如此的——你可以坚持任何陈述，只需要在面对反对的经验的时候，在理论的其他地方做出补偿性调整。

人们喜欢对蒯因—迪昂论题做上述解读，这绝非偶然。迪昂的整体论大部分来自他对实验性确证逻辑的分析。一个科学理论要获得可检验的结果，仅仅因为它蕴涵一个实验性假说，这还不够。它还必须保证一组进行实验设计所需要假定的辅助性假说，比如，关于实验仪器的操作和灵敏性的辅助性假说。确证整体论意识到，至少在原则上通过保留实验假说而放弃部分甚至所有辅助假说，反对的经验总能被容纳。简言之，这很大程度上是因为，要从实验假说产生实验预测，辅助性假说乃是必要的，“（没有）陈述，将其与其他陈述隔离之后，能够被确证或否证”（《两个教条》，第41页）。同样，这很大程度上是因为，原则上，辅助性假说常面临这样的风险——“我们关于外部世界的陈述不是个别的，而是作为一个整体来面对经验法庭”（《两个教条》，第41页）。（恰恰是在《两个教条》的这一点上，蒯因承认他受惠于迪昂，详参蒯因的第17个注释。）

但是，如果这确实是《两个教条》意图给出的关于蒯因—迪昂论题的论证，那么这种对论证的表述——强调科学家在决定选择放弃哪个假说时的作用——就接近于蒯因确证整体论的核心精神。我们现在要主张的是，倘若认为《两个教条》中的“陈述”意谓“公式”，据此来解读蒯因—迪昂论题，就几乎很难使得这个论题有可理解的意义。

还可用一种略微不同的方式来考察这一议题。迪昂对实验确证的分析依赖于这一思想，即一个人可能会放弃某些假说（辅助性的）而坚持其他某些假说（实验性假说）。但是，在数页前我们已经说过，这种构想看起来恰恰预设了意义整体论要否定的东西：可能存在一种原则性的、跨理论的方式来个体化一个陈述、假设，或者诸如此类的东西。最初看起来，人们可以通过假定这一点来调和意义整体论与蒯因—迪昂论题，即当蒯因—迪昂论题说“只要你愿意付出一定的代价，你可以保留任何假说”时，这里“假说”的意思是指“公式”。因为公式本质上并不具有意义，意义整体论就允许它们的个体化条件能够是原则性的和跨理论的；特别是，它们可以通过语形—句法来个体化。

但仔细一想，这种办法行不通；当迪昂分析关于“假说”的谈论时，他心里想着的不可能仅仅只是语词的形式。不妨考虑一下：

① 一个语词的形式是怎样面对经验（反对的或其他）呢？

② 如果“燃烧是燃素的释放”意味着燃烧是燃素的释放，那么，说你能够在面对拉瓦锡的结论时仍然坚持“燃烧是燃素的释放”，这仅仅只有认识论上的兴味。如果它意味着灰猫有胡须，说你在面对拉瓦锡的结论时仍然能够坚持它，就完全没有任何有意思的地方。

③ 如果陈述只是公式，那么你要坚持它们的话，就没有必要“在其他地方做补偿性调整”；如果你喜欢的一个公式遇到麻烦，那么用它来指“2 +2 =4”就行了，不用管其他的。

至此，我们的结论是，将“陈述”理解为“公式”会排除蒯因—迪昂论题的一种实质性解读。

④ 如果陈述是公式，那么翻译整体论就在很贫乏的意义上错了。因为很显然，否则的话，不同的语言就能够包含同样的公式：英语和德语都能有［Empedikli: s li: pt］。而且，如果可能存在这样一种语言，它仅仅只有一个语形—句法上合式的语词形式，那么内容整体论也就错了——即便假定在这样的情况下，语词形式不意味任何东西。[16]

由此，我们得出结论，陈述不可能是公式。

2. 陈述是命题

根据这种解释，陈述是跨理论的（跨语言的）实体，是能够用一个以上的理论来表达的实体。（特别是，它们是在诸如“the fact that P”或“the belief that P”句式中“that”从句所命名的那类东西）。因此，诸如“你如何拼写陈述‘that P’?”以及“在陈述‘that P’中第一个字母是什么”这类的问题是没有意义的，尽管“你怎样用德语表述天在下雨”这个问题是完全可以问的。

如果现在的讨论是关于确证而不是意义，那么这可能是解读“陈述”的一种很自然的方式，因为人们可以很自然地说诸如“街道是湿的确证（暗示—表明—使之可能等）了天在下雨”之类的事情。而且，如此解读“陈述”维护了这一自明之理：陈述必然具有语义评价条件。天在下雨这个命题为真，当且仅当天在下雨，这乃是天在下雨这个命题的一种非偶然的性质。

问题：

(1) 尽管我们已经说过，我们不仅仅只关心个人兴趣。特别值得指出的是，很明显，蒯因不可能使用“陈述”来意谓“命题”。正是因为蒯因对不依赖于语言的意义、命题，以及诸如此类的东西表示怀疑，导致他怀疑分析/综合之区分。事实上，对其中一个的怀疑就是对另一个的怀疑。因此，陈述是命题这一观点，在意义独立于语言的含义上，完全没有顾及《两个教条》的第一部分。

(2) 翻译整体论是对语言、理论，以及诸如此类的东西（主要指符号系统）的表达力的一种限制。比如，它断定如果 L 能表达英语所能表达的一个陈述，那么 L 实际上就能表达英语能表达的所有陈述。但是，如果陈述是命题，那么前述蒯因对整体论的论证就不会有任何类似的结果。这个论证可能会表明命题之间有一种内在关系。比如，根据这个论证，如果存在命题天在下雨，那么就必然存在命题街道是湿的。但是，从存在命题 P 必然能推出存在命题 Q 这一事实不意味着（至少，没有进一步的论证的话不能）：对于一种语言，它不能表达命题 P，除非它也能表达命题 Q。

这是一个一般性的观点，其价值不局限于当前的语境。下面是一个关于概念的内容整体论的拙劣论证：

> 猫这个概念部分地由它与动物这个概念之间的联系构成；没有什么东西能成为猫这一概念，除非它适用的东西动物这一概念

也能适用。因此，没有一个心灵能思考猫这个概念，除非它也能思考动物这个概念。因此，能思考猫这个概念的心灵就不可能是点状的。

如果你按哲学家们常用的方式来解读“概念”，即作为个体能分享的抽象对象，[17]那么这个论证够不上推理。这样解读“概念”，从“概念 A 的存在要求概念 B 的存在”到“思虑概念 A 要求思虑（能够思虑，能够学会考虑、把握，等等）概念 B”之间就没有明显的推理。事实上，除非有进一步的论证，否则，关于概念之间必然关系的假设看起来根本不会有任何心理上的后果。[18]出于同样的理由，他们也不会对能够清楚表达这一概念的语言的表达力构成制约。

（3）我们认为至关重要的考虑是：如果陈述是命题，那么陈述必然本质上有其内容；命题是根据其内容来个体化的。因此，如果内容是确证的方法（根据皮尔士论题），那么陈述也必然本质上有其确证的方法。但是蒯因—迪昂论题（其他除外）是这样一个观点，陈述的确证条件乃是偶然的；根据蒯因—迪昂论题，X 确证 Y 乃是偶然的。因此，如果你认为陈述是命题的话，那么你就不可能融贯地坚守皮尔士论题和蒯因—迪昂论题（下一节，会进一步讨论类似论证；它会表明，陈述也不可能是含有语义评价条件的公式）。因此，即使假设蒯因是命题的朋友——当然他不是——他也不可能认为陈述是命题。[19]

因此，陈述不可能是命题。

3. 陈述是附有语义评价条件的公式[20]

在我们看来，这似乎是最有趣的候选项了。尤其是，它允许一种蒯因—迪昂论题的实质性说明：现在它说的是，你能够把握住一个语词的形式，不管语词形式究竟怎样，都不会有语义上的模糊。这是一个有趣的主张，一个毫无自明性的主张。

那么，如果把蒯因—迪昂论题与这种解释下的皮尔士论题联系起来考虑，会得到什么呢？情况可能会是这样：陈述本质上具有语义评价条件；皮尔士论题则说的是，对一个陈述而言，它所具有的语义评价条件就是它所具有的与其他陈述之间的确证关系（最低程度，语义评价条件随附于确证关系）；因此，陈述本质上具有与其他陈述之间的确证关系。

这在很大程度上貌似是《两个教条》的精神，但它也不可能是蒯因（或者任何其他接受蒯因—迪昂论题的人）心里的想法。

（1）对蒯因—迪昂论题的一种勾勒是这样的（非常接近其核心精神）：确证关系是后验的；X 确证 Y 是一桩关乎科学发现的事情，[21]而且，我们通过改变对确证关系的评估来容纳证据，正如我们对待其他理论承诺那样。确实，我们也已经看到，蒯因反对“还原论”（即认为陈述与它们的确证条件之间是一种分析性联系的主张）的论证其核心在于，不管出于何种意图或目的，“街道是湿的”确证“天在下雨”都不可能是一件关乎意义的事情，因为我们可以轻松地发现不是这么回事。但如果陈述间的确证关系是可以修正的，而且如果意义根据确证关系来解释，那么陈述本质上就不具有语义特征了。因此陈述不可能是附有语义评价条件的公式（这个论证跟陈述不可能是命题的论证是一样的；参见上文）。

读者可能产生怀疑，究竟是不是有某种版本的皮尔士论题，它能够与确证关系是可修正的这一观点相容。毕竟，皮尔士论题是说确证关系构成语义关系，并因此是偶然的。正是如此，我们一直在考虑的论证相当于一个两难问题：

> 如果类似的陈述不过只是公式，那么谈论它们之间的确证关

系是没有意义的。

如果类似的陈述可以获得语义解释，那么蒯因—迪昂论题说它们之间的确证关系是偶然的，而皮尔士论题说它们本质上具有确证关系。

看上去，蒯因—迪昂论题和皮尔士论题关于陈述的说法彼此是不一致的。我们的结论是，单就语义整体论而言，《两个教条》必定存在深层次的错误，因为它明显承诺了这两个原则。

最初看起来，尝试去论证意义整体论是不明智的，因为它以蒯因—迪昂论题和皮尔士论题作为前提（或许，还有其他东西）。然而，你可以试试下面的论证。蒯因—迪昂论题要求确证条件是后验的；但是，严格说来，并不需要它们是偶然的。因此，与蒯因—迪昂论题相容的是，确证关系应当（不是语言学意义上的）是形而上学上必然的。一方面，如果P确证Q，那么，必然地P确证Q；但是，另一方面，既然形而上学上的必然性有可能是后验的，只有通过探究才能让我们确定什么时候一种确证关系能够成立。

考虑到他的经验主义（且不管他的反本质主义），想象蒯因会倾向于对“确证条件”做这种明显非认识论的解读不是一桩易事；但至少，它使得蒯因—迪昂论题和皮尔士论题一致起来。然而，要注意的是，它对于支持意义整体论的论证并没有帮助。恰恰相反，根据这种解释，语义整体论明显不能从确证整体论推出来。因为尽管现在一个陈述的意义取决于确证它的东西，但是确证它的东西并不依赖于它所嵌入的理论。根据当前的假设，完全可能出现这种情况，P所嵌入的理论可能在P的确证条件上全部搞错了，这样，P在该理论（包括这个理论就P的确证条件所说的东西）中的功能就会跟P的意义是什么完全无关。这里的教训是，要从确证整体论得出语义整体论，你需要使一个陈述在一个理论中的意义相对化，相对于该理论对这一陈述的确证条件所说的东西。[22]

（2）认为蒯因所说的“陈述”不会是附有语义评价条件的公式的一个相对次要的理由是，这种解释无法保证确证的内在性（参见《哲学逻辑》，第19～20页；我们正在把蒯因的用法从语言扩展到理论）。内在性的观念是说，因为确证是根据几类理论实体来界定的，它们与特定的理论（或语言）有本质性的联系，但不必要为这样的问题提供一种解释——两个理论关于陈述之间是否存在确证关系的判断是否完全一致。这显然是蒯因想支持的一个论题。但是，内在性对于当前的建议没有帮助，就像它不能为陈述是公式的建议提供帮助一样。没有任何明显的理由表明，“天在下雨”这一公式为什么不能碰巧是一个斯瓦希里语的句子，而且，它为真当且仅当天在下雨；在这种情况下，英语和斯瓦希里语就会共有一个陈述。

因此，陈述不可能是附有语义评价条件的公式。因此，明显没有一种对陈述的解释，能够使得它跟《两个教条》里支持语义整体论的论证所利用的用法相一致。因此，这个论证是不可靠的。

究竟在哪里出了错？我们认为是在这里：我们一直归属给《两个教条》的策略是要从确证整体论推出语义整体论。为此，必须假定能够进入确证关系的X（特别是，蒯因—迪昂论题能够应用其上的X）正好就是语义理论所关于的X；它们是相同的东西，其语义评价条件由语义理论阐明。[23]然而，麻烦在于，语义解释的对象是像公式这样的语言实体，而确证关系的承载者是像命题这样的跨语言的实体。因此，即使确证整体论完全可能是正确的，并且，出于论证的目的需要假定证实主义，从这些前提到语义整体论也不存在一个合理的论证，因为确证整体论和证实主义乃是对不同的对象为真。[24]

以此来总结这一部分吧。我们想提醒读者，既然我们并不认为证实主义是真的，前述论证就有点基于假设的意味。但我们感觉到，哲学圈子里对这一观念有些同情。好吧，或许证实主义也有点儿真；[25]至少，它有可能真到这种地步，能够让你接受某种语义学，根据这种语义学可以推论意义整体论。因此，在我们看来，特别值得强调的是，（假定的）蒯因式论证的麻烦是更深层次的麻烦，而不仅仅是错误的前提。它是（我们以为不可消除的）一种模糊谬误。

意义整体论的另一个论证

《两个教条》中关于意义整体论的讨论，我们就说这么多。在我们结束这一章之前，值得提一下蒯因在《两个教条》和《自然化的认识论》（见第72页）里提示过的一个奇怪的附带论证：即，“罗素的根据使用来定义的不完全符号的概念”蕴涵陈述整体论；也就是说，它蕴涵了“意义的主要载体……（不是）……词项而是陈述”（《两个教条》，第39页）。这个建议在当前的语境里值得考虑，因为对意义的单位不小于整个陈述（或语句）的证明可能成为一条引理，根据它，可以进一步证明意义的单位不会小于整个理论（或语言）。而且，人们有可能思考，陈述作为语义单位的图景是如何能够跟这一广泛流行的观念协调起来——语句（以及用语句作出的陈述）具有组合性的语义结构；也就是说，语句的意义来源于它们的词汇构成要素的意义。

不幸的是，蒯因并没有说，从使用定义（definition-in-use）到陈述整体论的论证是怎样行进的；而且，要猜出他可能会怎样想也不是易事。首先，陈述整体论可能是一个模态主张，它可能说的是，没有任何表达式能够具有一个语义值，除非它是作为一个语句的构成部分起作用。要获得这样一个模态结论，蒯因似乎至少需要一个相应的模态前提，即不仅仅只有（一些）词项是根据使用来定义的，所有的词项都必须如此定义。说得温和一点，罗素对限定摹状词的评论是否会保证任何类似的主张，这并不清楚。

事实上，关于使用定义的（假定的）事实是否会保证任何关于意义的主张，这也不清楚。让我们假定，某些词是根据它们的语句语境（sentential contexts）来定义的，正如罗素所想的那样。但是，究竟语句语境的哪些方面决定了这些语词的定义，这仍然是个开放的问题，而且至关重要。特别是，它依赖于根据使用来定义的语词是否事实上是相对于它们的语境的语义性质来定义的。

比如，我们考虑［kri: ks］，它在"The door …"中意谓一个事物，而在"The … flow"中意谓另一个完全不同的事物。这是不是就表明，［kri: ks］不是一个"意义的单位"［也就是说，意义的单位不是［kri: ks］，而是（比如说）在一个关于门的语句中的［kri: ks］］？可能是，但也可能不是。也许正确的图景是，在某种情况下，意义的单位是［kri: ks］$_{动词}$，而在另一种情况下是［kri: ks］$_{名词}$。如果这个图景是正确的，那么它似乎向我们建议——语句是句法的单位；也就是说，如果语词不是作为语句的构成部分出现，那么它们就不能获得句法性质。

这个建议似乎确有道理；看起来，语词之所以有句法性质，是由于语词和包含它们的语句之间的关系。[26]相较之下，语词之所以具有语义性质，是否是因为它们和包含它们的语句之间的关系，这就绝对不是一桩很明显的事。同样并不明显的是，问题"什么是语义分析的单位"和"什么是句法分析的单位"不得不得到相同的答案。[27]

关于意义的事实

关于《两个教条》中的意义整体论论证，我们已经说得够多了。现在我们可以谈谈此书余下的部分要说什么。既然看起来归属给《两个教条》的论证都存在着严重的缺陷，那么产生的问题是，是否有其他更为可信的论证呢？在讨论这个问题的过程中，结果常常会表明，蒯因关于分析/综合之区分的观点是否正确，这对于争论往哪个方向走特别关键。我们建议，即便是仅仅出于更加保守些的考虑，在评价关于意义的整体论论题时也不要诉诸分析/综合之区分；实际上，我们将假定蒯因是对的，而且分析/综合之区分站不住脚。[28]这样的话，如果语义整体论含有某种错误，就不是因为只有与S有分析性关联的陈述才构成S的意义。

然而，我们要强调的是，承认这一点要远远弱于承认这样一些论题。比如，没有关于意义的事实，或者根本没有“仅仅依据意义”成立的真理，或者语义规则的概念不可理解，或者不可能存在一个语义理论这样的东西。这样一种情况完全可能，人们可以对基于认识论（epistemologically based）的分析/综合之区分持取消主义立场，但并不对语义学持取消主义立场，甚至，不对分析/综合之区分持取消主义立场。

要看到目前讨论的关键，不妨设想某个坚持意义还原论的人，比如斯金纳，他认为某人说出的“狗”的意义是狗，不过就是该说话者有一个习惯——当周围有狗的时候说出“狗”。或许不必说，我们认为这种理论不太可能行得通。确实有一些论证想表明这个论题不值得辩护，下面就是其中一个。人们可能会说，如果斯金纳是对的，那么你就能有这样一种情形——一个说话者对完全相同的刺激做出两种反应（比方说，“狗”和“呦”）。① 根据斯金纳的立场可以推论，这两种反应对于说话者而言是同义的。因此，在说话者的语言里，语句“任何是狗的东西都是呦”就是分析的。但是，蒯因在《两个教条》中表明，不存在同义或分析的语句。因此，斯金纳的语义学必然是错误的。这是先验的！事实上，所有的语义理论都必然是先验错误的，除了认为不存在任何语义性质的虚无主义理论。[29]

这一次问题出在哪儿？我们认为，严格说来，蒯因在《两个教条》中并没有表明也没有去论证不存在语义事实，甚至不存在任何分析真理这样的观点。[30] 相反，我们承认的是，如果意义以及相关概念确有意义的话，那么它们就不可能根据说话者同意的陈述重新建构出来。或者，出于同样的目的，如果蒯因的《两个教条》是正确的，那么你的话语的意义就不能还原为你可以接受的那些推理。

比如，当你说“约翰是个单身汉”时你是否意谓约翰是个单身汉，这不可能取决于如果你准备说“约翰是个单身汉”，那么你是否准备说“约翰是个没结婚的男人”；也不可能取决于你是否接受这一推理——如果“是单身汉”适用于约翰，那么“是未结婚的男子”也适用于约翰。因为蒯因曾论证过，你可以接受何种推理，这不仅依赖于你意图用这些词意谓什么（以及/或者如果你准备说“……”，那么你就会准备说别的话），而且也依赖于你所处的（非语言的）世界是什么样子。并且，没有任何原则性的办法能够把这些事实各自所起的作用区分开来。知道一个人接受某些推理，这并没有告诉你他先验地

① 译者注：原文例子用的是“dog”和“shmog”，后者是一个生造的无意义的词。考虑中文习惯，我们把后者译作“呦”。要说明的是，这里的“呦”几乎可以用任何一个跟“狗”不同义的词来替代。

接受了哪一个推理；也没有告诉你哪一个推理是分析的。

蒯因对分析性的拒斥就其真正论证过的东西而言（以及我们建议接受的东西而言），不过是要拒斥为“根据意义为真”提供一个认识论标准的可能性。原则上，除此之外仍然是开放的。比如，以下可能性就都是开放的，你也许可以将语义关系还原为相似关系（休谟想走的路子），或者还原为条件关系（斯金纳的路子），或者还原为律则性关系（德雷斯基的路子），或者非认识论的意向性关系（现象主义者希望走的路子），或者其他人们还没有想到的关系。这些还原的路子，每一条都会蕴涵相应于分析/综合的概念（相似于同一个事物的观念是相同的观念；由同一个事物作为刺激条件产生的语词是同义的；等等）。而且，因为这些同义性/分析性的概念没有一个是认识论的，所以它们都不会有蒯因在《两个教条》中考虑过的那些危险。

根据这种观点，唯一不能接受的主张是下述合取判断，它与蒯因对分析/综合之区分的拒斥相一致：有些推理关系是语义关系的构成要素，并且，他们可以通过应用诸如先验性或不可修正性之类的认识论标准来加以确定。除此之外，意义整体论仍然是开放的；并且因而还原主义的原子论也是如此（当然，语义虚无主义也如此）。

现在，我们想知道的是：那些不是证实主义者的人，如果他们想为上述选项里的第一种情况代言的话，究竟能说点什么？

第三章

唐纳德·戴维森：意义整体论与彻底诠释

对整体论最有意思的论证——它将在本章和接下来的两章中予以讨论——遵循一种常用的策略。其想法是表明某种宽容原则在内容归属上是构成性的。据称，这些原则具有内在的整体性，因此蕴涵着意向性的整体论。[1]

我们将要审视的所有论证在形式上都或多或少是先验的；不过，本章要考察的论证还具有另一个特点，即它利用的一些前提同时有认识论和形而上学的意味。其基本想法是：关于内容的事实在形而上学上的一个构成性特征是，对于一个处在彻底诠释者的认识论情境下的人来说，这些事实必然是可获得的，并且，除非引入宽容原则，否则彻底诠释就是不可能的。以下讨论，我们利用的主要资源是唐纳德·戴维森的《真理与意义》《对福斯特的答复》《彻底诠释》。

意义理论、真理理论及彻底诠释

一门自然语言（如英语）的恰当的意义理论是什么样子，哲学家关于这个问题的意见分歧很大，甚至一个意义理论应该是什么样子，他们的意见也很不一致。相应地，语言哲学的一个传统目标就是要为自然语言的意义理论提供一个一般的、抽象的刻画，特别是弄清楚它们应该采取什么形式，以及它们可能需要满足何种恰当性条件（conditions of adequacy）。在戴维森的著作中，反复出现的旋律是这样一个断言：一个塔斯基似的真理理论是意义理论的恰当形式。戴维森的语言哲学中很大一部分就是试图阐释清楚采取该形式的意义理论的恰当性条件。

一个（有限的）理论T是语言L的真理理论，当且仅当，对于L中的每一个句子E，T蕴涵如下形式的T语句：

E在L中是真的（true-in-L）当且仅当P。

称一个真理理论是外延恰当的（extensionally adequate）当且仅当它所蕴涵的所有T语句都是真的。于是，第一种提议可能就是：一个外延恰当的真理理论就足以是一个成功的意义理论。

如果这样一个简单的建议就能够成功，那么它会令人吃惊。事实上，我们经过片刻的思考就清楚它不能成功。特别是，你可以通过将L中的每一个句子与任意实质等价的句子（不管它的含义是什么）进行配对而达到外延恰当性。经典的例子是一个关于汉语的真理理论，该真理理论蕴涵着T语句W（除其他T语句外）：

W：“雪是白的”在汉语中是真的，当且仅当草是绿的。

如果其他条件不变，这个理论就是外延恰当的。但是，很难说它抓住了它所描述的句子的含义，例如，一个依照W来诠释汉语的人完全可以误解“雪是白的”这句话。

更可取的提议是这样的：如果一个T理论是外延恰当的，并且在每一个T语句中，P翻译了E这一条件被满足，则称该T理论是实质恰当的（materially adequate）。实际上，这是塔斯基的“约定T”。因此现在，一个蕴含W的关于汉语的真理理论并非是实质恰当的，因为“草是绿的”没有翻译“雪是白的”。

但是，如果哲学目标在于弄清楚一个自然语言的成功的意义理论是什么样子，那么断言它是一个实质恰当的真理理论就不那么有意思。直观上看，P必须翻译E这样一个要求已经完成了所有的工作，而且，“翻译”和“意义理论”一样，还需要进一步地阐明。那么，所需要的是对“关于L的恰当的意义理论”的刻画，该刻画本身在本质上不使用未经阐明的语义学概念，如“翻译”“意味着”“同义于”，诸如此类。

此外，戴维森希望如此定义一个意义理论的成功：语言L的意义理论的恰当性可以由“彻底”诠释者——不用说，一个不知道L的诠释者——来确定。“但是我们不能预先假定，无须占据彻底诠释者的立场就可以认识到正确的翻译。在经验应用中，我们必须抛弃这一假定。”（《彻底诠释》，第134页）戴维森显然认为，如果将意义理论的成功定义为实质恰当性，那么彻底诠释将是不可能的。[2]

所以情况看起来是这样的：戴维森一度认为他的方案是“将真理看作是基本的，并且由此引出关于翻译或诠释的说明”（《彻底诠释》，第134页）。初看之下，就有一个对该计划的明显反驳：鉴于“意味着”以及与之类似的概念是内涵性的，而T语句的真理仅要求（T等式）左边所提到的表达式与右边所使用的表达式在真值上是等价的（外延等价）。因此，可以合理地怀疑，一个仅仅受真的T语句所约束的理论如何有希望重构那些语义关系。[3]显然，要想成为成功的意义理论，真理理论必须受到进一步的约束。[4]我们将此称为“外延问题”。当然，戴维森强烈地意识到这个问题。据我们的理解，在我们要考察的文本中可以看到（至少）有三种不同的（虽然是相容的）建议。三种建议都可以经过重构而具有整体论的含义，因而，下面我们将分别予以讨论。

建议1：利用这样一个事实，即自然语言展现了组合性的语义结构；特别是相同的表达式在很多（无穷多）的句子（formula）中可以具有相同的意义。这是《真理与意义》中所考虑的主要策略。

建议2：要求所青睐的真理论中的T语句是定律。这是《对福斯特的答复》和《真理与意义》（1982年版）的注释11中所考虑的策略。

建议3：要求关于L的受青睐的真理论蕴涵T语句，根据它，L的说话者信以为真的语句其大部分是真的。这是戴维森“宽容原则”的一个版本，是在《彻底诠释》中所考虑的主要策略。

在对我们的讨论方向做些初步评论之后，我们将着手对这三个建议做细致的考察。有些事情会逐渐变得清晰，比如，建议2和建议3所引起的问题——不同于建议1所引起的问题——跟彻底诠释问题有特别密切的关联。我们将这样前行。首先，在完成了对建议1的讨论后，我们将纵容自己跑跑题（这一节被称作“插曲”），在这一节里，我们将考察一个一般性的问题，即彻底诠释理论如何可能对意义理论构成约束。我们在这一节中对戴维森的解读在很大程度上将不同于标准的戴维森解读（参见埃文斯、麦克道威尔《真理与意义：语义学论文集》；普拉茨《意义的道路：语言哲学导论》；普拉茨《指称、真理和实在》；勒炮《真理与诠释：戴维森哲学的视角》）。但我们希望阐明，用一种我们认为标准文献没能去做的方式，（举例而言）戴维森关于彻底诠释的整体论观点和他的形而上学之间的关系。在探究了这些背景问题后，我们将开始讨论建议2和建议3对外延性问题的解决。

对外延问题的解决

组合性解决

如果外延恰当性是成功的真理理论所要求的全部，那么一个关于汉语的蕴涵W的真理理论有何错误？在《真理与意义》（第25页；亦可参见《彻底诠释》第134页）中，戴维森说，像W这样的T语句是真的这一事实提醒我们如下努力毫无希望：仅仅通过注意它们的定理（它们所蕴涵的T语句）来辨别成功的真理理论。相反，恰当的问题是：T语句是如何被导出的？通过利用它们刻画其真值条件的句子的语言学结构，该理论必须导出T语句。特别是，（对于除习语以外的任一句子）该理论必须将该句子的语义性质展示为是由它的词汇片段的语义性质和它的句法结构一起决定的。正因为（举例而言）意义理论必须以此方式获得“雪是白的”，以及对象语言中任一其他句子的真值条件，因此，我们才能期望用T语句的右边去诠释它的左边。所以，对成功的真理理论的这一“整体论的”约束才是真理与意义之间联系的关键。

因此，戴维森认为（在《真理与意义》的一个脚注中），不存在一个关于汉语的外延恰当的真理理论，它既蕴涵W，又能展示所有包含“雪”或者“白的”的汉语语句的组合性结构。这是大致因为，如果一个蕴涵W的理论尊重了组合性结构，它就不得不指派错误的真值条件给其他那些“雪”和“白的”在其中出现的句子——特别是它们在其中出现且伴有指示词的句子，如“这是白的”和“这是雪”。例如，它将不得不断言，“这是白的”是真的当且仅当这是绿的。

然后，假设我们假定了对“这是白的”和“这是雪”的诠释以某种方式独立于，并且先于，对“雪是白的”的诠释（我们不久将看到，戴维森对彻底诠释的说明可以被理解为是要合理化这些假定）。接下来就可以诉诸组合性并依据相应的指示词句的诠释，来确定“雪是白的”的诠释。简言之，“雪是白的”拥有它所拥有的真值条件，是因为“这是白的”和“这是雪”拥有它们所拥有的真值条件，并且，还因为一个成功的真理理论要求尊重它所分析的句子的结构关系。

由之引出的一个教导似乎是，只要在导出T语句时充分地考虑了句子之间的结构性关系，那我们终究可以获得一个外延性的意义理论。“目前的想法，倒不如说是要在每一方面找到最低限度的关于真理理论的正确性的知识；而造成差别的正是这些潜在无穷多的方面。”（戴维森《无指称的实在》，第225页）或者，如埃文斯和麦克道威尔所指出的：“真理理论的每一个公理都影响着无穷多的T语句这一事实实际上具有这样的后果：仿造的理论很难通过该测试。”（《真理与意义》，第xv页）第二个教导是整体论的。“雪是白的”拥有它所拥有的真值条件是因为它属于这样一个语言，它包含“这是白的”和“这是雪”（以及“是白的”和“是雪”在其中出现的无穷多的其他句子）。

但是显然，只有当一定需要诉诸组合性才能排除蕴涵像W那样定理的T理论时，对语义整体论的上述论证才是一个好论证。而怀疑它是一个好论证，这是可能的。实际上，考虑再三后，很难看到它如何能够是一个好论证。如果真的仅仅是因为“雪是白的”和“那是白的”之间结构的相似性，前者才意味着雪是白的（并且不是“草是绿的”或者“2+2=4”），那么看起来就存在一个拒斥非组合性语言之可能性的先验论证。根据这一论证，该语言的表达式不可能具有确定的真值条件。

我们怀疑并不存在这样的论证。考虑如下思想实验。假设有一个小孩，他掌握了（在所有的表象方面）关于汉语的所有非递归性装置（nonrecursive apparatus）。所以，他能说出如“天在下雨”“雪是白的”“草是绿的”“那是雪”“那是绿色的”“那结冰了”“每一个人都讨厌我”“我讨厌菠菜”等诸如此类的东西，但他不能说出“雪是白的并且草是绿的”或者“每一个人都讨厌结了冰的菠菜”等诸如此类的东西。假定该孩子关于汉语的非递归性部分的言语倾向（speech dispositions）的所有东西酷似相应的正常成年人，我们认为情况很可能是：当这个孩子说“雪是白的”时，他意指雪是白的。迄今为止，因为我们假定了这个孩子在他的习语中包含了（例如）“雪是白的”和“那是雪”两者，以及因此他的习语满足了用于确定内容的组合性条件，因此，关于整体论的组合性论证并没有处于危险之中。

但是，现在考虑另一个孩子，他在说话（以及推理，乃至一般意义上的认知）的倾向上与前面的孩子几乎相同，除了：当孩子 1 使用“雪是白的”来说雪是白的时，孩子 2 使用非结构性表达式“Alfred”。类似的，当孩子 1 用“那是雪”来说那是雪时，孩子 2 使用非结构性表达式“Sam”；当孩子 1 使用“那很冷”来说那很冷时，孩子 1 使用非结构性表达式“Mary”；如此等等。

在所有其他相关的方面，我们想要坚持认为这两个孩子都等同。所以，如果附近有某物激起孩子 1 说出“那是雪”，那么相同的东西在相同的场合激起孩子 2 说出“Sam”。如果第一个孩子从“那是雪”推出“那很冷”，那么第二个孩子就从“Sam”推出“Mary”。以此类推。实际上，为了使这个例子更强有力，我们甚至可以想象孩子 2 可以通过这种类型的图灵测试：把他放进一个箱子里，然后让他通过一个既会说该孩子的方言又会说非递归性汉语部分的翻译者与讯问者进行交流。那么，除了要求理解或生产递归性语句的任务外，情形是这样：孩子2的被翻译的言语表达与孩子1的言语表达是不可区分的。尽管如此，如果组合性对内容而言是一个必要条件，那么就存在一个先验论证表明孩子2不能通过他所说的话而意味任何确定的东西。我们认为，很明显，这样一个论证是不可靠的。[5] 毕竟，这个孩子所说的话语是否意味着什么，这大概依赖于他说它们时的意图。什么样的先验论证将证明，孩子不能在意图说雪是白的时说出"Sam"？

我们认为，这些考虑使得组合性对于解决外延性问题是必要的，这一点看起来非常不合理。也许T语句"Alfred"是真的当且仅当雪是白的比T语句"Alfred"是真的当且仅当草是绿的更受青睐；但这并不可能是"Alfred"的组合性结构的某些特征的结果，因为它没有结构。[6]

还有一些有说服力的考虑，它们［与关于殊例自返表达式（token reflexives）的考虑一起］暗示着诉诸组合性对于解决外延性问题也是不充分的。这里有两个相关联的问题。首先，诉诸"那是雪"的真值条件以排除W作为"雪是白的"的T语句，这一提议能够成功仅仅是因为"雪"和"草"不是共外延的。但是，考虑一下共外延但并非同义的任意原子谓词对："F"和"G"。那么，用表达式"…F…"的真值条件替换表达式"…G…"的真值条件的T理论将是外延恰当的，哪怕"F"和"G"在其中出现的表达式包含指示词。当然，人们依然可以诉诸特定的组合性考虑以区分"F"的语义学和"G"的语义学，因为它们通常不能在内涵语境（例如反事实或者命题态度）中保真替换。但是，如果对外延性问题的组合性解决必须求诸这些语境，那么看起来就可以推出，不可能存在一种其语句有确定真值条件的完全外延性的语言（不言而喻，这与一个广泛认可的观点相悖：即不可能存在其他种类的语言，它们的语句有确定的真值条件）。而且，如果它回应说，至少这测试对于内涵性语言是有效的，则对此的回答是：如果翻译概念不是语义学元理论的核心概念，那么出于同样的理由，内涵性概念也不是。所以，即使对外延性问题的组合性解决能够通过将该解决仅仅运用于内涵性语言而发挥作用，“成功的意义理论”的元理论特征也会通过利用事实如此而排除它。

第二个问题与前者紧密相关。它是这样的：如果一个理论的一个定理具有一个逻辑推论，该逻辑推论在该理论的词汇表中是可表达的，那么该逻辑推论也是该理论的一个定理。例如，如果 LT 是一个在关于汉语的真理理论的词汇表中可表达的逻辑真理，那么，因为 Q 是范例性 T 语句 T 的逻辑推论，所以 Q 也是一个被该真理理论蕴涵的 T 语句。（参见勒炮、娄鸥《戴维森应该说什么》）

T：“雪是白的”在汉语中是真的，当且仅当雪是白的。

Q：“雪是白的”在汉语中是真的，当且仅当雪是白的且 LT。

注意，诉诸“这是雪”的真值条件对此问题毫无帮助，因为在下述两者间没什么好选择的：“这是雪”是真的当且仅当这是雪和“这是雪”是真的当且仅当这是雪且 LT。

顺便说一下，当前的“逻辑真理”问题并非是前面所讨论的“外延等价”问题的特例。“外延等价”关心的是对象语言包含等价但不同义的表达式。因此也是 T 语句无法区分的表达式（假设它们仅仅达到了外延等价性）的可能性。相反，当前的论点依赖于（真理理论本身的）元语言而非对象语言的表达力。令人担忧的是，为了能产生正确的T语句的元语言所要求的逻辑装置会自动地产出无穷多的不正确的T语句（比如包含Q）。

在《自然语言的语义学》和《彻底诠释》中，戴维森认为，像Q这样令人讨厌的T语句是可以避免的，只要一个成功的理论包含这样的定义，即它的T语句通过“典范证明”（canonical proof）而从其公理中推出来（《彻底诠释》，第138页；《自然语言的语义学》，第61页）。戴维森说，典范证明将只允许人们通过真理定义的基础从句（base clause）而从一个双向条件句推出另一个双向条件句。附加“且LT”的T语句的推导将被排除出去，因为它要求额外的逻辑装置。初看之下，这一步的困难是：戴维森脑海中所想的是一个关于典范证明的严格的句法概念。实际上，对于**理论上中立的**（theory-neutral）典范推导概念，不存在任何已知的提议，所以我们不知道当不同的真理理论中的句法各不相同时，还有什么东西可以被看作典范推导。

但是，无论典范求导这一概念可被给予什么样的含义，典范公理（axiom）这一概念肯定无法被给予任何含义，而且，逻辑真理问题像感染求导一样感染了公理。Q并不依赖于将“且LT”附加到T语句（它是可独立求导的）的右边。早些时候它可能有效（参见蒯因《关于〈真理与意义〉的评论》，第226页）。例如，一个人可以将：

（x）［x满足“是白的”当且仅当（x是白的且LT）］

作为公理，然后通过典范证明从中推出Q。[7]

我们的临时性结论是这样的：组合性对于解决外延性问题不太可能是必要的，并且存在一些技术上的理由（共外延的对象语言表达式问题和逻辑真理问题）表明它也不充分。

但是，假设所有这些困难都能以某种方式予以克服。那么，我们会有一个论证表明，当（而且也许仅当）L包含这样的句子，即“雪”“白色”“草”和“绿色”出现于其中，且包含指示词表达式（或者其他的“殊例自返句”[8]），那么，蕴涵W的理论与蕴涵T的理论之间的区别就可以维持。这看起来是一个整体论的结论，它是一般整体论论题的特例，即任何表达式想要拥有甚至是合理的确定性内容，都必须存在与它一样属于相同语言学系统的、其他的富有内容的表达式。

但是，这个结论看起来下得过早。首先，虽然目前妥协性的假设给了我们一个论证，表明不可能拥有一个语言其所有句子中没有一个是殊例自返的，但目前为止还没有一个论证表明不能拥有一个语言其所有句子都是殊例自返的（实际上，蒯因曾猜测我们所有人都已经开始说这样的语言；我们认为这样的猜测至少是融贯的）。所以，我们拥有仅在一个方向上得到保证的整体论：是否拥有非殊例自返的语句视是否拥有殊例自返的语句而定的，但是（到目前为止）是否拥有殊例自返的语句无须视任何东西而定，也就是说，关于后者我们没有任何从组合性到整体论论题的论证。[9]但是，如果你能拥有一个仅包含殊例自返句的语言，那么什么论证能够证明你不能拥有一个仅包含一个句子的语言，只要该句子是殊例自返的？简言之，即使为了选出关于“雪是白的”的正确解读而真的要求诉诸组合性，我们依然没有一个拒斥点状语言（punctate language）之可能性的论证[10]［事实上，出于那些很快将变得清晰的理由，我们怀疑如下情况的真实性：固定语句（standing sentence）的可诠释性依赖于它们的组合性，后者与殊例自返语句相关。参见注释28，以及它之前的讨论］。

据我们目前所知，组合性对于解决外延性问题既不是必要的也不是充分的，而且即使它是，它也无法推出整体论。

插曲：彻底诠释理论的地位

在接下来几节中，我们将讨论处理外延问题的一些方案，它们产生于对彻底诠释之前提条件的考察。[11]但是，在这么做之前，我们需要考察一下彻底诠释理论的本质，以及它在戴维森的语言哲学大厦中扮演的角色。

我们已经看到，戴维森的关键难题是找到一些合理的基础以确定，在无穷多的 T 理论（它们都是对 L 的外延恰当的表征）中，哪一个（如果假定语义不确定性，那就是"哪一些"。为了阐述的简单，后面我们将忽略这个附加说明）可以被看成是关于 L 的正确的意义理论。如我们也已经提到的，戴维森采取的观点是，做出这个选择还有些别的理由。大致来说，一个成功的意义理论是一个外延恰当的、满足某些进一步证据约束的真理理论。

在这样的语境下考虑，RI（彻底诠释）理论试图做两件事情。首先，它必须详细阐明一个成功的意义理论可能需要对其进行说明的各种经验证据。在此语境中，"经验证据"包含任何一个偶然命题，只要这个偶然命题是彻底诠释者为了保证其诠释而可能合法地诉诸它。我们强调，这些约束必须是实质性的，它们必须蕴涵着大量真的偶然命题对彻底诠释者而言无法获得，否则说他的认识论情景是"彻底的"这一点就毫无内容。其次，因为不同的约束证据的方式导致不同的 T 理论被选择，所以 RI 理论必须对强迫接受某一个证据约束集合而不是其他证据约束集合进行辩护。

特别注意，对 RI 理论所强加的证据约束的辩护必须是先验的；"自力更生"（bootstrapping）不被允许。为了弄清楚这是什么意思，让我们假定 E 是一个约束的集合，这些约束被用来在不同的 T 理论间进行选择。然后，人们可能认为，通过诉诸如下事实，即对于某些给定语言 E 所选择的真理理论事实上是关于这些语言的正确的意义理论，E 自身得到了“经验地”辩护。但是，这将预设一些评价这些真理理论之正确性的独立的方法。语言学中通常的技巧（它是这类问题在实践中产生的地方）是诉诸信息提供者之直觉的独立的知识。这等价于（就目前的目的而言）假定了语言学家知道他试图为之建模的语言，因此它违背了施加于彻底诠释上的约束，它们包括（根据规定）：理论学家无法获得关于其理论所产生的 T 语句之恰当性的语言学直觉。[12]所以，什么证据约束可以合理地用于真理理论的选择，以及这些约束如何被辩护？戴维森的回答是，被青睐的 T 理论是在“诠释者似乎可以获得的证据”的基础上被选择的，其中诠释者是指“还不知道如何诠释该理论旨在论及的话语的人”（《彻底诠释》，第 128 页）。所以，“[证据] 必须……是这样一种证据，即我们可以想象一个刚从事工作的研究者可在不事先掌握这种证据要支持的那种理论的情况下拥有这种证据”（《信念和意义的基础》，第 143 页）。这一点并非完全透明，因为“诠释者”这一概念迄今为止还未兑现，我们并不知道，精确地讲，怎样才可以说诠释者是初次从事工作。关于这一点，戴维森从来都没有给出明确的说明，但是蒯因的一些建议与此有关。相应地，蒯因关于诠释的观点，正如戴维森的观点一样，在接下来的数页中处于核心位置。

想象某人处于这样一个位置，比如一个儿童面对自己的母语，或者一个田野语言学家面对一种完全陌生的语言。与翻译（/诠释）理论的选择相关的证据是关于信息提供者之行为的各种资料，只要可以合理地假定儿童或者田野语言学家获得了或者可以获得它们。

儿童学会他的第一批词和句子，是当恰当的刺激在场时通过听它们和使用它们而学会的。……我关于婴儿学习所说过的话，同样适应于语言学家对于一种新语言的实地学习。如果这个语言学家并不依赖相关联的语言（对于这些相关联的语言，存在着已被接受的翻译实践），显然，除了土著人发出的声音与可观察的刺激情况同时发生外，他没有任何别的资料。（《自然化认识论》，第 81 页）

再考虑下面这一段摘自蒯因最近的书《真之追求》中的文字：

一些批评家说，[翻译的不确定性] 这个论题是我的行为主义的结果。一些人说这是我的行为主义的归谬。我不同意第二种观点，但是我同意第一种观点。我认为，这种行为主义的观点是强制性的。在心理学中，一个人可能是或可能不是行为主义者，但是在语言学中，人们别无选择。我们每一个人都观察别人的言语行为，并让别人观察和强化或改正自己磕磕巴巴的语言行为，从而学会自己的语言。我们严格依赖于可观察的情境中明显可见的行为。……语言意义中没有什么东西超出在可观察的情况下从明显的行为中应该发现的东西。（第 37—38 页）

假定这一提议是说：选择一个翻译手册（或者，加以必要的变更，T 理论）的证据是关于他的信息提供者之行为的各种资料，只要假定田野语言学家（或者儿童）可以获得它们。对于 RI 理论而言，下一个需要处理的问题是：什么东西辩护了这一提议？情况也许是这个问题的答案看起来如此显而易见以至于不值得叙述。然而，我们希望在这一点上做点深入讨论，在随后几章里会讲得更清晰。因为相当一部分戴维森和蒯因的哲学依赖于这样一个假定，即没有什么东西可以是一个语言，除非它的彻底诠释是可能的；[13] 即是说，没有什么东西可以是一种语言，除非关于它的正确的 T 理论可以依据儿童或者语言学家可以获得的各种观察而被选出来。我们的建议是，事实上，持有这样一个原则是不合理的。相反，基于对彻底诠释的这样一种理解，我们完全可以想象一种合适的语言（举例而言，如英语），而它的彻底诠释是不可能的。

我们可以看到，对于“关于 T 理论之选择的证据”与儿童或语言学家可以获得的关于信息提供者之行为的证据两者间的等同，存在两种标准的辩护方法。其中一种是说，毕竟儿童和语言学家基于他们可获得的证据而选择正确的意义理论上是成功的。更不用说基于这样的证据去选择一个意义理论这一定是可能的。所以，该论证可能会成功。[14]

但是，如此表述的该辩护性论证是靠不住的。无论是关于儿童还是关于语言学家，我们都毫无理由假定他们对 T 理论的选择仅仅由如下两点决定：对信息提供者之行为可获得的观察，以及他们所坚持的理论构造和确认的一般规则（canons）。[15]让我们依次考察田野语言学家和儿童。

田野语言学家

我们在前面谈到，作为一个事实，真正的语言学家通常会利用他们的信息提供者的直觉（或者他们学习被研究的语言并成为他们自己的信息提供者）。所以，田野语言学家并没有真正处于用以定义彻底诠释者的认识论情境。但是，我们目前的论证强调了不同的考虑。毋庸置疑，真正的田野语言学家是这样一些人：对于他们所研究的语言，他们最终真的获得一个被确证的理论——对外国语言的分析总是在一个非常强的、关于他们在田野所碰到的语言可以是什么样的理论假设的背景下进行，只要该外语是同种的（conspecific）（当然，这一点被田野语言学家认为是理所当然的）。通常来说，这些背景假设在前面提到的意义上是自力更生的（bootstrapped）；语言学家接受它们的证据是它们先前在诠释上的成功，以及它们表面上的经验合理性，它们与语言学家关于下述东西的假设之间的融贯性：他的同种语言的认知心理学、语言学习是如何工作的、语言学变化的定律、可能存在什么样的语言学共相，等等。简单地说，语言学家所相信的无论什么考虑都可能约束自然语言的变化性。学习这种东西是语言学家作为专业学徒身份的一部分。不同于戴维森所想象的研究者，真正的语言学家在研究院学习的时候就已经不再是一个没有任何理论负荷的诠释者。

假定这些背景假设在语言学家关于T理论的选择中不扮演至关重要的角色，这是完全难以置信的。我们的论点不只是说，它们在“发现的语境”中提供给语言学家关于哪个T理论试图符合资料的直觉（虽然这确实是真的）。而且，它们在“辩护的语境”中也作为被青睐的T理论需要对其顺从的经验限制之语料库的一部分。所以，我们所拥有的东西最多是：关于信息提供者之行为的可获得的观察，以及该背景假设可靠地导致对于外国语言最好的T理论的选择。从这里并不能推出彻底诠释是可能的，即关于最好的T理论的选择可以在仅有观察证据及无论什么样的、可以施于如上理论推理的一般约束的基础上做出来。

但是，人们可能假定，对工作中的语言学家之理论背景的诉求在原则上必须是非必需的。第一个语言学家会怎样？无疑，他没有已被独立证明的背景理论可以依赖；无疑，他必须仅仅根据归纳方法以及他关于信息提供者之行为的观察来从事他的工作。我们并不打算提出一些认识论中的大问题，注意到下述方面就够了：在科学哲学中拒斥基础主义就是拒斥“第一个科学家”（first scientist）的观念，而青睐于科学是从中间（in media res）开始的这样的想法。纽拉特的船并不从任何地方“起航”，它一直在海上。关于物理科学的这种稳恒态的图像是（颇具讽刺意味的）一个相比其他人我们更应归于蒯因的图像。为什么它不能也应用在语言学中？

假如所有这些看起来有些抽象的话，不妨考虑一下（例如）戴维森自己的想法，即某些T语句（以及产生它们的理论）通过考虑到它们是非典范求导的而被排除出去。问题：语言学家从何处获得他的典范概念？不是从意义理论与T理论的等同中，因为T理论这一概念本身并不提供对“典范推导”的重构。也不是来自对信息提供者之语言行为的观察证据，因为对戴维森而言，这在很大程度上已经被那些句子的信息提供者“认为是真的”的证据所耗尽。所以，情况必须是这样的：如果语言学家拥有且从根本上使用了“典范推导”这一概念，那么它就是他以之选择T理论的（大概是经验性的）背景理论的一部分。所以，即使在戴维森看来也是：约束语言学家选择T理论的证据必须超出彻底诠释者所能获得的证据。

我们暂停一下以提醒读者我们的论证试图证明什么。以蒯因为例，对于他关于翻译的著名思想实验，蒯因有两个相关的使用。其一是去证明：仅当援引宽容原则，诠释才是可能的；另一个是去证明经验证据对翻译手册的选择是非充分决定的。对于这些结论，我们都没有反对意见（至少就当前的目的而言如此）。因为我们都知道，下述两者可能都是真的：诠释（/翻译）是经验非充分决定的（更不必说，从彻底诠释者的认识论立场来看，它是经验非充分决定的）和没有宽容原则就没有诠释（/翻译）（更不必说，没有宽容原则就没有彻底诠释）。我们所要反对的是某种特定类型的先验论证。例如这样的先验论证，它试图从下述假定中推出没有宽容原则就没有翻译：第一，无须宽容原则的彻底翻译是不可能的；第二，无论什么时候，只要对于外国语言的翻译成功了，那么彻底诠释必定实际地发生了；第三，田野语言学家在对外国语言的翻译中事实上取得了成功。我们的论点是，这一类的论证似乎依赖于将实际翻译者的认识论立场与彻底诠释者的认识论立场等同起来，但这种等同没有得到论证。实际上，它依赖于这一等同是必然的。相反，我们断定实际的翻译者事实上是彻底翻译者，这看起来令人难以置信。所以，看起来关于宽容原则的上述先验论证失败了。

儿　童

现在考虑蒯因的这样一个建议，即根据儿童的认识论情境来构建彻底诠释。情况可能是：儿童也依据一大堆（也许是天赋的[16]）关于同种方言的特征可以是什么样的背景假设来处理语言学习的情境。与语言学家不同的是，儿童的背景假设不能自己为自己辩护。[17]事实上，它们根本没有得到辩护。这样一来，他基于可观察的证据及这些假设而对T理论的选择并没有产生被辩护的真信念，因此也没有产生知识（对于知识，我们假定它至少要求是得到辩护的真信念）。但是，没有理由假定儿童（或者任何人，除了可能少数的语言学家）在那样的意义上拥有关于他们的语言的知识。自明的仅仅是在他们可以说话的意义上，我们说孩子知道他们的语言，因此他们拥有谈论该语言所可能要求的关于该语言的各种真信念。[18]

我们且岔开话题，以预先阻止认为我们的注解不够宽容的指控。如所有的经验主义者一样，蒯因本人也是某种类型的天赋论者。他并不真正认为，当详细说明可获得的观察资料时，儿童的认识论情境就已得到完全刻画。毕竟，如果儿童想从他的资料中学习的话，他必须以某种方式对其进行概括，而且，为了避免（无穷）倒退，概括的原则必须最终是给定的，而不是学习到的。在这类论证的压力下，蒯因准备赋予儿童以天赋的“相似性空间”。根据旧刺激进行训练形成的反应，会根据在空间里的相似度通过概括以容纳新刺激（类似的，斯金纳主义关于学习的说明，开始于假定具有天赋倾向的“完整有机体”会在某些方向上进行概括，而不会在其他一些方向上概括；对于学习的休谟主义说明，开始于假定“内在于人之本性”的联结机制；等等)。

关于这一提议，首先要说的是独立于彻底诠释的问题，这一提议究竟准备承认什么，这一点并不清楚。因为在什么程度上（如果有的话）这一要求，即先天禀赋（innate endowment）可以被表达为相似空间——或者，细节上做必要的修改，表达为概括梯度（generalization gradient）或联结原则——实际上约束了儿童可能被认为拥有的天赋信息，这一点并不清楚。大概那依赖何种性质允许用天赋空间的维数（dimensions）去表达。例如，如果相似空间的维数可以表达语法求导的参数，那么，如邱奇兰德所提到的，对下述情况我们没有任何明显的理由：我们为什么不能想象“一种表征‘母语是汉语者的语言学超空间（linguistic hyperspace）’的方式，以至于所有的语法句子都居于该超空间中专有的超曲面上”（《认知神经科学中的一些还原策略》，第 84 页）。就是说，除非对空间的维数予以限制，语言学习是仅仅由内在的相似空间所调节的这一假设与汉语的语法是天赋的这一假设非常相容。

关于如何限制天赋的“相似空间”的维数，一种经验论动机的提议在关于学习的心理学中将是一个主要的突破。但是几乎肯定的是，蒯因心里想着的是要通过允许内在相似空间的维数仅可以表达近端刺激的心理学性质以安抚经验论者的顾虑。如果这是正确的注释，那么蒯因就需要一个论证，即从研究者（他的资料被限制在信息提供者之行为的观察上并且他依照心理学参数概括这些观察）的认识论立场出发，（比方说）汉语的诠释是可能的。自乔姆斯基的《关于斯金纳言语行为研究的评论》后，出于我们已经很熟悉的原因，这样一个论证看起来不可能出现（但是这当然是一个经验性的问题）。

所有这些对蒯因的彻底诠释理论影响有多大？我们认为并不大。这里存在两种可能性。假设对应于儿童之天赋相似空间的信息并没有被假定居于彻底诠释者的诠释方案中。在此情况下，蒯因就不再能从该语言为儿童所习得这一事实来论辩它们之彻底诠释的可能性。我们知道的仅仅是，儿童的天生禀赋在调节他的语言学习过程可能扮演至关重要的角色。所以，假设对应于儿童之天生禀赋的信息被假定居于彻底诠释者的诠释方案中。那么，一个语言能够被彻底诠释这一要求的力量就完全依赖于天赋的信息究竟是什么。在这种有限制的情况下，关于该语言的诠释理论它本身是天赋的，因此对于彻底诠释者是可以获得的，并且该语言能够被彻底诠释这一要求也是空洞的。该彻底诠释者可以在毫无资料的情况下“学习”该语言。就此而言，关于儿童的这个认识实际上就类似于关于语言学家的判断，如果很严肃地认为他们在执行哲学家赋予的任务时预先装备了丰富的背景理论，要么会威胁到诉诸彻底诠释之可能性的论证，要么威胁到语言能够被彻底诠释这一要求的力量，或者两者都受到损害。

我们重复一下要点：语言学家和儿童能够基于可获得的观察证据以及其他东西选择正确的 T 理论，这有可能是真的。但这并不推出该证据对于选择真理论是充分的。所以它也不能推出彻底诠释是可能的。

注意，我们并没有说，儿童和/或田野语言学家可以获得的观察证据（根据规定，彻底诠释者可获得的证据）事实上对于保证T理论的选择是不充分的。我们仅仅说，它究竟是否充分这一点还远不清楚，当然，它必须是充分的这一点并不是先验为真。因此，也没有什么先验论证使得我们必须放弃这一原则——只要该语言的句子具有确定的内容，这门语言就容许彻底诠释。根据我们的理解，戴维森关于宽容原则的先验论证具有这样的形式："但是，信息提供者被假定其信念大部分是真的，从彻底诠释者的认识论立场来看语言学习是不可能的；从彻底诠释者的认识论立场来看语言学习是可能的；所以，必须假定，信息提供者的信念大部分是真的。"但是，我们可以看到，不存在清晰的理由接受第二个前提，所以关于宽容原则的上述先验论证失败了。

无物隐藏

我们曾建议，关于T理论的证据与儿童或语言学家的观察证据两者间的等同，已至少有两个论证被提出来。第二个论证依赖于这样的形而上学原则，即"无物隐藏"。关于什么是一个语言的诠释，如果存在任何事实的话，那么选择该语言之意义理论的证据在原则上必须是公共可获得的资料。至少自维特根斯坦在《哲学研究》中关于私人语言的讨论以来，一些这样的思想在分析哲学中就居于核心位置。[19]而且，对于任何认为意向性的东西随附于物理的东西的人来说，它是可接受的，因为物理事实是无与伦比的公共可通达的事实。[20]

这个论证的问题是，虽然它可能证明了决定T理论之选择的证据原则上不能被“隐藏”，但它并没有开始证明它不能对儿童、语言学家或彻底诠释者隐藏。假设上帝知道关于这世界的所有可以无须使用内涵或语义学概念而说出的东西。那么，从无物隐藏这一原则就可以推出，上帝知道为保证他关于（例如）汉语之正确T理论的选择而需要知道的全部东西。但是，这个假设拥有如下一点：上帝知道很多东西，这些东西是彻底诠释者作为彻底诠释者所不知道的。不仅仅是他知道（如乔姆斯基在相关的文献中所强调的）人们头脑中的想法（当然，在神经学或其他非意向性的描述下），而且他知道存在哪些定律，以及它们支持哪些反事实条件句。

举例来说，我们将看到甚至戴维森也认为，关于L的意义理论哪个是正确的，这依赖于关于L说话者的真理哪些是定律。但是当然不能简单地假定，如果一个定律或反事实条件句与关于一个语言的T理论之被辩护的选择是相关的，那么，将有保证的（warranted）理论推理的一般原则应用到任意语言学家、儿童或彻底诠释者可获得的观察证据上将引出关于该定律或反事实条件句的知识。特别要记住，从儿童和语言学家在语言学习中是成功的这一事实推不出上述结论。儿童可能没有做出有保证的关于T理论的选择，而获得了有保证的T理论的语言学家可能不仅仅拥有观察证据，他还拥有被独立确证的背景理论。

简而言之，如果你对“无物隐藏”这一原则做形而上学的解读（将其理解为一个随附性论题），那么它很可能是真的，但推不出关于彻底诠释的任何结论。如果你做认识论的解读（没有任何与T理论之选择有关的东西对于彻底诠释者而言是隐藏的），那么假定它即窃取了论题。理解这一点的一种方法是，语义的/意向性的东西随附于公共的/物理的东西这一形而上学论题自身不足以为在外延等价的T理论之间做出的选择辩护。它对于区分下述两种理论，即说“雪是白的”意味着雪是白的的理论和说它意味着草是绿的的理论，并不能提供任何帮助。对于选择而言充分的理由，或许是随附性原则，以及意向性的、语义的东西实际上随附于其上的事实的目录（即对于现实世界的完整的、非意向性的描述，包括定律）。但是不言而喻，这个目录对任何人来说都不可获得，除了上帝。[21]

人们可能合理地建议，现在继续前进的方式是重新定义 RI：放宽彻底诠释者能获得的偶然信息的限制，以允许它包括的信息比信息提供者使儿童或田野语言学家所能获得的还要更多。那么，为了构建支持宽容原则的论证，必须证明：当（且仅当）通过训练以宽容原则来对待信息提供者时，从这种修订版的彻底诠释者的认识论立场来看，彻底诠释才是可能的。而且，还必须证明：彻底诠释（在修订后的含义上）的可能性被实际诠释的可能性所预设。即人们必须基于修订后的彻底诠释概念发展出对宽容原则的先验论证。这使我们回到了我们开始的地方：我们无法证明这样的论证不能被构建出来，但我们也不知道有任何理由可以假定这样的论证能够构建出来。我们提醒读者，我们的基本立论自始至终仅仅是：到目前为止还不存在一个关于语义整体论的好论证。

我们认为（而且我们认为它很重要）：还没有人以实例表明，诉诸彻底诠释者的定义性认识论条件能够在语言哲学中产生特别有趣的结论（出于同样的理由，我们认为，蒯因也没有给出过实例，以表明诉诸彻底翻译的定义性认识论条件能够在语言哲学中产生有趣的结论）。但是，为了推进当前的论证，我们建议抑制这些顾虑。然后假设我们将如下一般性问题放在一边：施于意向归属的有保证的约束能否通过诉诸彻底诠释的可能性而产生出来。彻底诠释理论——戴维森在讨论外延等价的T理论之间的选择问题时实际使用了该理论——不过是：关于彻底诠释的资料主要是这样的观察，即信息提供者在一些或其他语境下认为他们语言中的一些或其他句子是真的。“可获得的证据恰恰就是，被诠释的语言的说话者在特定时间和特定环境下认为一系列句子是真的。”（《彻底诠释》，第135页）[22]彻底诠释的条件由获得这样的观察及理论推理的一般规则所规定，这个想法被假定以帮助解决外延性问题（即说出除外延恰当性外正确的T理论还必须满足什么条件的问题）。现在的计划是理解戴维森为什么认为情况是这样的。

根据当前的假设，用于彻底诠释的资料是可以表达成我们称之为单称持真（Singulary Hold True，SHT）语句。这类语句的一个典型例子是：

> E：库尔特属于讲德语的语言共同体，库尔特认为“Es regnet”这句话在星期六中午为真，并且星期六中午在库尔特附近下雨。

选择T理论的过程诉诸这一证据以确证我们称之为全称持真（Generalized Hold True，GHT）的语句。相应于E的GHT语句是：

> GE：(x)（t）［如果x属于讲德语的语言共同体，那么（x在t时认为“Es regnet”为真，当且仅当t时在x附近下雨）］

很显然，戴维森假定了从SHT语句到GHT语句的推理相对而言没有问题。它仅仅要求合理性的规则（不管它是什么）被应用到从单称的资料句子到全称概括的非论证性推理（nondemonstrative inference）中，其中意向性（/语义性）的问题并未出现。

最后，在某些案例里，关于一个表达式的GHT语句被用于许可这样的推理，即从它推出关于该表达式的T语句。[23]而且，在其他条件均同的情况下，一个真理理论被保证为是一个意义理论，当且仅当它蕴涵以这种方式许可的所有T语句（并且满足关于简单性、保守性等通常的条件；我们一般不会提及关于恰当性的考虑，该恰当性以经验论的身份运用到所有的经验理论之上）。正是为了详细说明这一点，即怎样才能保证让一个T理论成为一个意义理论，戴维森调用了一些从彻底诠释导出整体论的考虑。所以，在某种特定的意义上，他的考虑可以被看作是一个先验论证，在这个论证中，整体论是从彻底诠释的可能性演绎出来。

经过这段长长的插曲，我们终于可以着手来考虑戴维森希望使用他关于彻底诠释的说明来解决外延性问题的两种方法。

律则性解决

在戴维森关于外延性问题之"组合性"解决的讨论的脚注里（参见1984年再版的《真理与意义》），戴维森评论说，受青睐的T理论的T语句作为关于L的说话者的有保证的经验概括，因此它必须不仅仅是真的，而且还须是似律的（lawlike）。[24]这足以区分W和T，因为前者虽然是真的但并不支持相应的反事实条件句。其想法大概是，"雪是白的"在草不是绿的的临近世界是真的，只要在这些世界中雪是白的，即"雪是白的"的真值依赖于雪的颜色，且独立于草的颜色。

关于这一提议，我们想保留一些评论意见。大体上说，我们同意这样的想法，即对外延问题的解决可能以某种方式利用了对定律语境的诉求，但是我们将看到，T语句自身可以作为定律这一想法却没有道理。我们建议首先弄清楚这一论点，然后回到我们的主要论点：即使假定解决外延问题的迫切需要证明了T语句是定律，也不存在有保证的推理可以从T语句的律则性推出内容的整体论。

T语句不是定律。如果要与语言的约定性相容，它们如何能是定律?[25]语言是约定的想法就是这样一个想法：它不能是一个表达式意味着它所意味的这种意义上的定律（它可以在下述意义上是定律：任何遵循汉语之约定的人认为“草是绿的”意味着草是绿的，但这并不会使相应的T句子成为定律）。

还存在另一种表述这一论点的方式。我们刚刚谈到，T语句要成为定律，就必须支持反事实条件句。例如，“约翰很高”在汉语中是真的，当且仅当约翰很高这个T语句要成为定律，情况就必须是这样。所有“约翰很高”在其中为真的临近世界都是这样的世界，约翰在其中很高，反之亦然。但是，没有理由相信情况确实如此，因为没有理由怀疑存在这样的临近世界：在其中，约翰并不高，但“约翰很高”依然意味着某些真的东西（例如这样的临近世界，在其中“约翰很高”意味着雪是白的）。如果你认为这是难以置信的，考虑一下这样的句子：“相同电荷的粒子并不相互排斥。”这个句子在其中为真的最临近世界无疑是这样一个世界，在该世界中，人们关于汉语的约定不同于现实世界，而不是在该世界中物理定律不同于现实世界。

有几种回应值得考虑：

> 1. 在T语句中，引号里的表达式是根据它的意义而被个体化的，所以不存在这样一个可能世界，在其中“雪是白的”不意味着雪是白的。

但是显然，如果要以一种不窃取论题的方式来阐明“正确的意义理论”之类的概念，就不能用上述办法来对引号中的语句进行个体化。

> 2. 一个说“雪是白的”的T语句在汉语中意味着什么，对一门语言而言，“雪是白的”在其中不意味着雪是白的的语言不是汉语。

好吧，但这使得T成为概念上必要的而不是律则上必要的。此外，在回应这样的担忧（即在T语句中对“在汉语中”的使用本身是窃取论题的）时，戴维森评论说，“如果对说话者起作用的是相同的诠释理论，那么他们就属于同一个语言共同体”（《彻底诠释》，第135页）。但是，如果“在汉语中”是通过参考“成功的诠释理论”而得到说明，那么“成功的诠释理论”一定不能通过参考“在汉语中”而得到说明。

但是，如果这些考虑证明了T语句不能是定律，那么看起来GHT语句也不能是定律，并且是因为同样的理由。假设情况是这样的（其他情况均同）：汉语说话者认为“天在下雨”是真的，当且仅当在他们附近天在下雨。无疑，存在一些临近世界，在这些世界中此双向条件句不成立，因为（直观地讲）在这些世界中“天在下雨”不意味着天在下雨而意味着猫在垫子上。GHT语句在下述关键性案例中不能支持反事实条件句：相应的T语句不能支持反事实条件句。

所以，有些东西一定错了。但我们不需要假定错了的是这样的想法，即从SHT语句到T语句的有保证的推理必须建立关于某些概括的律则必然性。我们想论证的不过是，如果存在一些定律以保证这些推理的有效性，这些定律绝不能是GHT语句或者T语句。这需要进一步探究，因为诉诸律则性来解决外延问题是吸引人的，而且戴维森从律则性到整体论的论证并不依赖于T语句或GHT语句是律则性的，而仅仅依赖于存在一些SHT语句担保的支持反事实条件句的概括。

在与充分尊重语义关系的约定性这一要求相一致的情况下，SHT语句可能支持什么样的定律？我们认为，像L这样的语句提供了最合理的候选者：

> L：对某些关系R和任何人S，如果S和下述有序对有R关系：〈“天在下雨”，天在下雨〉，即该有序对由表达式类型“天在下雨”和情境类型（在此情境中，在S的附件天在下雨）构成，那么S认为“天在下雨”是真的，当且仅当在S的附近天在下雨。[26]

实际上，这个说明讲的是，汉语诠释者能获得的SHT语句给他提供证据以证明，汉语说话者处于某种状态下，使得如下成为一条定律：任何处于这样状态的人认为“天在下雨”是真的，当且仅当在他附近天在下雨。

思考R最自然的方式是将R看作是一个关系，S可能处于该关系中，作为他学习历史的结果。例如，如果只有斯金纳曾是对的，那么我们就可以将R看作是关系，S处于该关系中当且仅当如下关于S的说法是不贫乏地为真：大体上，他因为当且仅当在他的附近天在下雨时说“天在下雨”而受到奖励。但是，同样正确的是，将R看作是这样一种关系，S由于处于特定的神经学状态或功能性状态中而处在该关系中。选择R作为任何你喜欢的关系，以使得如下情况支持反事实条件句：某人与〈“天在下雨”，天在下雨〉有R关系这一点对于他通过说出“天在下雨”而意味着天在下雨是充分的（其他条件均同）。[27]注意，L与语义关系的约定性是相容的：史密斯认为“天在下雨”是真的，当且仅当在他旁边天在下雨，这可以仅通过本身不是定律的偶然前提，特别是仅通过史密斯与〈“天在下雨”，天在下雨〉有R关系这一前提，而从L中推出来。

同时，L使得相应的反事实条件句为真。拒斥T语句和GHT语句为定律的主要反驳是，存在一些临近世界，在这些世界中，即使在史密斯旁边天没有下雨，史密斯也认为“天在下雨”是真的。这是因为，直观地讲，“天在下雨”在这些世界中并不意味着天在下雨；可能它意味着猫在垫子上。或许，某些这样的世界是相当临近的，为了接近它们，你所要做的不过是改变某些关于汉语的约定。但是，L是定律的假设就不会有相应的问题，在这些临近世界中——在其中“天在下雨”意味着天在下雨是假的——史密斯与之有关系R的不是有序对〈“天在下雨”，天在下雨〉，而是（如它可能是的）有序对〈“天在下雨”，猫在垫子上〉。如果L是律则必然的，那么，最临近的世界——在其中，史密斯与〈“天在下雨”，天在下雨〉有R关系，但是“天在下雨”不意味着天在下雨——就是这样的世界，在我们的世界起作用的心理学定律在那些世界里不起作用。

最后，假定相关的SHT语句真的是L的证据并非那么不合理。SHT事实被假定是这样的：在且仅在下雨的情境下，史密斯才会说“天在下雨”。什么东西将诠释这一点？好吧，下述东西诠释了这一点：他处于某种心理—神经—功能的状态中，以至于他（通过处于那样的状态中）当且仅当天在下雨时认为“天在下雨”是真的。当然，这确实是L所说的。

到目前为止，律则性通过L语句而非GHT语句或者T语句进入诠释这一想法可以被看作是对戴维森观点的友善改良。它与戴维森关于SHT语句是诠释的证据这一断言是相容的，与戴维森下述观点也是相容的：对SHT语句所支持的概括之律则性的诉求出现在对外延性问题的解决中。但是它与这样的想法，即诠释（作为儿童或语言学家所实践的）可以理解为彻底诠释，是否相容则不清楚。

问题是这样的：根据规定，彻底诠释者是这样的人，他通过将SHT语句作为证据（以及逻辑原则、经验理论构造的一般方法论和像宽容原则这样的“先验原则”）而获得了真的且得到辩护的诠释。但是现在，迫使我们接受这一观点，即律则性通过L语句而非通过GHT语句或T语句进入诠释的东西，即使我们确信GHT语句和T语句自身不是定律的东西，是对约定性原则的尊重。对于戴维森而言，问题是，约定性原则一方面是偶然的，另一方面在它是某特定自然语言的约定的意义上又是实质性的。所以，根据定义，约定性原则不是那种彻底诠释者能够知道的东西。

田野语言学家知道约定性是因为他们自力更生。汉语是约定的，是对下述问题的明显诠释：为什么当外国人意指狗时，他们不说“狗”。至于儿童，存在一些证据表明他们丝毫不知道约定性，直到他们个体发育生涯的相当晚期（在他们能流利地说话以后），他们才事实上相信T语句是定律。仅当他们被告知说，除了汉语还存在很多语言，这时他们才理解：存在一些临近世界，在这些世界中，即使雪不是白的，“雪是白的”也是真的（参见皮亚杰《儿童的语言和思想》）。这可能真的是一个例子，在这个例子中，学习后的表现通过对错误理论的吸收而进行调节（参见前文关于休谟的脚注）。特别是，儿童所接受的理论与他所有的证据是相容的，但与某些相关的反事实条件句不相容，这些反事实条件句对于上帝以及田野语言学家来说是可获得的，但对处在汉语学习中的儿童来说不可获得。[28]

我们认为，关于定律陈述如何进入诠释的这些考虑对于评价戴维森关于 RI 理论的分析是有意思的。它们指向一幅图景，这幅图景是关于诠释者是什么样的，它比戴维森的 RI 理论所允许的图景要更为丰富。相应地，它们劝告说，不要对前面所审查的论证太认真，因为儿童和语言学家是成功的诠释者，所以彻底诠释必须是可能的。当然，我们并未论证彻底诠释是不可能的，仅仅是关于儿童和语言学家的事实没有证明它是不可能的。我们把这一情境理解为彻底诠释是否是可能的，这个问题是开放性的，而且这个问题的关键是如何解决外延性问题。

此时此刻，对外延性问题的解决依然可能是：SHT 语句所支持的概括是律则性的。我们感兴趣的是这样的问题：这类解决是否有效？它是否是整体论的？（情况可能是这样的：出于与彻底诠释是否可能这一问题无关的理由，对外延性问题的解决必须是整体论的）。因为，对这些目的而言，律则性所要求的可能是 T 语句或者 GHT 语句，我们建议在接下来的讨论中忽略 L 语句。

因此，我们的第一个论点是，对外延问题的律则性解决不成功——至少在缺乏足够的精心阐释时不成功。在一些案例里，T 语句是定律这一假设无法在正确的意义理论与仅仅是外延恰当的真理理论间做出选择。考虑真理规则 T_1，根据 T_1，“水是湿的”意味着水是湿的。并且考虑真理规则 T_2，根据 T_2，“水是湿的”意味着 H_2O 是湿的。因为“水是 H_2O”（至少）是律则上必然的，所以如果 T_1 是定律，则 L_2 也是定律，反之亦然。[29]对于通过将正确的 T 理论中的表达式用律则上等价的表达式替换而推出来的任何 T 理论，相同的考虑成立。要点在于（无须惊讶）：诉诸定律语境对外延性问题做出的解答，它本身并没有为真值条件提供一个比律则性等价更细密的说明。而且，它看起来也还不够细密，因为看起来，“……是定律”比“意味着……”要透明些。

我们的第二个论点，也是更要紧的论点是这样的：处理外延问题的律则性进路不是整体论的，它与语义原子主义相容。情况就是这样，即使你假定了（我们已经看到不存在好的理由去这样假定）：关于诠释的证据必须被 SHT 语句所穷尽。

让我们看看，在 GHT 语句（或 T 语句）是定律的假设下，从 SHT 语句到 GHT 语句（或者 T 语句）的推理会怎样。有争议的是，如果 GHT 语句是定律（或者如果 T 语句是定律；为了表述得简单，我们假设是 GHT 语句被假定是定律，但没有任何东西将依赖这一点），那么它们必须支持反事实条件句。所以，如果关于诠释的证据是可获得的 SHT 语句，那么可获得的 SHT 语句必须以某种方式保证 GHT 语句支持反事实条件句。这一点如何能得到保证？大概是求诸从 SHT 语句到 GHT 语句的推理可能基于的（现实的及可能的）SHT 语句的异质性。实际上，正是因为差异法（the method of differences）在从 SHT 语句到 GHT 语句的推理中被使用了，才可以合理地假定，当后者被前者所证明时，后者是支持反事实条件句的。

对于 SHT 语句保证 GHT 语句之方式的上述看法符合戴维森的精神，而且到目前为止还完全合理。我们当前的论点仅仅是：这里没有任何东西蕴涵着对外延性问题的律则性解决导致内容整体论[30]。理由是这样的。我们可以通过保持被引的句子固定不变而改变说话的语境，或者保持说话的语境固定不变而改变被引的句子，而将差异法运用到 SHT 语句上。实际上，我们可以看看，在天没有下雨时，库特是否认为“Es regnet”是真的，或者看看，当天在下雨时，库特是否认为“Es schneit”（或其他类似的事物）是真的。如果后一个策略对于保证支持反事实条件句的 GHT 语句至关重要，那么，从 SHT 语句到

GHT语句的推理，就因为这个缘故，对于点状语言就不成立。例如，我们不可能知道E支持反事实条件句，[31]除非在相同的语言中还有很多其他的语句（即很多其他的语句类型），它们包含“Es regnet”。

毫无疑问，如果在你所使用的语言中，有多个语句类型，那么（如果你的语言是组合性的）你可以将差异法运用到这些类型上。但是，关于内容整体论的论证所需要的前提是你不能运用差异法，除非你所使用的语言拥有多个语句类型，即你不能仅仅用“运用到不同殊例”的方式利用它。当然，可能存在一个论证，即仅仅将它运用到不同殊例上不足以辩护关于相应类型的GHT语句。但是，据我们所知，戴维森没有给过这样的论证，而且如何能够给出这样的论证，这一点毫不清楚。看起来，差异法为证明GE而需要的全部东西是这样的SHT语句：在这些句子中，“Es regnet”在大量的情形下被认为是真的，且在大量其他的情形下不被认为是真的（当天在下雨时始终被认为是真的，当太阳出来时从不被认为是真的）。没有理由假定，这个条件不能被满足，即使“Es regnet”是库特知道如何去说的唯一东西。换个方式表述这一点就是，在证明GHT语句支持反事实条件句所需要的全部东西中，看起来并不存在任何东西与如下的可能性不相容：存在一个语言，对于该语言，存在一个正确的T理论，且该T理论蕴涵唯一的T语句，且该T语句被GHT语句所蕴涵，后者是定律。[32]但是，如果这是可能的，那么解决外延性问题的律则性进路就没有给语义整体论者提供任何安慰。相反，如果将GHT语句看作是定律解决了外延性问题，那么对外延性问题的这一解决就与语义原子主义是相容的。

我们认为这一讨论保证了下述两点。第一，对于外延性问题的律则性解决与彻底诠释的不可能性是相容的。它与“无物隐藏”论题

（即特定的 GHT 语句是定律这一知识对于上帝是可获得的，但对于其证据局限在 SHT 语句的诠释者不可获得）相容。第二，即使你假定这一点是对的，即 GHT 语句对于彻底诠释者而言是认识论的意义上可获得的，这是 GHT 语句成为定律的必要条件。我们依然不能从它推出意义整体论。从 SHT 语句得出特定 GHT 语句支持反事实条件句所要求的那种类型的推理是可获得的，即使信息提供者认为真的所有句子是同一个句子类型的殊例（即哪怕目标语言是点状的）。

宽容解决

戴维森认为（而且这是他最独特的论题之一），仅当预设了意向性归属的“构成性原则”：真值条件必须在下述约束下指派给 L 的句子，即大部分 L 的说话者认为真的句子是真的，[33]才能说，在其他情况均同的情况下，GHT 语句许可了相应的 T 语句。这个原则被认为蕴涵着内容整体论，[34]当然，基于一种他所意图的理解（即“大部分句子”意味着它们的很大一部分）。

我们将论证，关于 GHT 语句如何许可 T 语句的这一图像是错误的。诉诸宽容原则（POC）实际上在这一推理中并不能起到关键性作用，而且，在这些论证中起作用的 POC 版本在任何情况下都是非整体论的。如果这是对的，那么它对某些戴维森持有的更宏大的形而上学论题非常重要。例如，主要是因为 POC 对意向归属是构成性的，而在物理性质的归属上不是构成性的，戴维森才否认二者同态的可能性，这一点连心理物理学定律也不例外。所以，语义整体论之外的问题现在成了待解决的问题（参见戴维森《心理事件》《物质心灵》《哲学中的心理学》）。

然而，虽然我们否认从 GHT 语句到 T 语句的推理中假定了 POC，我们确实认为下述是真的：如果你准备从“L的说话者在情境C下认为S是真的”这种形式的东西推出“S（在L中）是真的，当且仅当C”，那么你不可能在保持融贯一致的情形下否认：如果L的说话者在情境C下说出S，那么他所说的就是真的。简言之，如果你认为“天在下雨”意味着天在下雨的理由不过是人们在且仅在天在下雨时说天在下雨，那么你就不能否认，仅在天在下雨时说天在下雨的人们说了某些真的东西。我们承认所有这些，但我们并不认为从这里可以推出，POC在诠释中扮演了构成性的（或者任何）角色。[35]

我们要谈两点。第一点通过我们在上一节关于“律则性解决”的讨论而变得熟悉。假定从关于E的GHT语句中推出关于E的T语句须预设宽容原则。这一切意味着，绝大部分信息提供者关于E的话语被要求是真的。这与这样的假定是相容的，即该主体从不说出——实际上，从来都不能说出——E以外的任何类型的殊例句。这与（以明显的方式）我们在上一节的评论，即差异法强加于诠释上的要求可以在点状的语言学清单中被满足，关联起来（当然，你可以仅仅规定，POC没有被满足，除非它与交叉运用到殊例上一样也交叉运用到类型，这大概是POC的支持者心目中的POC版本。但是，除非有一个附加论证，即只有某个POC，它在交叉运用到类型上时被满足，能够处理外延性问题，否则，根据规定，这将求助于整体论。到目前为止，还没有这样的附加论证被提出来）。

第二点稍微复杂些。如果你认为给T语句奠基的是未被详尽阐述的GHT语句，那么，你可能合理地想知道，什么推理原则可以使你从后者之一推论出前者之一。总之，如戴维森所指出的，“库特……可能在他附近是否天在下雨这个问题上出错。……而且这是认为像（GE）这样的概括不过是一般真的一个理由”（《彻底诠释》，第136

页)。但是，如果一个句子在某一特定情境下一般被认为是真的这一事实本身（in and of itself)，并没有保证该句子在该情境下是真的这一推理，那么，一个人可能合理地想知道从GHT语句到相应的T语句的推理如何可能被辩护。回答这一问题事实上是POC的任务，而且，恰恰是因为当前的图像使得从GHT语句到T语句的推理看起来如此令人难以信服，以至于POC看起来在诠释中扮演着至关重要的角色。而且，正是这一事实，即POC看起来在诠释中扮演了如此关键性的角色，使得诠释看起来如此不同于日常的经验理论确证。

但是，存在另一种可供选择的图像。不管T语句是否是定律，我们前面已经看到，如果它们是从GHT语句推出来的，那么推出它们的GHT语句就必须支持反事实条件句。[36]我们认为（增加或删减一些东西）这即是说GHT语句是定律，总之，定律大概是支持反事实条件句的、由其具体事例所确证的概括，而且（在目前的假设下）GHT语句是支持反事实条件句的、由SHT语句所确证的概括。

但是，我们为什么需要一个POC以从“GHT是一个定律”推出相应的T语句？为什么不就是说，如果GHT语句是定律，那么因此就许可了从它到相应T语句的推理？戴维森本人没有对T语句之接受给过任何理由，除了相应的GHT语句是被保证的外；[37]所以，如果你认为所有被保证的GHT语句自身许可了相应的T语句，你将永远不会接受戴维森没有接受或者他试图接受而没能接受的T语句。

当前的论题不是关于哪一个T语句被许可了，它仅仅是关于为了许可它们什么推理原则被使用了。我们宣称说，没有任何一个POC是这样被使用的案例。特别要注意，青睐关于语言L的这样一种诠释（它与可观察的SHT语句的绝大部分相容，即与关于简单性及类似东西之通常的系统性约束相容）的指令本身并不是POC的一种形式。

它只是完美的一般方法论原则（该方法论原则总是青睐在其他条件均同的情况下与资料最大相容的理论）的一个例子。实际上，一个从SHT语句推出T语句的诠释将语句的真值条件与这样的条件等同起来。在此条件下，如果所有其他东西不变，它的殊例句被可靠地观察到被认为是真的。[38]而且，在所有其他东西不变的情况下，一个将句子的真值条件（如果所有其他东西不变）与这样的情境，即在此情境下，它的殊例句被可靠地观察到被认为是真的——等同起来的诠释因此被保证以使得被观察的SHT语句是真的。为了做到这一点，不需要进一步的方法论指令。特别是不需要独立的宽容原则，所需要的全部东西是这样的自明之理：一个好的理论可以更好地适合这些资料。

这里还有另一种阐述这一论点的方式。在诠释下，被认为真的句子一直是真的。如果与戴维森保持步调一致，那么这不是因为诠释是一种特别的项目，一个被POC施与了方法论约束的项目。可能因为很多更无聊的理由，一个表达式的真值条件由这样的情境构成：在此情境下，说话者倾向于认为它的殊例句是真的（例如，如内容的因果理论学家认为是这样子的一样）。这等价于说，一个律则上必然的GHT语句对于相应的T语句之为真是形而上学上充分的（其他条件均同）。如果这是错的，那么戴维森就需要一个论证以证明它是错的。实际上需要一个论证去证明T语句之为真的条件不会还原到GHT语句作为定律的条件。缺乏这样的论证，我们就没有理由相信，关于诠释的方法论意味着经验理论构造的日常方法之外的其他任何东西。

所以，现在来总结一下：实际上，戴维森说从GHT语句到T语句的论证是以POC作为隐含的前提（或者假设）的省略式推理（enthymemic）。我们建议，在GHT语句是定律的情况下，不需要进一步的原则以许可相应的T语句；GHT语句的真理对于相应T语句的真理是形而上学上充分的条件。现在，我们想给出这一提议的几个要点。

首先，戴维森说的一些东西暗示着他认为意义理论不能容许错误，除非它支持 POC。但是，正如我们所知，在下述假设下未能解决的错误，POC 也没有解决关于它们的任何问题：律则上必然的 GHT 语句直接许可相应的 T 语句。事实上，两种类型的理论通过求诸其他条件均同从句都能容纳错误。在戴维森的故事里，POC 必须被诠释以至于“承认会犯可理解的错误以及估计到犯各种不同错误的相对可能性，这种做法至少是讲得通的”（《彻底诠释》，第 136 页）。显然，没人能持有这种形式的 POC：它要求主体所说的所有东西在诠释者看来是真的。[39]在另一个可选择的故事中，其他情况均同从句出现在 GHT 定律中。[40]实际上，GHT 定律说的是，其他条件均同的情况下，S 认为 E 是真的，当且仅当 P。如其他地方一样，在这里其他条件均同从句也允许定律成立，即使存在反例（即使 S 有时候认为 E 是真的，而此时并非 P）。对于律则上必然的 GHT 语句而言，反例包含这样的情况：被认为真的句子实际上是假的。

其次，人们可能认为，即使你不需要 POC 以使你从律则上必然的 GHT 语句推出 T 语句（因为，你不需要任何东西以使你从律则上必然的 GHT 语句推出 T 语句；相应 GHT 语句的律则必然性是许可 T 语句所需要拥有的全部），你依然需要 POC 来担保所有的（无穷多的）未被许可的 T 语句，后者为受青睐的 T 理论所产生，即控制对象语言的非殊例自返语句的语句。片刻的反思将使你确信，这很混乱。

假设我们拥有一个被确证的 GHT 语句，“这是雪”被认为是真的，当且仅当这是雪，以及另一个 GHT 语句“这是白的”被认为是真的当且仅当这是白的。并且假设我们假定了这种情境许可了关于“这是雪”和“这是白的”的相应 T 语句。那么，给定组合性（即给定这样的假设："雪"和"白的"在"雪是白的"中意味的东西与它们在"这是雪"和"这是白的"中意味的东西相同[41]）后，就可以推出，"雪是白的"是真的，当且仅当雪是白的。[42]为了做出这一推理，并不需要求诸POC。

前面的论证证明了，组合性自身将至少在某些例子中许可对非殊例自返语句的真值条件指派，所以在这些例子中，并不需要为了诠释而诉诸POC。但是人们可能认为，对于内涵语境的诠释，这并不会有效。实际上，人们可能这么认为是因为他们持有这样的观点，即内涵语境依据事实本身是非组合性的（如戴维森所认为的；例如，参见他的《论说出》）。但是，这可能暗示着，对POC的诉求在关于内涵（例如信念）语境的诠释中（在这里，诉诸组合性根据假设是失败的）可以扮演着至关重要的角色。这里值得以好几段的篇幅削弱这一点，因为在这一过程中人们可以非常清楚地看到为什么在组合性不能帮助彻底诠释者的案例中POC也不能提供帮助。

假设X是F当且仅当X是白的这是律则上必然的，那么对于任何支持T语句"'此X是白的'是真的当且仅当此X是白的"的GHT语句，都将存在一个等价的被很好地支持的T语句"'此X是白的'是真的当且仅当此X是F"。现在考虑关于"山姆相信雪是白的"的T语句，即：

"山姆相信雪是白的"是真的当且仅当山姆相信雪是白的。

注意，如果这被关于索引性话语的资料很好地支持，那么如下"坏的"T语句也同样如此：

"山姆相信雪是白的"是真的当且仅当山姆相信雪是F。

同样注意，对 POC 的诉求并不会使你脱离这些。把山姆诠释成相信雪是白的和相信雪是 F 两者都使得山姆所相信的是真的。因此，到目前为止，POC 没有做任何组合性不能做的事情。

但是考虑一下像“比尔相信山姆相信雪是白的”这样迭代（iterated）的信念语境下的语句。再一次，我们有两个可能的 T 语句，即：

> “比尔相信山姆相信雪是白的”是真的，当且仅当比尔相信山姆相信雪是白的，以及“比尔相信山姆相信雪是白的”是真的，当且仅当比尔相信山姆相信雪是 F。

现在，假定事实上山姆相信雪是白的（而非雪是 F）。那么，采纳第一个 T 语句将使得比尔关于山姆的信念的信念是真的，而采纳第二个将使得它是假的。所以，在其他条件均同的情况下，POC 授权了对第一个 T 语句的选择。因此，在诠释理论中，POC 最终是有些事情可做的。实际情况是，“相信”（that）比“与……律则上共外延”更不透明，所以，在由第一个所控制的语境中基于第二个进行替换的推理不能被保证是有效的。因此，在拥有可迭代的内涵性［或更一般地，内涵性（with an “s”）］表达式［这些表达式比“……是律则必然的”更细密些（fine-grained），如果恰巧存在一些性质，它们与该语言所挑出的原子谓词的性质必然地外延等价的话］的语言中，诉诸 POC 比诉诸组合性能收获更多。

但是，虽然这是这样类型的例子，即在该例子中，它使得彻底诠释者很好地遵循了使信息提供者的信念为真的政策，但它也是这种类型的例子，即在该例子中，他的认识论立场阻止他这样做（除偶然情况以外）。POC 命令彻底诠释者使比尔关于山姆相信什么的信念是真的。根据假设，当（且仅当）他将比尔诠释成相信山姆相信雪是白的时，他才能这样做。但是，他如何知道这就是关于比尔之信念的、遵从 POC 的诠释？答案是：如果他遵从 POC，那么诠释者就必须知道山姆相信什么。然而，他如何知道这一点？我们刚刚看到，POC 并不青睐山姆相信雪是白的这一假设甚于山姆相信雪是 F 这一假设。而且读者会记起，根据戴维森的规定，彻底诠释者的资料不包含关于信息提供者之信念的任何具体信息，它所包含的全部是这样的信息：哪些句子被信息提供者认为是真的。

我们得到的教训是：在这一例子中，POC 可以帮助诠释者。它们是这样的例子，在其中，他的工作是理解关于信念的信念。但是，在彻底诠释的本质中，彻底诠释者被禁止在这样的例子中求诸 POC，因为他们关于信息提供者认为真的句子的资料被要求以非意向性的词汇详细刻画。因此，虽然它们可以包含这样的信息，即山姆认为“此 X 是白的”是真的当且仅当此 X 是白的，但它们不能包含这样的信息，即比尔认为“此 X 相信 P”是真的当且仅当此 X 相信 P。使用这样的信息，也就是使用一个语义/意向归属的真确性来佐证其他诠释，因此无法被看作是彻底诠释。[43]

我们已经能够考虑唯一的另外方式，在此方式中，彻底诠释者的认识论情境中可能要求诉诸宽容原则。我们现在是在一种综合的精神下提到这一点。假设存在这样的表达式：一是，它们并不出现在殊例自返的话语中（或者出现得非常少以至无关紧要）；二是，它们在句法上是原子的。那么，根据假设，这些表达式的诠释不能通过它们在殊例自返话语（token-reflexive utterances）中的行为而予以确定，而且，因为它们根据假设在句法上是原子的，因此它们的诠释不能根据它们的部分的诠释而被组合性地决定。我们不清楚是否存在这样的表达式，但我们看到为什么不能有这样的表达式。像“质子”这样非常理论性的词语大概是其中的一个可能候选者。我们的建议是：正是在对这种类型的词项的彻底诠释中，对宽容原则的诉求以某种方式扮演了不可消除的角色。

我们准备把这一点看作一个开放的可能性，但是服从如下两个附加条件。首先，对宽容原则的诉求如何能够提供帮助，这一点毫不清楚。对于彻底诠释理论词项的明显建议大概多多少少是还原性的，一个人可能假定，“在每一个理论的和数学的词项与某些如下类型的相对而言可观察的词项，即会在场合句（即殊例自返句）中出现的词项之间存在准构成性的信念关联”（维尔玛仁《一般信念与宽容原则》，第117页）。但是我们已经看到，无论宽容原则是否被假定，绝大部分殊例自返话语结果都是真的。所以，给定了理论语句与观察语句之间的“构成性关联”后，无须求诸宽容原则，绝大部分后者的真理都是被保证的（这就是为什么还原常常被指定为是关于不可观察物的怀疑论的解药）。如下一点依然是开放的：某些论证可能证明，在理论句与观察句之间缺乏构成性关联的假设下，宽容原则将被要求以诠释理论语句。但我们不清楚这样一个论证将如何展开。

第二点，作为一个事实，正是在人们的信念缺乏与可观察物的紧密关联的地方，我们没有假定他们所相信的极为可能是真的。例如，我们会在这样的翻译框架面前犹豫不决：它使得大部分希腊人对于他们是否具有手这一问题拥有错误的信念，这无疑是摩尔对怀疑论者的回答的要点所在。但我们绝对愿意去消化这样一个翻译框架：它使得大部分希腊人在星星有多远，以及物质是否由原子构成这些问题上是错的。如果关于这种类型的语言学经验主义（它说殊例自返句的语义学身份是特殊的）有任何对的东西，那么它必定是：我们倾向于坚持认为该翻译将其看作为真的是殊例自返语句而非理论句。

事实上，这是理解宽容原则与人道原则之间的不同的一种方式（参见格兰迪《指称，意义与信念》，第443页）。我们并没有要求希腊人在星星的问题上是对的。那是因为我们可以看到，他们的错误天文学理论的可观察的结果大部分是真的，即使是错误的理论也拯救了很多的现象，如果它们有什么好处可言。所以我们可以解释为什么希腊人满足于持有他们所持有的错误的天文学理论。所以，我们并没有坚持将他们翻译成持有真的天文学理论。[44]

总而言之，在戴维森关于经验的真理理论之确证的说明中，我们不能为POC找到一个实质性的角色。特别地，根据这一说明，它看起来并没有在意向性（/语义学）内容的归属上是“构成性的”。如果这是对的，那么，因为POC在诠释上是构成性的，所以诠释是整体论的，这一论证就并不好，即使基于如下假定：从彻底诠释者的认识论立场来看，诠释必须是可能的。

总之，本章所考察的论证策略是从关于下述问题被提议的各种解决中推出意义整体论：如何在彻底诠释的条件下，在外延等价的T理论间进行选择。但是，即使假定关于彻底诠释的条件确实约束了意义理论的选择，也仅当所提议的各种解决事实上起作用时，这个策略才是成功的。我们已经论证过，外延性问题抵制我们已考察的所有解决；因此，除非有进一步的候选者，否则这个策略失败了。我们还论证过，在所考察的三个提议的第二个和第三个提议中，为了解决外延性问题而调用的那些原则事实上并没有蕴涵整体论。具体而言，它们与这些语言是点状的（即他们为其选择T理论）是相容的（组合性与原子主义不相容，但是我们看不到任何论证可以证明，你不能为非组合性的语言选择一个意义理论）。

如下讨论依然是开放的，虽然这三种提议分别都失败了，然而它们在一起也许能成功。如果我们同时要求宽容原则、组合性，以及T语句的律则性，情况会怎么样？是否会排除异常的T语句？目前为止依我们看是不会的。但我们不会在这个断言上费时太多。推荐一下下述快速考虑（quick consideration）就足够了。对戴维森而言，主要问题是排除这样的T语句：它非常像T，除了如下一点，即在T读作"'雪是白的'是真的当且仅当雪是白的"的地方，它们读作"当且仅当雪是F"，其中"F"和"白的"（作为律则必然性问题）涵义不同但共外延。但是注意，即使是同时求诸宽容原则、组合性和律则性，它也不会使这一异常的T语句走开。组合性提供不了帮助，因为如果"（x）（x是白的，当且仅当x是F）"是律则必然的，那么如下就得到了保证："这是F"是真的当且仅当"这是白的"是真的。要求T语句是定律不能提供帮助，因为如果T是定律，且"x是F当且仅当它们是白的"也是定律，那么"'雪是白的'是真的当且仅当雪是白的"将是定律。宽容原则也提供不了帮助，因为使说话者所说的为真的政策将使得，每当"雪是白的"为真时，"雪是F"是真的，假设"F"所应用的东西与"白的"所应用的东西相同。所以，宽容原则、律则性和组合性被同时满足了，我们依然没有从异常的真理规则中脱身。

也许，我们得到的教训是：如果你想要的是一个意义理论，你必须**说出**你想要的是一个意义理论。要求一个真理理论看起来最多给你一个真理理论。毫无疑问，这令人扫兴，但可能并不令人吃惊。[45]但是，虽然情况可能是这样，但是到目前为止，不存在什么理由将彻底诠释性接受为对可能语言（possible languages）的约束，也不存在对外延性问题的在RI理论框架内的恰当解决，以及没有理由相信如果对外延性问题存在RI框架内的恰当解决，它将为意义整体论的论证提供基础。

第四章

大卫·刘易斯：意义整体论与信念的优位

前面几章有关整体论的论证既是认识论的也是先验的（transcendental）。那些论证的认识论特征来自于这样一个假设：一种语言（或一个意向状态）必定是可彻底诠释的，这是由于其内容在形而上学上是构成性的；“彻底诠释”则由诠释者的认知状况定义。那些论证之所以是先验的，则是由于它们想要表明，除非诠释的整体性原则都是有效的，否则彻底诠释在形而上学上就是不可能的。

本章的讨论路径仍是先验的，它仍然取决于意向性诠释的可能性条件，但是认识论的考虑似乎不再起中心作用了。我们不再假设这样一个彻底诠释者，除了未明示的推理规则之外，他仅仅知道他的信息提供者（informant）认定什么样的句子为真及在什么条件下他认定这些句子为真。站在他的角度，我们可以想象出一个彻底诠释者，他已获知所有关于信息提供者的物理事实（即关于信息提供者的全部事实都已得到相应的物理描述），而他的问题就是要用意向性术语重新描述信息提供者。[1]

显然，如今我关于彻底诠释的问题不是任何现实生活中的事务，即了解卡尔的信念、欲望和意义。我并不是真的在追问我们如何确定这些事实，而是在问确定了这些事实的事实是什么？基于哪些约束，又是在何种程度上有关卡尔的全部物理事实能够决定他的信念、欲望和意义？（刘易斯《彻底诠释》，第110页）。[2]

对意向归属的“最佳适合”阐释

刘易斯提议的关键是我们应把意向归属理解为一个约束—满足（constraint-satisfaction）问题；大体上，被正确归属至卡尔的意向性状态就是一种既能最适合于物理事实又能最适合于约束意向归属之原则的状态。稍后，我们将会看到更多有关于此的诠释。但与整体论的联系——假如读者想知道的话——就是，经过分析约束原则具有整体性。事实上，约束原则包括那些从彻底诠释到意义整体论的戴维森式的先验论证应该承诺的整体论原则。

所谓把意向归属视为约束—满足问题，我们指的就是存在一组合取的以及（或多或少）相互独立的要求，而一个意向状态的归属应满足这个要求。正确的意向归属就是能最佳地适合（fit）这些要求的归属。“最佳”在此语境下是一个技术术语，它要得到定义。相关的考虑就是，各种关于意向归属的要求都可以得到权衡和语境化。比如，如果我们要在两个意向归属之间选择，一个是卡尔相信了错误的东西，一个是卡尔撒了谎，我们对这两个意向归属可能会有些先验（a priori）的偏好，这个偏好或许是绝对的，又或者在特定的情境下成立，等等。总之，一个最佳适合模型（a best-fit model）要求关于意向归属的各种约束是可比较的，而用以比较它们的过程则是开放的。

此外，没什么东西能保证这些过程在每种情况下都形成一个最佳的意向归属——或者它们甚至也未必能对任何情形都做出意向归属。因此，是不是全部的物理事实也不能充分决定一个意向归属，这还是个开放的问题。形而上学的断言就是，如果存在一个关于卡尔的意向状态的事实，那么，一个意向归属是否是对物理事实和约束原则的最佳适合，就取决于卡尔的意向状态事实。以此类比于刘易斯理解自然律概念的方式会富有启发性：“使规则性（regularity）成为定律的东西，我认为，就是它契合于一个整体性的真理系统，而这个系统以最佳的方式将简单性和解释力二者结合了起来。”（刘易斯《客观机遇的主观主义解释》，第122页）因此，我们认为，将律则性（nomologicity）归属给某条规则，既要受到经验材料的约束，同时也要满足理论对简单性和解释力的要求；因为一个规则之所以能成为律则，就在于它属于一个能够最佳地满足这些要求的规则系统。

在区分规则与定律的案例中，决定性的约束是经济和解释力。那么，“什么是能解决彻底诠释问题的约束？大约可以说，这些约束是关于人的理论的基本原则。它告诉我们信念、欲望和意义如何彼此相关，与行为输出如何相关，以及与感觉的输入如何相关”（刘易斯《彻底诠释》，第111页）。因而，这幅图景便是：我们具备这些约束（我们很快就会讨论它们来自哪里）；我们认为潜在的彻底诠释（意向归属）既需要面对这些约束，也需要面对物理学式描述下的资料；而且我们把“卡尔的意向状态”定义为当把它归属给卡尔时，它能最佳地满足约束与经验材料共同施加的要求的一种状态。

刘易斯建议了若干个他认为能约束意向归属的原则，这些原则“必定不过只相当于常识中的大量陈词滥调……超越常识的深奥科学发现应该被排除在外，否则就是在改变讨论的主题”（刘易斯《彻底诠释》，第112页）。与我们当前目的最相关的，就是这些“陈词滥调”包含宽容原则，它约束了卡尔的各种意向状态之间的关系（例如融贯关系），或者是施加了使卡尔的意向状态中的“大多数”必须符合的要求（例如他的大多数信念必须为真）。据其理论假定，如果卡尔没有多元的命题态度的话，这几个原则将无法得以满足。因此，根据刘易斯的观点，也正如戴维森所言，整体论应该由对意向归属的约束推导出来。

我们将会考察这个论证的细节。不过，先让我们对这个一般性图景做些评论。（顺便一提，我们不敢肯定地说，刘易斯一定不会同意这些评论。）

首先，从承认意向归属是一个约束满足问题，是否能获得任何有形而上学价值的东西（或者任何东西），这件事情很不清楚。一个相关考虑是，我们几乎可以把任何问题都视为一个约束满足的问题（正如近来的联结主义讨论已经弄清楚的那样）。例如，福尔摩斯有如下约束—满足问题，对于这个问题而言或许莫里亚蒂是最佳答案：“罪犯身高在 5 英尺① 6 英寸②与 5 英尺 11 英寸之间；他养有一只棕色的腊肠狗；他了解鱼类学知识；他的妹妹出生在距利兹市不远的地方。”莫里亚蒂是这个问题的解，因为他身高 5 英尺 8 英寸，而他有一只同品种的狗，也知道些鱼类的知识，尽管他的妹妹出生在距利兹市有一段距离的地方，但综合来看没有其他人能比莫里亚蒂更满足这些条件了。

不过，莫里亚蒂是这个问题的解这个事实当然没有告诉我们任何关乎形而上学、本体论的或其他的关于莫里亚蒂的情况。从识别罪犯就是找到一个需要同时满足很多条件的问题的解这一事实来看，也得

① 英尺为非法定计量单位，1 英尺约等于 0.304 8 米。

② 英寸为非法定计量单位，1 英寸约等于 0.025 4 米。

不出关于是一个罪犯（being a criminal）在某种程度上是一个整体性概念的任何结论。例如，某人可能会论证说，有罪的概念是整体性的，因为一方面犯罪是法律性质，另一方面法律性质是非原子的；如果在某个世界中只有一个主体（agent），那么他绝不会有这种性质。因此，鲁滨孙绝不可能犯下一个罪行，这在概念上是必然的；不妨称之为“私人犯罪论证”。我们的观点是，从知道发现罪犯是一个约束满足问题，不会让我们知道私人犯罪论证是否合理。那么经必要的修正，如果对意向归属的最佳适合阐释具有整体性的蕴意，那不可能来源于它是一个最佳适合分析；相反，它必须是来源于关于意向归属所适合的参量的某些具有内在整体性的东西。

我们愿意停下来重复这一点，是因为这种宣称“意向归属是一个最佳适合问题”有形而上学上的启示的观点似乎已被越来越多的人认同——但正如我们所说的那样，这并不是一个非常好的结论。

寻找到最佳地适合于 F 的 x 这一问题可以被重构为寻找到最佳地适合于定义了 F-ness 之性质的 x 这一问题，这是一个无伤大雅的老生常谈。因此，如果愿意的话，我们可以认为福尔摩斯的问题就是寻找到对于使罪犯成为罪犯的定义性质（也就是关于已犯罪行的性质）而言的最佳适合者。这种描绘问题的方式的确告知我们关于罪犯的形而上学状况；它告诉我们罪犯是什么（罪犯必须是犯罪者，于是他不可能是一位摇滚歌手）。然而，那是因为被满足的约束是一种定义性质，而不是因为这个问题是一个约束满足问题。注意，如果你处于一种扭曲的心理状态的话，或许会说，“是罪犯就是对某种罪行的犯罪者的最佳适合；这对于成为罪犯而言已经足够了”。这听上去是形而上学的关注，但再次说明，这只是因为是那被适合的性质被认为是定义性质；这类似于“成为卡尔的信念就是成为对宽容原则的最佳适合”或

“成为一个定律就是成为对解释力与经济原则的最佳适合”。对“最佳适合”的要求事实上并非形而上学方面的工作，它也没有告诉我们任何关于定律和信念是什么的信息。形而上学的工作是假设理性是由意向性构成的，而解释力与简单性则是由律则性（nomologicity）构成的。[3]

我们的第二个初步观点如下。刘易斯或多或少有一些关于意向归属的分析性约束（analytic constraints），而且根据他的图景，彻底诠释的目标是“满足全部六个约束原则，或者竭尽所能平衡它们”（刘易斯《彻底诠释》，第117页）。但是，关于彻底诠释的约束并不能完全解决如何约束意向归属的问题，即使我们同意（也许我们不该如此）允许“深奥科学发现”约束它们可能会导致在内容归属上“改变主题”。毕竟日常的意向归属由常识意向心理学来进行约束已经是一种专利了，它不仅包括宽容原则等诸如此类的东西，而且还包括过多的完全偶适的意向性陈词滥调，比如人们不愿意被针扎、人们通常会在有光和眼睛睁开时看到他们眼前的东西、相信P并且相信Q的人一般会相信P并且Q等。与这一学说相一致和与“人们所断言的通常都将被视为真”这一命令相一致一样，都是对日常意向归属的似乎合理的要求。如果我们要认定意向归属是一类对最佳适合问题进行求解的问题，那么上述从祖母心理学（Grandmother-psychology）中获得的东西也应该列入需要适合的参数之中。

毫无疑问，“正确的意向归属就是对祖母约束（Granny's constraints）的最佳适合”这一点完全是偶适的；然而“正确的意向归属是对刘易斯约束的最佳适合”这一点却是必然的，因为这些约束被视为构成了意向性。但是这又如何？问题并不是“意向状态必然拥有什么性质？”而是“假定一种对意向归属问题的解决方案，那么对它的约束是什么?”正如我们看到的，刘易斯说：“大致可以说，（这些约束）是我们关于人的理论的基本原则。它们告诉我们信念、欲望和意义一般是如何彼此发生关联的，以及如何与行为输出、感觉输入发生关联”（刘易斯《彻底诠释》，第111页）。确实，诠释会受到各种约束，包括我们所知道的信念、欲望、输入、输出以及意义通常怎样相互关联的方式。但是，这些信念、欲望、输入、输出以及意义通常怎样相互关联的方式并不是某种能够由关于人的基础理论以及科学的新异发现所穷尽的东西。例如，我们所知的关于信念、欲望和行为一般如何彼此相关的事情中有一部分就是一般人不喜欢被针扎；因此，他们总是试图躲避那些他们认为可能会被针扎的情况。但是，这既无关于人的理论的基本原则，也不是新异的，而且确实不是分析的。它看上去只是一种应用性的、偶适的、祖母心理学的东西。[4]

对于仔细读过前几章论证的读者而言，这些考虑的意义是清楚的。实际上，刘易斯是通过做出一些规定来使得他的论点为真，他的规定包括认定彻底诠释起始于诠释者不具有偶适意向真理的知识。（与之形成对照的是，彻底诠释者被允许知道诠释的约束，因为这些约束是构成性的而不是偶适的；它们本身就在定义彻底诠释者的方案。）如戴维森一样，刘易斯的观点似乎有某种基础主义残余，根据这种立场，对于经验性理论的建构总是发端于认知的中段（in media res）[5]这一规则而言，诠释就是个例外。

但是，正如我们一直说明的一样，如果把用以定义彻底诠释的约束置于在实际的诠释中发挥作用的约束之下，那么问题就会再次出现，即为什么彻底诠释是可能的。设想，定义一位“彻底地质学家”，给定正如物理学所描述的一样的全部地质学事实，再加上一系列分析的地质学常识——“当其余情况均同（ceteris paribus）时，山脉比山丘大”等——他的任务就是揭示经验地质学的所有真理。有什么理由能推断这一方案可以执行？或者是它只是一种认识论或是形而上学上的微不足道的旨趣？

如果以随附性（supervenience）来刻画这个问题，则会出现相同的问题。给定物理事实，意向性随附于物理事实的原则并不仅仅意味着这些事实需要满足刘易斯的约束，还意味着这些事实要满足包括祖母心理学在内的全部意向性真理。我们毫无理由怀疑，仅仅因为有刘易斯约束，就会使得探寻这些原则的任务变得无法完成。

心里装着这些警告，我们或许可以认同彻底诠释是一种特定的约束—满足的观点（正如我们所看到的那样，这种做法并没有承诺很多东西）；而且基于以上论证，我们可以认同意向性归属所服从的约束就是如下的整体性宽容原则：最大化所归属信念的融贯性和最大化所归属信念的真理性（两者都是从归属者的角度来看的，而且两者的其余情况均相同）。

我们来看看这种观点会把我们带向哪里。正如我们在前面几章读到的那样，基于一些关于彻底诠释者的认识论境况的判断，戴维森提供了一个支持宽容原则的先验论证。刘易斯则认为，宽容原则约束意向归属的可能性，因为它们（隐含地、部分地）定义了信念系统这一概念。他们之间的区别对于评价争论的状况而言很重要。它能够成为一个反对戴维森的论证，该论证破坏了戴维森的一个假设，该假设认为意向归属必须借助彻底诠释者的认知状况来理解。因为如果那个假设是错的，基于该认识论立场的意向归属要求宽容，这一事实本身并不会蕴涵任何对意向归属的约束。不过，很清楚的是，你无法用这种办法来反对刘易斯。当你明确地把那些关于最佳适合的东西撇开时，（不像戴维森那样）刘易斯不会提供戴维森期待的那种使诠释被宽容所约束的论证这一点就会越来越清楚。他反而提供了如下简单而朴素的论证："我们关于人的概念（也就是由我们关于一个信念持有者的概念）蕴涵了宽容原则对信念诠释的约束；不管你喜欢与否。"于是，现在信念是否是整体性的这一点就没有问题了，根据定义它当然就是如此的。（不过，还是可能有一个问题，即信念的持有者是否存在？我们将在本章的最后讨论这一问题。）

要想反驳这个如此简短的论证，辩论的选择余地很小。要么就要对"信念归属与假定的整体性原则之间的关系在概念上是必然的"这一观点进行质疑，要么就要对"假定的诠释原则是整体性的"这一观点进行质疑。好吧，我们已承认了第二个观点，而且为了避免对什么是和什么不是"我们关于人的概念的部件"的争吵，我们也建议承认第一个观点。很清楚的是，当这些认可都成立了之后，信念整体论就能成立。然而，这仍会出现问题：信念整体论对意义整体论有什么作用？特别是，你如何从对于信念而言存在着整体性构成条件（holistic constitutive condition）这一前提（该前提与前述论证没有冲突）得出所需要的对处于一种意向状态而言存在构成性整体条件（constitutive holistic condition）的结论？

这里有一种办法，假定：

> 内容归属条件承袭信念归属条件；因而，如果前者是整体性的，则后者也必定是整体性的。

这样的断言就是我们所称的"信念优位论题"（primacy of belief thesis）。我们与信念优位论题的争论关系是：如果它是真的，则我们承认语义整体论很可能也成立（因为信念归属条件具有整体性这一点并不是难以置信的）。事实是，我们将会看到，（信念）优位论题如此之强，以至于你一旦接受它就能够得到语义整体论，而不需要诉诸诠释中宽容的作用，甚至不需要诉诸任何诠释理论。然而我们尚不知道对于优位论题是否为真而言特别有说服力的论证，而且我们也可以想到一些似乎正确的理由说明它也许不是真的。这章的余下部分将致力于说明这个论题。

我们先暂停一下，以便说明一个情况。刘易斯的“彻底诠释”并没有赞同（或提及）优位论题，而且我们不能断言刘易斯会接受它（与刘易斯不同，戴维森明确承诺这一点；往后我们将讨论戴维森版本的优位论题）。不过，我们确实可以断言如果刘易斯不接受信念优位论题，那么，他关于诠释之约束的论证，其范围就变得狭隘了。它们或许可应用于信念诠释，但它们并不表明所有诠释都接受相似的约束。如果没有更为一般性的结论，刘易斯对彻底的信念归属的分析就不能为彻底诠释的整体论提供论证。而为了得到一个更为一般的结论，他就需要优位论题。

然而我们仍然会怀疑优位论题是否为真。

优位和功能主义

若在彻底诠释的背景下考虑，则优位论题允许从信念归属的构成原则推出内容归属的构成原则。但在一个更广泛的哲学语境中，优位论题允许我们可以完全避免谈论归属的构成原则，而是可以从信念的个体化（belief individuation）条件推出整体论。在此，甚至连认识论论证也可以被回避，经过如此调整的考虑明显是形而上学的考虑。

我们假定信念（与其他命题态度）在功能上是个体化的，这与现有心灵哲学的共识一致。实际上，这一假设真正意味着什么东西这一点并不很明确，不过有一个哲学家常用的对照情况，即某类事物的个体化由其微观结构（或“隐藏本质”）决定。我们可以比较一下水和翼面（airfoil）。其大意就是如果某件事物是水，则它的微观结构是 H_2O。因此，一方面某件事物无论看上去还是其任意表现都极其像水，但微观结构不对，因而它就不是水（普特南的 XYZ 就是一个很著名的例子）；而在另一方面某件事物无论看上去还是其表现都极不同于典型的水（例如冰、水蒸气和雾），尽管如此它也是水，因为它们都是 H_2O（当然，它们不是“液态”水）。

相比之下，一个个体是否属于某类翼面则很少——甚至根本不会——取决于它的微观结构，而是几乎完全取决于它所遵从的宏观层面的定律。粗略地说，如果某物是一个坚硬（作为帆时则不太坚硬）的物体，当它以某种方式穿过液体或气体环境时，伯努利定律的作用就会在其一个或多个面产生垂直力，这时它就是翼面。心灵哲学的功能主义者的观点就是信念更像是翼面而不是水。也就是说，某件事物是一个信念状态是因为它具有一定的宏观关系性质，该性质取决于该事物服从的宏观定律。根据功能主义的解释，对此的一个适当的初步猜测就是信念状态在机体行为的因由（etiology）中发挥了某种作用。

也许我们并不能仅仅由信念是一个宏观、关系以及功能的性质的假设就得出整体论（尽管功能性质典型地具有整体性，不过我们不打算论证功能性与整体性之间的联系是内在的）。然而，有一种更为自然的、进一步的关于信念个体化的假设，由此可以得出信念内容的整体论：即对信念在行为因由中所起之因果作用的规约本质上将涉及[6]信念与其他承载内容之状态的因果相互作用。

例如，我们有理由假定以下是信念的定义性质，即根据某些决策理论或者其他理论，信念在形成行为因由的过程中与欲望发生相互作用。这就导致除非某件事物（一般）能与有意志的意向状态（volitional intentional states）相互作用，否则就没有任何事物能成为信念状态。这也导致除非某人（一般）能有恰当类型的有意志意向状态，否则就没有人会有信念。同样，我们或许有理由假定以下是信念的定义性质，即它们以会导致新信念产生的方式彼此相互作用（其余情况均同时，信念 P∨Q 与非 P 相互作用就会产生新的信念 Q 等）。这一假设同样蕴涵着，一个具有点状心灵的信念持有者在概念上是不可能的（因为这些假设都被认为是信念的定义性质）。

我们要尽快说明，我们并不认同如此典型的功能主义关于信念个体化的断言，即因由与其他意向状态相关（或者也的确可以说与"输入和输出相关"）是信念的定义性质。实际上，对功能主义关于信念个体化的论证给我们的打击相当轻微。标志性的论证提出，我们要注意多重可实现之意向系统的可能性——硅基火星人等——拒斥信念应具有隐藏的微观结构本质，于是也就意味着以下反问：除了宏观结构关系之外，还能有什么是相信 P 这一信念的定义性质？[7]

无论怎样，对于现在的目的而言，我们不考虑对功能主义的论证是否可信这个问题。我们的观点只是，如果优位论题成立，则关于信念整体论的任何理由事实上本身就是心理内容整体论的理由。这些理由包括但不仅仅是戴维森和刘易斯提供的那些用以表明信念归属具有整体性的考虑。对信念个体化具有整体性的形而上学论证也许也能达到相同的效果。如果只是这个理由，我们就认为对整体论的决定性的疑问并非某个宽容原则对于信念而言是否分析的，而是是否能允许从信念整体论推论出意义整体论。然而无论是在由持有信念归属观点的哲学家还是持有信念个体化观点的哲学家那里，这个疑问都尚未得到广泛的讨论。我们建议要仔细地考虑考虑这一点。

对优位论题的两个初步论证

现在我们考虑作为一个检验案例的理性原则（尽管刘易斯没有如此，但戴维森和丹尼特明显认为此原则是意向归属的假定构成原则之一）。它大概是指你不能既相信P也相信非P，其他类似矛盾的情况也一样（也包括那些矛盾不够明显的情况）；而且在其余情况均同时，如果你相信P，你必须相信很多它的推论（也包括那些推论不够明显的情况）。[8] 要讲清楚这点是著名的难题，但我们不建议在这里纠结。我们的问题是：这种约束的普遍性是什么？除了信念归属，它还约束了什么？

我们想重申的是，至少初步来看理性原则是否能约束内容归属本身，这一点似乎并不正确。例如，以它来约束词项形式的意义归属似乎并不正确。你确实能给出一个英语句子，它的意思就是P合取非P。实际上，甚至理性原则是否能约束命题态度归属本身，这也似乎并不正确；因为人们可以既期望P也期望非P，即使在矛盾非常明显的情况下这也完全没问题——矛盾情绪也属于人的状况之一。因此，看上去理性并能不约束到语义赋值自身，但却又能特殊地约束到信念归属。但是即便这样，并且假设信念是整体性的（因为它受理性原则约束），现在又是什么东西允许我们从信念整体论推出语义整体论呢？

戴维森和刘易斯讨论诠释问题的时候，他们始终在考虑为主体指派命题态度的过程，或是总是想到为说话者的话语指派意义的过程。此刻，在第一种情况下，就除非有某种信念否则任一生物都无法具有命题态度这一意义而言，你或许认定所有命题态度归属预设了信念归属。这一原则有时也被戴维森称为“信念中心”原则（the centrality of belief）。

> 不仅是每个信念都要求大量进一步的信念以赋予其内容和同一性，而且任何其他命题态度的特征（particularity）也要取决于类似的信念集。为了相信猫能爬上橡树，我必须有许多关于猫和树、这只猫和这棵树、这个地方的地貌及猫和树的特性等的真信念：而且当我想质疑猫能否爬上橡树，担心它能否爬上，希望它能做到，祝福它能做到，或是想要它能做到的时候，情况也同样如此。信念——尤其是真信念——在命题态度中发挥中心作用。（《理性动物》，第475页；也见于《思想与言谈》，第156—157页）[9]

而在第二种情况下，你或许能认定，除非某些信念归属对于生物而言是真的，否则没有生物能产生可供诠释的话语（实际上就是实行言语行动）。其结果就是你会获得语义赋值条件与信念归属条件之间的内在联系。把两个论证放在一起，你就得知信念既是心灵又是语言内容的先决条件，因此优位论题就可以得到辩护。

现在我们来考虑对信念优位的这两条论证线路，先从所谓信念中心原则开始。

论证 1

我们发现戴维森的中心论题是否为真这一点还不太清楚，例如生物是否可能有欲望之类的东西却没有信念。这涉及态度与行动之间关系这一难题。

或许最明确的论证你不能拥有无信念之欲望的方式是假定：一方面，欲望（有时可以）导致行为这一点在概念上是必然的；而在另一方面，通过决策理论与信念之相互作用使得欲望导致了行为，这一点在概念上也是必然的。正是第二点蕴涵整体性。[10]因此，信念介入到欲望导致行为这一因果过程之中，这在概念上是否必然？我们并不怀疑欲求确实在决策论中有其行为上的效果。我们惊疑的是它是否真的具备这种必然性。

例如以下（接近于赖尔式的）关于欲望与行动之间关系的观点是否不融贯？欲望是一种行为倾向，于是“其余情况均同时，如果X欲求P，则X会实行A”对于选定的P和A而言在语义上就是必然的。根据这样的观点，也许确实是除非某个生物有信念否则它就不会有欲望（也就不会有恰当的行为倾向）；但如果这样的话，欲望与行为的以上关系也许就是偶适的（例如，这事实上可能是因为拥有信念并不受“其余情况均同”所限）。因此，看上去即使赖尔的观点是融贯的，中心论题仍然不是必要的。

或者我们可以考虑以下情况。某一生物有一种状态S，这种状态通常由脱水引起，一般也会条件反射式地（注意是条件反射而不经由决策理性）导致该生物实行某种行为。该生物没有关于处于S状态就会引起它实行之行为的效用的信念；这就是对所谓其行为是“条件反射式”地产生是什么意思的一部分阐释。不过，在“生态学上有效”的环境下——粗略地说，就是在该有机体一般会被发现的环境下——行为结果就是生物要摄取液体，于是就可避免脱水。假设对于生物行为的产生而言，前述过程已经穷尽了S的功能性作用，那么S就不会在其功能实行过程中的任何地方与信念发生相互作用。问题是：那么这是否表明S不是一种口渴状态在概念上是必然的（也就是不是意向状态，并不是对液体的渴求）？于是我们倾向于怀疑其在概念上的必然性。

然而，模态直觉是有名的不可靠，而且我们承认这些事项是晦暗不清的；因此我们也不能在此决定这些事项。信念中心蕴涵了除非你有信念，否则你不能拥有任何命题态度。不过意义整体论要求的是除非拥有信念，否则生物体不能有任何语义赋值状态——不能拥有任何含有内容的状态。有谁会说语义赋值状态只能是命题态度？（我们以后将继续讨论这个观点）

论证 2

戴维森认为（而且他或许认为这是必然的），彻底诠释的主要证据在于对被认定为真之语句的观察。不过，认定一个句子为真当然是一个命题态度，它只是相信某事为真的明确表现。而且当信息提供者认定 S 为真的时候，他所信以为真的不仅仅是 S 构成的词组形式表达了某些真相或其他事情。他也认定 S 表达的命题是真的。确切地认定词簇形式“猫在垫子上”为真就是相信猫在垫子上，以及说出了你所相信的东西。于是任何被戴维森视为证据的东西（即说话者的意思就是如此如此）也会被视为说话者相信如此的证据；戴维森的观点也很明确，就是被认定为真的词组形式的信息既为意义归属也为信念归属提供了关键的证据。于是将内容归属到信息提供者所说话语上的认识论条件与信念归属的认识论条件形成了难解难分的联结。戴维森用一种完美的普遍方式来呈现这一观点：

> 在某一场合认定一个句子为真的说话者之所以能如此行事，部分地是因为他所意指的……通过对那个句子的表达，而部分则是因为他所相信的东西。如果我们能够继续下去的条件完全就是诚实的话语（honest utterance）这一事实，我们就不能在不知道意义的情况下来推知信念，在不知道信念的情况下同样也没有机会推知意义。（戴维森《信念与意义的基础》，第 142 页）

如果这是对的，则信念归属的条件与意义归属的条件形成了难解难分的联结，而且无论前者如何，后者都要得到满足。

我们认为以上反思的寓意是只要假设彻底诠释的对象要么是命题态度（于是被赋予语义赋值条件的就是卡尔的意向状态），要么是有意义的话语（于是被赋予语义赋值条件的就是卡尔的言语行动），优位论题就不会是完全错误的。对于前一个假设而言，由“只有信念的持有者可以拥有命题态度”这一个原则（我们所采用的原则不会比这个假设更坏）就得到优位论题；而对于后一个假设而言，“言语行动的可诠释条件包括了归属信念的条件”这一个弱假设就得到优位论题。

于是，为了论证的目的，我们准备不仅仅承认信念整体论，还要承认优位论题：没有信念就没有命题态度和言语行动。如果假定上述所有观点，则“信念整体论是否蕴涵意义整体论”这个问题其实就是“除了言语行动和态度之外的任何事物本身是否可以被语义赋值”的问题［公告板既不是言语行动也不是命题态度，但看来它们仍然可以被语义赋值。不过它们的意向性看起来显然以塞尔的术语就是“派生的”（derived）；即其语义赋值条件在某种程度上必须回溯到对信念与意向进行语义赋值的条件］。问题就是除了言语行动和态度之外的其他事物是否有“原始的”或“非派生的”意向性。仅当这个问题的答案是否定的，信念整体论才蕴涵内容和诠释整体论。

心理殊相

正如我们在第一章提及的那样，传统的哲学观点认为，语义性质原本就内在于一类特定的心理殊相——被称为心理表征（mental representation）——之中；除了偶尔出现如里德（Reid）那样的直接实在论之外，这一观点直到20世纪后半叶之前都是主流。它来源于洛克和笛卡尔所称的“观念”（idea）以及休谟所称的“印象”（impression），命题态度、话语以及其他事物都源于此才获得了它们的意向性。我们稍微离题一下，以提醒读者这些理论是什么样子。

稍微再说一下，休谟的理论认为，语义性质原本就内在于心理表象（mental image）。根据这一观点，对一种心理表象的语义赋值条件是由其固有特征决定的；实际上，心理表象符合于它们所描摹的东西。与我们目前所关心的相关考虑就是，无论是休谟关于内容的理论还是他关于心理过程的（联想）理论都预设语义赋值条件与信念条件有内在关联。休谟对信念的阐释就如他对内容的阐释一样，本质上都要指望心理表征的特征。不过心理表征得以形成信念的特征（belief-making features）——它的“力量和活性”（force and vivacity）——事实上都与它形成表征的特征（representation-making features）无关。[11]

类似地，心理表象所描摹（也就是它所意指）的东西并不依赖于它在心理过程中所起的作用，也完全不依赖于它在心理过程中发挥的任何作用。对于休谟而言，一个心理表象的因果作用依赖于与它相关联的那个事物，而且一个观念事实上可以关联于任何与其内容相容的事物。结果，在形而上学上，生物的心理表征在语义上可赋值的条件就独立于它所具有的因果作用的条件。委婉地说，休谟不是一个关于内容的功能主义者。

现在不会有人认为一个心理表征的内容依赖于以下两点：它描摹的东西，抑或是某些人所相信的东西就是他所怀有的心理表征之具有力量与活性的事项。大多数人（除了联结主义者之外）不会假设心理状态的因果作用随附于它们的关联关系。不过心理表征被视为语义诠释的优位对象时，这些休谟式阐述的细节没有一项能对“理解优位论题为何会失败”这一点起到关键的作用。其关键点包括以下几个方面。

首先，相对于其他心理状态来说，信念的本质特征约束其功能作用，这似乎并非完全不合情理（参上述）；不过，更合乎情理的是，心理表征在语义上可赋值的条件约束它与世界中的事物的因果关系（不过肯定不是它所描摹的事物）。现代认知理论假定心理表征作为命题态度构成成分而具有功能作用，但是（除非有进一步的论证）无论从概念上还是形而上学而言，一个具有内容的心理表征不应被假定为依赖于它具有的功能作用——也许是完全不依赖于它所具有的任何功能作用。

其次，例示（being tokened）一个心理表征的条件——它跟一个句子被认定为真（或者更一般的言语行动）的条件不一样——自身不会引入像信念、欲望和意图那样的意向性说法，这是合乎情理的。例示一个心理表征（不正式地讲，就是一个人脑子里产生一个思想）不是一个行动，因而，它和信念之间不必然具有言语行为或其他的行动与信念之间所具有的联系。

马上我们就会讲清楚这点，但现在不妨先向读者提示一下讨论的大图景。除非有一个对信念优位论题的论证（即对任何一个情形而言，如果它满足语义赋值条件，那么，它也满足信念条件），否则，信念整体论就并不能推出内容整体论。于是我们就要问，有什么东西可以辩护优位论题；我们可以想到的最佳答案需基于“原初的意向性承载者要么是言语行动，要么是已例示的信念状态”这一假设。后一种情况的优位论题是贫乏的，前一种优位论题能成立则是基于言语行动是行动，而且行动概念则需要引入信念概念。

现有的回应路径是我们也许可以假定语义性质原来所内在的对象

既不是命题态度，也不是言语行为，而是心理表征，以此来避免从信念整体论到意义整体论的推论。这看上去是因为对心理表征得到语义赋值的要求以及对心理表征得到例示（于是在心理活动中发挥因果作用）的要求都不会引入对信念的持有。这一基本观念很简单，即如果意义的主要承载者不是信念的话，由信念整体论不能得到意义整体论。

假设一方面心理表征是原初语义赋值的承载者，另一方面——与休谟的观点相反——在一般情形下心理表征不会是表象，那么关于心理表征的事情会怎么样？这有很多种可能，以下讲的就是一种我们比较熟悉的情况。

心理表征是一种典型的似语句表达。所谓似语句表达是指在复杂表征与简单表征之间有差异，而且前者的语义性质规则上依赖于后者的语义性质［于是心理表征的语义是“组合性的”（compositional）］。另外基本表征的语义性质被认为取决于（不过不是它们描摹的东西）它们与它们所指谓之事物的因果关系（而且可能是律则式的）以及它们所表达的性质。有很多对这一机制如何运作的建议，尽管哪一个都不能完全令人满意（例如，可以参考德雷斯基、福多、米丽肯、斯丹普等的建议）。在此不再赘述。

能体现目前论证目的的关键点是，按照以下的论述，心理表征就与（比如）英语句子有区别。

首先，就算格赖斯式（Gricean）的分析对于后者而言是合乎情理的，对于前者也完全不可行。无论怎么将语义赋值赋予心理表征，它们也不能用于表达信念或意图。心理表征从未被加以“使用”（used），而且我们一般也没有关于它们的信念或意图。

其次，在心理表征理论的标准形式中，对一个心理表征在心理活动中有因果作用的条件不会引入对信念、欲望等诸如此类的见解。这一观点也许可以再讲清楚一点。它是指在心理活动中心理表征的因果作用完全由它的非语义性质决定（认为心理过程可计算的理论也持有这种观点，即心理表征的因果作用是由表征之组合性所依赖的句法特征决定的。对心理过程的这类说明与休谟的非常类似，只不过是用计算替代联想而已；在这两种情况下，心理活动具有因果作用的条件对于具有内容的条件而言都是无关的）。于是心理过程理论应该完全可以用非意向词汇来表达，更不需要去诉诸信念和意图了。简而言之，尽管心理表征理论能使对心理表征的例示成为思想的媒介，某种意义上正如言语行动理论使实行言语行动成为交流的媒介一样，然而这种类比还是有一些关键性的误导。因为，实行言语行动是行动，交流理论不可避免地会引入对信念和意图等的见解；然而，因为例示心理表征不是行动，心理过程理论就不会产生这种结果。

我们要注意到拒斥优位理论的方式并不要求也要拒斥塞拉斯式（Sellarsian）教条，即心理内容依附于语言内容。可以举一个我们“用英语想”的例子。或许思索猫在地毯上就相当于告诉某人“猫在地毯上”。然而，如果真的是这样，那么“告知某人”就必定与“简单地说”有所不同。因为“简单地说”一般都只是决定说什么导致的结果，即引入信念和欲望的决策论过程导致的结果。然而告知某人不能预设信念或欲望，因为根据目前的阐释，信念和欲望本身就是某种对某人的告知。戴维森在某种意义上严肃地认为思想“就像无声的言语”（《信念与意义的基础》，第114页），不过如果这个观点为真，那么思想就是行动，只可惜它们不是。

因此我们可以总结一下：我们在心灵领域具有的各种心理表征理论（包括休谟的在内）都告诉我们信念和欲望之间的区别，另外还以一种非常不同的方式告诉我们“相信P”与“相信Q”之间的区别。前一种区别来自于善意的功能主义者：信念和欲望都是有趣的心理表征模式，但它们由于心理表征所起的因果作用（联想/计算）而有所不同（即和表征如何与输入、输出及它们彼此之间如何相互作用有关）。相反，“相信P”与“相信Q”之间的区别会引入心理表征的语义性质，而且这些性质被认为应建基于心灵—世界关系而不是功能作用。关键就在于我们在任何地方都没有看到优位论题。对信念的功能分析或许会使得信念具有整体性，例如，信念或许在本质上会进入决策论或确证理论过程之中。但是这种（假定的）信念整体论并不蕴涵意义整体论，因为这种对信念的说法在意向性理论中并不是初始的。初始的东西是具有其与世界以及相互之间之因果关系的心理表征；而且根据这一假设，心理表征的语义是原子式的。

对任一关于意向性本身的整体论断言而言，从信念整体论到意义整体论这个推理的基础就是优位论题。因此，如果你打算给出一个先验论证以表明对意义整体论的推导在本质上依赖于优位论题，那么你就需要一个先验论证以反对语义性质的原初承担者是心理表征。心理表征或许不是摈弃优位论题的唯一出路，但却是一种明确而值得考虑的方式。

那么心理表征理论又是否合理呢？我们是不是可以放弃它，从而能够辩护从信念整体论到意义整体论的推论？这是一个很多哲学家费尽心思都要解决的问题。就目前的讨论目的而言，我们只回应以下几个我们经常听说的反对该理论的意见。

第一，运用心理表征理论以回避优位论题这种做法依赖于假设心理表征具有自然主义式语义，这种观点似乎合情合理。它们的语义赋值奠基于某种非意向性（大概是心灵—世界）的关系：如果按照休谟的说法就是相似关系，如果按照德雷斯基的说法就是因果/律则关系。同意蒯因的“布伦塔诺关于意向（语义）之不可还原性的论述是对的”（蒯因《真之追求》，第71页）观点的哲学家会认为上述语义赋值观的前景比较暗淡［戴维森实际上为不可还原性提供了一种先验论证（见《心理事件》）；但是本文并不会引入该论证，因为该论证把意向整体论作为一个前提］。

回应：如果只是基于以下理由，即不管怎样我们似乎都不能使意向性的实在论与布伦塔诺论题相符，那么我们就会很高兴地承认观点一。不过如果人类不可能成为一个关于意向性的实在论者的话，则我们很难理解内容是否具有整体性这一问题的重要性。

第二，或许会有人反对以下观点，即如果意义的承担者原本就是心理表征，那么诠释理论就不会与内容理论产生有价值的关系。毕竟事实上心理表征永远不可能是某人之诠释活动的对象；实际上，诠释活动的对象是命题态度、言语行动之类。而且，心理表征的内容被认为依赖于世界中的事物与神经状态之间的因果或律则关系，而真正的诠释者一般来说很难获知这些关系，根据对彻底诠释者的定义，这些关系也是不可获知的。

回应：我们认为心理表征的理论家们就只得打落牙齿和血吞，确实类似这样的看法在之前的章节中都是不言自明的。独立于心理表征问题的是，诠释者的认识论处境与内容在形而上学上所依赖的事实之间没有有意义的联系。当然，这并不拒斥意向性对物理事实的随附性，而只拒斥意向性随附于诠释者自身所能获知的物理事实。上帝知道心理表征是什么意思，而且毫无疑问上帝是物理主义者。但是上帝能够获知神经和因果（和反事实）的真理，而作为凡人的诠释者则不能。（正如我们提到的那样，即使是刘易斯的彻底诠释论者事实上也不能获知很多物理事实。对于刘易斯的彻底诠释者而言，“可知的物理事实”和“可知的行为事实”其实是完全一样的。)

当然，原初意向内容内在于心理表征这一观点也并非认为诠释不能发生。该主张指的是我们诠释（言语行动和意向性态度）之事物的语义性质能从隐秘事物的语义性质派生出来（隐秘指的是对于我们而言，而非对于上帝），于是诠释所依赖的推理一般来说就是相当偶适的（例如，如果一个信念的同一性不是由它的行为表达之特点而是由信念持有者例示的心理表征之语义构成，那么从信息提供者的行为推出的其信念的推理就是偶适的；在第三章的“插曲”一节也可以看到这个讨论）。诠释理论家总是想当然地认为我们所诠释的东西必须是原本具有意向性的东西。但是这一预设不很明显，而且需要进一步论证。

第三，有如下反对的说法：把对命题态度的取值奠基于对心理表征的取值之上，这样的策略自身也许不是整体性的。因此命题态度就意向性而言就不是整体性的。但是，只要命题态度是功能性的而且功能状态是整体性的，那么命题态度是否因它的语义性质而具有整体性这一点又有什么关系呢？

回应：假设信念就功能而言是整体性的，就意向而言则不是。当然，如果没有分析上的或句法上的区分，就没有关于信念的哪种功能性质才是它的定义性质的事实，正如在同样的情况下也没有关于任何事物的哪种性质才是它的定义性质的事实。但是，有关“相信 P”的整体论问题不是我们能否定义它。这是个形而上学的问题，而非语义的问题。

或许，理解这种观点的最简单的方式就是再谈一谈翼面。如果没有定义，就没有关于什么性质才是翼面之定义性质的事实。不过这个情况肯定不会导致翼面不存在，或者是没有关于翼面的规律，或者是没有关于翼面的科学，或者使翼面与非翼面之间不存在原则性区别。（翼面与非翼面之间最大的区别是前者是一种有且仅有翼面才具有的性质。为什么不能把这一区别视为原则上的区别呢?）我们所能得到的无非就是不能定义“翼面”而已。然而如果没有关于意义的事实，那就不仅仅是不能定义“相信 P”的问题了，而是不存在“相信 P”这种状态了。如前所述，在“相信 P”这种情况中内容产生了两次作用，而在“翼面”情况下则只产生了一次。某物是信念（/翼面）这个断言的内容是一个关于信念（/翼面）的正确定义应该保留的东西。但是，在信念这种情况中，内容还要发挥一次作用，这是因为（显而易见）信念的对象就是内容（内容就是信念所具有的东西）。因此没有内容就没有信念。

这个道理就是功能的整体论只威胁到意向状态的可定义性，而内容整体论威胁其存在性。没有很明显的理由能够支持为什么一个好理论的经验假设必须是可定义的；对科学史的回溯说明这样的经验假设通常是不可定义的。相比之下，存在性反而似乎是这种假设的必要条件。

这就回答了戴维特在《意义整体论》中提出的一个问题。戴维特注意到，不可还原的（因而，也可能是整体性的）功能概念在非意向性的科学中无所不在。于是，戴维特问：“为什么心理学家就要关注信念是否为整体性的?”答案是你可以在对 X 没有功能定义的情况下持有关于 X 的功能主义（例如，你可以将这种功能主义视为关于 X 的随附基底的一个形而上学信条）。因此功能主义自身并不要求有语义事实。然而，意向实在论却要求有语义事实，因为如果没有语义事实就不可能存在意向状态。而且正如我们一直看到的那样，意义整体论被广泛地认为是导致语义取消论的一个引理。

最后，戴维森和刘易斯的一些论断容易招致以下类型的反对意见。心理表征的语义被认为是原子式的，这就导致意向归属本身并不受理性原则那样的构成性原则约束。但这是错的，例如任意或非理性命题态度的归属可能会“跑题”，意向状态就压根不是这样的归属。换句话说，如果我们发现自己将内容以违背理性原则的方式归属于卡尔，我们随即就要修改我们对卡尔心灵状态之内容的预期。

回应1：如果这个观点想生效的话，它最好是能超出认识论的层面。这个观点最好是这样的，即使是上帝也会修改他的内容归属而不是违反理性原则。除了简单粗暴的模态直觉之外，这一形而上学断言还能由什么东西支持？

回应2：现在假定这一观点是形而上学的而不仅仅是认识论的。它仍然不能由对心理表征之语义的原子式阐释中推导出在态度归属中理性原则可以被忽视。我们（为了论证的目的）同意你不能既相信P又相信非P，你也不能既期望P也许会发生又相信P已经发生，等等。我们确实打算同意（再次为了论证的目的）这些原则对于相信、期望等是构成性的，于是对彻底诠释必须尊重这些原则的论证就是多余的。不过这会导致什么结果？这结果并不是一个生物不能同时处于以下两种意向状态——其中之一的意向对象是P，而另外一个的意向对象是非P。其结果是如果生物同时处于这两种意向状态的话，那么它们不能都是信念（也许P是生物相信的，而非P则是它欲求的）。类似地，如果一个生物同时处于两种其对象都是P的意向状态，那么就不能说其中之一是一种欲望，而另一个是一种信念，等等。

在我们所知的情况中，心理表征理论也没有什么与此观点矛盾的地方。心理表征理论要求类似“既是P又是非P不能作为命题对象”

的理性约束应该与信念条件相关而不是与内容自身的条件相关。如此就必须存在一些对每种类型的命题态度之归属进行的、超出由内容归属之约束导出的约束，否则所有的态度就都趋同了。

我们几乎已经完成论述了。但是在我们总结这一讨论之前，我们想把遗留在序言中的一个悬而未决的线索提出来讨论一下。我们注意到有令人惊异的相当数量的哲学家（我们都讨论过他们的观点）都有这样的看法：语义整体论当真不需要任何论证，也就是说语义整体论就是明晰地为真的。我们很难直接接受这一断言。正如之前提到的那样，语义整体论是明晰的这一点直到很晚的近期才变得明确起来，但对于柏拉图、亚里士多德、笛卡尔、洛克、贝克莱、穆勒、罗素、早期的维特根斯坦以及其他很多哲学家而言则是不明晰的，而我们需要尊重他们的关于什么才是明晰之物的直觉。

我们已经看到，一旦承认分析/综合的区分失败，整体论的关键问题就是语义性质本质上是否具有非原子特征（也就是说即使只在原则上点状心灵和语言是否可能）。现在许多哲学家将“信念是非原子的”视为不证自明的。他们的理由就是信念是“系统的”这一点是不证自明的；除非约翰是某种能够持有信念“b 与 a 有 R 关系”的生物，否则没有什么情形能够被认为是约翰相信 a 与 b 有 R 关系；除非约翰是某种能够持有“O→P”“P→P”等信念的生物，否则也没有什么情形能够被认为是约翰相信“P→Q”。（例如，可以参见埃文斯在《指称种种》中对“一般约束”的讨论，第 100—105 页。）但是，如果信念本质上是系统的，则它当然本质上是非原子的；而且如果信念本质上是非原子的，那么就保证了一个通向整体论的关键前提。

然而关于这些事情的模态直觉实际上却有点不大可靠。（这多么让人震惊！）对于每一位断言“信念具有系统性”先验地为真的哲学家来说，你会发现至少有一位哲学家（以及至少六位联结主义者）认为“信念具有系统性”在经验上为假（为了讨论，可以参见福多和皮里辛引发的论文风潮，《联结主义和认知架构：一个批判的分析》；福多和皮里辛断言信念的系统性实际上在形而上学是偶适的，但对于高等动物而言是律则上必然的）。我们不准备涉及这一点。要注意到，即使有人将“信念是非原子”的模态直觉视为不证自明，那接下来最多也只能导出信念自身是整体性的。阻断了优位论题，仅从语义赋值的整体论就推不出信念整体论。[12]因此即使我们不需要一个信念整体论论证，也确实需要一个意义整体论论证。

于是，总结起来就是：刘易斯关于宽容是信念归属之构成成分的论证只能由我们对信念的概念——宽容是信念归属的构成成分得来。这一策略好的方面是并未给对手留下多少回旋的余地。但不好的一面就是这样一种危险的存在：你获得的可能最多就是一场损失惨重的胜利而已。假定“除非生物拥有几乎为真的信念，否则它们不会有任何信念”这一点对信念而言是分析的（或者是拥有几乎是理性的或其他什么的信念）。那么，如果我们的命题态度几乎不是真的，这就导致它们不是信念。但这又如何？除了对优位论题的辩护之外，其他论证都得不到它们不是命题态度的结论。或许我们拥有的是“神念”（shmeliefs），除了不被宽容原则分析地约束之外，这种命题态度在它们的功能作用、定性（qualitative）内容（如果有的话）和所满足的条件之中都完全跟在信念之中一样。为了让这个例子更加糟糕一点，我们可以假定神念几乎为真（或者几乎是理性的之类）具有律则的必然性；你可以说进化论要求生物拥有几乎为真而不是几乎为假的神念。[13]那么在其余情况均同时，生物拥有信念和生物拥有神念之间的唯一区别就是，在后一种情况下存在一个逻辑上可能的世界，在这个可能世界中生物拥有的神念几乎是假的；而信念的情况则不会有这种可能。于是区分信念和神念就会变得非常困难。

或许回应就是不能有像“神念”这样的事物。但是如果这一回应不能只是个教条的话，它就需要论证；而且如在本章讨论所强调的那样，这个论证的要求是要严格地证明宽容必然地约束内容归属而不是信念归属（从这个角度来看，戴维森在其《彻底诠释》一文中所做的就应视为提供这一论证的努力——尽管根据第三章的讨论这不成功）。我们重述我们的底线：如果你愿意，可以假定宽容原则是整体性的；如果你愿意，可以假定宽容原则约束信念归属。但如果缺少一个令人信服的对优位论题的辩护，我们就得不到意义整体论。

第五章

丹尼尔·C. 丹尼特：意义整体论及意向性归属的规范性

（以及关于戴维森的一点补充讨论）

在一篇名为《中期考核：比较和对照》的文中，丹尼尔·C. 丹尼特概括和总结了其著作《意向性立场》一书。丹尼特描绘了一个他视之为心灵哲学中新兴的诠释主义共识的梗概图景。其主旨在于表明布伦塔诺论题（意向性不可还原为物理现象）是对的，从布伦塔诺论题可以推出：

> 严格来说，在本体论意义上而言，不存在诸如信念、欲望或其他意向性现象。但是意向性习语在“实践上不可或缺”，我们应该看看，关于如何理解它们在蒯因称之为“本质上戏剧化的”（essentially dramatic）习语中的使用，我们能够做些什么……那么，在任何意向性词汇的使用中，不光是那些初始事实，而且还有某种诠释因素应该得以认可……（《中期考核：比较和对照》，第 342 页）[1]

在此语境下，理解意向性表达并不是要解释，在没有信念或欲望作为其指称对象时，为何意向性表达仍不可或缺。也不是要给出意向性归属的真值条件；丹尼特认为，严格说来，任何意向性归属都不可能为真。毋宁说，《中期考核：比较和对照》以及他的早期论文《意向性系统》旨在澄清在何种意义上意向性归属不可避免地牵涉“诠释性因素”。因而，接下来的讨论会将两篇论文结合起来考虑。

当然，我们的话题是意义整体论而非意向性实在论，但在丹尼特看来，这些问题紧密相连。实际上，在意向性归属中把握“诠释因素”的一种方式，即是认识到宽容原则在其中所扮演的不可或缺的角色。既然丹尼特接受这些原则内在地具有整体性这一常规假设，那么，认为意向性归属具有诠释性与认为它具有整体性，就是看待同一事物的两面而已。在这一章，我们会简要地审视丹尼特关于实在论/诠释论问题的评论，但我们的主要关注点是：丹尼特关于宽容原则和内容归属二者内在联系的论证。

根据丹尼特的理论，存在着两个诠释主义派别，它们分别对应在内容归属中揭示诠释因素的两种可能方式，即投射主义和规范主义：

> 这里两个主要的对手似乎出现了。一者主张规范性原则。根据此原则，在特定情形下，应将某物“本应具有”的命题态度该归属给它；另一者主张投射性原则，根据此原则，应将自认为自己具有的命题态度归属给某物。（《中期考核：比较和对照》，第343页）

我们将主要关注规范性原则；它们包含着宽容原则——归于一个人的大多数信念都是真的（更不用说，它们大部分具有融贯性）。并且这一点蕴涵整体主义论题：只有信念具有多样性时，才可能有内容归属。正如我们将要看到的，在投射主义和整体主义之间存在着紧密联系这一点并不明确，所以我们对投射主义的处理会相对简要。

投射主义

投射主义可被视为关于信念语句的逻辑结构的近似理论（相关讨论，参见史迪奇《从民间心理学到认知科学：反对信念》）。粗略地讲，史密斯说“琼斯相信天正在下雨”，等同于“琼斯所处的状态在正常情况下会让我（史密斯）说天在下雨”。[2] 关于信念归属这种分析要做到细节上的完善是异常困难的（例如，在命题态度动词的补语中包含指示词的句子，要重述它们就非常困难）；但就当前的目的来说，我们可以先把这些相对而言属于技术性的问题放在一边。我们希望引入对投射主义的两种主要批评，然后再回到整体论问题上。

首先，对于命题态度的内容被存在量化的语句（相对于那些确实引用这些内容的语句）的分析，投射主义似乎完全无能为力。考虑下类例子：史密斯的三岁小孩听到他闲谈分析和综合的区别，那么对于这个小孩来说，史密斯一定有些关于这种区分的信念，并且此区分是这个小孩无法理解和无法表达的。在此分析中，这一想法——直觉上看似为真——是自相矛盾的。因为它蕴涵着史密斯处于某种状态——通常会导致这个三岁小朋友说出关于“……分析和综合……”的话，但这种状态并不存在。

或者考虑你和你的孪生地球兄弟。当你注意到他称之为“水”的东西并非 H_2O，因而他口中说的“水是湿的”这句话并不表达水是湿的这一信念。也许你会说，不管怎样，总有某个信念是你的孪生兄弟用那个表达式加以表达的。但是在你知道他表达的信念是你无法加以思考的时候，你怎么能说这一点呢？（依据标准的叙述，仅当你因果性地与 XYZ 相联系，你才能思考你的孪生兄弟用“水是湿的”所表达的信念内容。而根据假定，你与 XYZ 并没有因果联系）。

所以，你不能融贯地相信：当你的孪生兄弟说“水是湿的”时，这样的表述有所意味。按照投射主义对于信念归属的分析，你的这一信念是全然不可理解的。当然，反之亦然：你的孪生兄弟也能基于同样的考虑而避免相信，你通过“水是湿的”这一话语表达了特定意义。如果你发现投射主义的这一结果令人恼火是可以理解的。

这些不仅仅是技术上的困难。问题在于，如果投射主义对于信念归属中的（假定的）诠释性因素的解释是正确的，那么你能相信什么就取决于你的诠释者能说什么。但如果在形而上学上而言，任何事物都是相互独立的，那么你的潜在信念库也肯定独立于其他任何人的潜在言语行为库。毫无疑问，在谈论山脉时存在着“诠释的因素”；毕竟，究竟山脉的终点和山谷的起点在哪里呢？但唯有自大狂妄者才会认为，是否有山脉存在取决于他能否断定它们存在。

第二种反对意见是，投射主义无法解释在意向性归属中假定的“诠释因素”；相反，投射主义要成为一种诠释主义观点，就必须预设这一点。

考虑如下探究思路。即使实在论者不同意关于命题态度谓词的多元性这一常规假定，为何投射主义者实际上不是关于意向性的实在论者呢？也就是说，为什么一个投射主义者不是一个认为相信（以及类似情况）是（在一个主体、其心智状态、其心智状态的命题对象及一个诠释者之间的）四元关系的实在论者，而不持有相对而言更传统的观点，即相信是（在一个造物、其心智状态、其心智状态的命题对象之间的）三元关系？请注意，到目前为止，在实在论和这种关于意向性归属的多元性之间并无矛盾。[3]

相对于诠释者来归属意向性这一做法，就其自身而言，这并非是对其客观性的责难。因为乍看起来，存在着如下事实：琼斯是否处于那种在通常情况下会使得史密斯断定天正在下雨的状态；如果是这样，根据投射主义的分析，那么，史密斯断言琼斯相信天正在下雨，无疑是真的。[4]

明显的回应是：琼斯所处的状态，与通常让史密斯断定天正在下雨的状态是否是相同的状态（是否是同一状态类型的殊例这一问题上），不存在事实问题，而只是个诠释问题（或者，换一种方式说，当琼斯处于那种状态时的所作所为，是否与史密斯陈述“天正在下雨”时的所作所为是一回事，在此问题上，不存在事实问题，只是个诠释问题）。这确实使得投射主义成为一种诠释主义主张；但它同样放弃了如下观念：意向性归属之所以是诠释性的是因为它们是投射性的。相反的，如我们刚才所见的，这里的分析必须反过来：只有做诠释主义解读时，投射主义才不会将态度归属表征为纯粹事实性的。但如此一来，投射主义分析本身就无法为意向性归属中的“诠释性因素”给出说明。从我们的关注角度来看，相关的教训是，你不能指望通过从投射主义到诠释主义的推论，来从投射主义论证整体论。即：从投射主义→诠释主义→整体论的论证并不恰当，第一步就不成立，即便第二步有效。

关于投射主义，先讨论这么多。我们现在转向考虑规范主义，根据《中期考核：比较和对照》，它是诠释主义可以采取的另一种形式。

规范主义

规范主义断言诠释者归属于一个人的态度受限于如下要求：一般说来，人应该被表征为具有那些他理应具有的信念和那些有利于其自身的欲望。大概有两种理由支持规范主义是一种诠释主义。首先，据其定义，规范主义者相信：内容归属的一些构成性原则是规范性的；并且，至少在关于规范性实际上是什么的某些观点看来，这本身足以使得这些归属不完全是事实性的。其次，根据我们对丹尼特的理解，他对诠释主义论证的重点在于，构成内容归属的（至少某些）规范性原则是理想化和阐释性的，它们并不能真正被活生生的意向性系统所满足。因为意向归属的条件要求我们把可错的人当作好像完全理性的，当归属意向状态时"诠释因素"就会介入。

我们建议既质疑从规范主义到诠释主义的论证，也质疑规范性原则不可避免地包含在内容归属当中的论证。可是，首先是哪些规范性原则？丹尼特在这方面的观点从本质上而言，与戴维森和刘易斯所认可的对诠释的限制性描述并无差异。不过为了转述的忠实性起见，我们可能也会说明一些细节上的差异。

考虑如下这些原则：

原则 1：真理原则。必然地，意向性归属（从诠释者的角度看）将人的信念表征为基本为真。

原则 2：融贯原则。必然地，意向性归属（从诠释者的角度看）将人的信念表征为基本融贯。

原则 3：闭合原则。必然地，如果一个人被表征为相信 P，而 P 蕴涵 Q，那么这个人一定被表征为相信 Q。

原则 4：正直原则。必然地，意向性系统渴求的大多是那些对于它们而言好的东西。

按我们的解读，戴维森、刘易斯和丹尼特都赞同原则 1 和原则 2。丹尼特还赞同原则 3，认为它是支配意向性归属恰当的理想化形式

（参见丹尼特《意向性系统》，第11页；《真信念者》，第21页；《理解自己》，第94—95页），尽管我们没有理由相信刘易斯或戴维森会赞同这一原则。然而，丹尼特对于原则3的论证同样能够很好地用于论证原则2，而后者看来显然是更合理的选择。类似地，丹尼特对于原则1的论证也能够用于论证原则4，他（如戴维森和刘易斯）明确接受此原则。说了这么多，除了在这些区别关系重大的地方之外，忽略这些区分将有助于简化我们的讨论。我们打算此后都这样做。

丹尼特关于真理原则的进化论证

是什么表明内容归属需要将意向性系统表征为相信者（或讲述者）的真理？我们已经看到戴维森为这条原则提供了一种先验论证，而刘易斯认为它隐含在我们关于人的观念中。丹尼特（或者至少似乎是）提出了一种进化论证。在此我们必须转向“意向性系统”。

> 假设我们旅行到一个遥远的星球，发现此星球上居住着一些生物，在此星球表面活动、繁衍、消亡，明显回应着周遭环境里的事件，但在其他方面与人类毫无相像之处。我们能够对其行动做出意向性预测和解释吗？如果我们有理由假设，自然选择的过程在起作用，那么我们可以肯定，我们观察到的那群生物在其设计上是优先被选择的：它们对于至少是一些在环境中更普遍的活动类型，通常产生恰当的回应。（《意向性系统》，第8页）

丹尼特后来补充说：

> 除非归属的信念一般而言对于环境是合适的，并且系统对于信念也有合适的回应，将信念归属到一个系统才有意义。对这一观点的古怪表述是：相信的能力没有生存价值，除非它是相信真

理的能力。(《意向性系统》，第17页)

让我们暂时忽略“古怪”一词，待会儿再去论述。假设这种学说只是认为，一方面，既然我们的认知能力已经进化过，那么它们一定是被选择过的；另一方面，只有那些通常而言掌握真理的认知系统才会被选择，因为没有其他的认知系统具有生存价值。综上所述，关于我们信念的真理原则一定成立。

丹尼特关于真理原则进化论证的问题

在我们看来，进行这类论证所需要的进化假设是很可疑的；一个系统是被选择的，并不要求它所有的子系统都具有生存价值，其中有的部分可能是退化的。[5] 相信大部分真理的倾向相对于任何相信大部分谬误的能力而言，前者具有竞争性的优势，这实际上并不明显（相关讨论可参考史迪奇的《理性的分裂》）。然而，我们先把这个问题放在一边。因为，即使关于进化论证的经验假设无懈可击，它似乎也无法得出丹尼特希望得到的任意一种结论。丹尼特希望，规范主义应当蕴涵诠释主义，并且原则1和原则4应该是必然的（它们应当如此这般地适用于意向性系统）。温和地说，从进化故事中不能明显推出任何一种结果。

生物是否具有一个进化史，会被看作是一个事实性问题；并且生物凭借认知能力而处于竞争性的优势地位，是否是生物进化史的一部分，也会被看作是一个事实性问题。不过，如丹尼特所声称的那样，如果它们是事实性问题，且如果认知能力是被选择的，这至少是成为一个相信大部分真理者的充分条件[6]，那么关于我们是否是相信大多数真理的人这一问题，就似乎是事实性问题，而非诠释性问题。认识论学者应该能够通过查阅化石记录，一劳永逸地解决怀疑主义的问题。

简言之，丹尼特如何会认为诉诸达尔文理论能够揭示内容归属中的“诠释因素”，这一点令人费解，因为这种理论毕竟只是关于物种形成机制的因果性故事。严格说来，诠释主义尤其持有这一观点：我们并不真正具有信念和欲望。但人们会认为，物种并不真正具有的东西丝毫无助于其生存斗争。正是基于此原因，不像丹尼特，大部分在意向性问题上采取进化路线的人相应地是关于内容的实在论者（不要说是还原论者）。（请参看米丽肯和德雷斯基这两个例子。）作为达尔文主义者，他们认为，一种生物拥有何种选择历史，以及何种机制作用调节了它的选择历史，都是事实性问题。因此，他们同样也就认为，有机体除非确实相信真理，否则也不可能因为相信真理而被选择。

丹尼特本人显然对于这类观点是很敏感的，这是之前引文中“古怪”所附加说明的重点，内容如下：

> 关于原则 1 的进化论论证——用一种古怪的方式表达为：相信的能力没有生存价值，除非它是一种相信真理的能力。关于这点的古怪之处和潜在的误导性在于，它暗含了这样一种图景：一个物种“尝试”一种产生信念的能力，这些信念大部分都是假的；这种能力显示其无能；而后这种能力被抛弃。一个系统也许是在各种无用的系统中通过变异而“进行试验”，但大概因其缺陷和非理性，这些系统的任何一个都不足以被称为信念系统，因此一个假的信念系统在概念上是不可能的。（《意向性系统》，第 17 页）

对我们来说，丹尼特将什么视作底线我们并不清楚；但看起来他并未将进化视为真理原则的基础。可能丹尼特的立场实际上就等同于刘易斯的立场：即一个人的信念大部分是真的——这只是分析命题（而一个大部分命题态度为假的系统是不“足以称之为信念系统”的）。然而，这也不能真正让丹尼特得出他想要的结论，因为，正如当我们讨论刘易斯时所指出的那样（特别参看第四章最后几个段落），它会招致反驳：“很好，但是我们所拥有的完全不是信念；我们真正有的是‘神念’。但神念是很好的；事实上，它们与信念的唯一区别就是它们的归属不受真理原则的支配。”[7] 丹尼特要避免这种回应需要如下论证：神念在概念上（或者形而上学上）是不可能的；尤其是，除非一种状态满足宽容原则，否则它不可能是意向性的（不可能拥有语义评价条件）。这一论证肯定不由“信念大部分为真”是分析的这个断言所支持。对这一点，相关的考虑是我们在前面一章所考察过的。

在他最近的一些文章（特别是《认知动物行为学：达成共识还是盲目跟从?》和《进化论、错误和意向性》）中，丹尼特提供了一种很不同的思路，也许可用于回应这类批评。显然，他的观点是，一方面，确实是认知机制的生物功能建立真信念（所以，一个假信念系统在进化意义上是不可能的，所以真理原则一定成立）；不过，另一方面，生物功能的归属本身包含着对进化过程采取意向性立场（如丹尼特喜欢说的：对“大自然母亲”），因此一定会呈现出“诠释的因素”，我们归属给人而不是自然母亲的意向性状态继承了这种“诠释因素”。尽管“如果不诉诸‘自然母亲的意愿’……将意向性状态归属给我们就无法成立”（《进化论、错误和意向性》，第 314 页），但“自然母亲不能明确或客观地承诺对任何功能的归属；所有这些归属都依赖于意向性立场的心灵结构，我们假设那里处于最佳的状态以便诠释所发现的东西”（《进化论、错误和意向性》，第 320 页）。所以从表面上看来，意向性归属（对我们而言）所具有的解释学地位源于相应的（赋予心理状态的）生物功能归属的解释学地位，而后者反过来源于（赋予自然母亲的）意向性归属的解释学地位。我们不愿声称这一思路是循环论证，我们也不希望声称它不是。

无论如何，我们都觉得它令人疑惑。首先，如前所述的论点，它在我们看来很有决定性。如果根本没有信念和欲望，那么，更加没有信念和欲望被选择出来的理由，同样也没有信念和欲望起作用的任何生物（或其他的）功能。毫无疑问，诠释能做的事情很多——解释学在当今无处不在。可能诠释在某种程度上能够决定目的论或者自然选择的历史（尽管有这样的朋友，达尔文几乎鲜有敌手）。但无疑诠释也不能将目的论或自然选择的历史赋予那些不存在的事物。不存在独角兽的角被自然选择的理由，因为从来没存在过独角兽；诠释在此没有立足之地，因为没有独角兽（更不用说独角兽的角）让诠释者对其采取某种立场。宣称存在者即是文本是一回事，而宣称不存在者也是文本，则有所不同。

其次，我们实际上并不清楚，生物学中的诠释主义应该是怎样的。人们可能会认为，进化论生物学要么确实蕴涵，要么确实不蕴涵这一形式，“（性质）t 因为执行（功能）f 而被选择”。无论如何，都很难看出我们对进化论（或者自然母亲）采取意向立场能够有所帮助。在生物学中，如同在其他地方，如何从立场中造出事实，或立场如何让事实消失，都是神秘的。

也许一个类比能够澄清这一情况。假设，森林植被的生态功能是为了防止水土流失；根据此观点，那就是森林植被的目的（你可以想象，这一断言通过反事实句说出来，其中“如果没有森林植被，那么水土就会流失”可能会很关键）。好吧，生态学确实要么能要么不能支持一种功能的概念。如果它能，那么森林植被的目的只是事实问题。如果它不能，我们也无法通过对水土流失采取“意向性立场”而改变这一状况。

毫无疑问，我们可以编出一个传说，水土流失神希望能够冲掉表层的土壤，而森林神希望阻止他。这也许对帮助记忆或者逗小孩子是有用的。但可以肯定的是，我们讲这个故事（或者不讲这个故事），不能决定是否真的有这种生态功能。如果生态学不具有独立于关于水土流失神和森林神的故事的“X 的功能是 f”这种形式的结果，那么森林植被根本就没有目的；如果它具有这样的结果，那么森林植被就有它的目的。无论怎样，我们对于水土流失的意向性立场对生态功能的本体论地位都丝毫没有影响。它如何可能这样？它是无关立场的，毕竟，不存在水土流失神。所以将这个故事添到生态学中并不能增加我们生态学所保证的断言数量（一个真命题和一个假命题结合，只能保证真命题的推论）。但如果关于水土流失神的故事并不能使生态学中关于功能的诠释合法化，那么究竟为何关于自然母亲的故事能够使得生物学关于功能的诠释合法化呢？[8] 看看诸神是如何惩罚工具主义的：拒绝将理论从寓言中区分出来，不久你就会发现，你也不能将寓言从理论中区分出来。

这里的教训依然是，如果依据进化论解释来理解意向性归属，那么真理原则能否成立则更多是经验性问题而非概念性问题（当然，我们保留肯定此假言推论并否定其前件的权利）。

丹尼特对于闭合原则的论证

我们提前说明：如果你有一个论证说一个人的信念大部分是真的，那么当然你也会论证说它们大部分是融贯的；所以满足原则 1 也蕴涵了满足原则2。然而，满足原则1并不蕴涵满足原则3（闭合原则）。在这章的后一部分，原则2和原则3的区别会变得非常重要。不过，正如我们先前所说的那样，丹尼特对于原则3的论证同样适用于原则2，我们将假定他试图涵盖二者。

丹尼特对于闭合原理的论证出现在《意向性系统》中。他是这样说明的：

> 假定某物是意向性系统即是假定它是理性的；也就是说，假定X有信念p，q，r…将毫无意义，除非还假设X相信p，q，r…所蕴含的东西，否则将没有办法排除持有p，q，r等信念的X，做出完全愚蠢的举动的预测，如果我们不能排除那一预测，那么我们就没有任何预测能力。(《意向性系统》，第10—11页)

（注意这论证同样很好地表明：相信P的意向性系统一定不会同时相信非P；这实际上是融贯原则。）我们引用这一段意在表明如下先验论证，即意向性预测的可能性预设了闭合原则。据此，如果可以在不预设闭合原则的前提下保证意向性预测，则此论证就不再成立了。

丹尼特对闭合原则的论证所存在的问题

关于丹尼特对闭合原则的论证需要论述的大部分内容在文献中已经说明（参见福多《关于命题态度的三种喝彩》；史迪奇《丹尼特论意向系统》；丹尼特《理解自己》）。例如，要满足信念或欲望归属产生的某种预测性力量的要求，需要某种完全闭合（或融贯）的东西，这一点似乎并不明确。[9] 即使一个相信（P→Q）∧P的人仅在87%的情况同时相信Q，我们也能够从信念归属中得到某种预测性价值。但如果从信念或欲望心理学中得到预测的力量实际上不依赖于假定无瑕的理性，那么也许实际上就有足够的闭合（融贯）原则能够使意向性归属具有预测性。在此情况下，意向性归属会建立在（不仅仅是解释性的而是）真的理性假设的基础之上。在此情况下，规范主义如何为诠释主义提供论证？

同样的，“基于意向立场”的成功预测始终需要我们假定理性，这也并不成立。比如说，有很多情况，我们通过假定某人不会注意到他自己的信念和欲望的某些结果［一个确实在马的捉双（国际象棋术语）之类的方面容易中招的象棋手］，进而成功地预测了他的行为。也许有人会论证说，这种类型的成功预测只有在假定理性这一特定背景下才成立；但这仍需要论证，目前为止，我们还丝毫不知这一论证将如何展开。很显然，关于反理性行为的预测如何可能，我们一定具有某些特定理由（这一点丹尼特并未向我们解释）。情况可能是，在这些看起来例外的情况里，促成成功预测的策略——当它们被合理的分析时，可能被证明完全是一般性的，因此理性假定对于意向预测来说绝非不可或缺。因此，让我们来切实考虑这些情形。

人人都知道当月亮在地平线周围时看起来要更大些。也许这一现象通过诉诸（无意识的）判断、推论等可获得某种“认知”解释，但也可能没有。心理学家们自身并不确定。显然，无论如何，没人清楚知道那些被假定的基础推理是什么样，所以没人了解它们事实上呈现（或者不呈现）的闭合或融贯程度。不过，我们可以自信地预测我们和朋友亲戚（以及绝对的陌生人）可能易接受此错觉。而显然这是从“意向性立场”做的预测，它不可避免地承诺意向性语境，例如“当被视为……时，看起来是……”那么，这种预测是如何存在可能性的呢？

问题本身给出了答案。这个现象是当月亮在地平线上时确实看起来比较大。这种概括是似律性的：它被它的实例所证实，支持反事实条件句等。只要有了将月亮可视大小与其可视方位相联系的定律，我们便不必诉诸理性原则就可以预测，如果史密斯看到月亮在地平线的位置，那么他会看到它比平时大。

同理适用于那个在马的捉双上频频失足的人。没人知道为什么他一再在这上面受挫，显然，他在盘算落子时有地方出错了。但是，我们不需要知道他在哪里犯错或者犯何种程度的错，特别是无须知道他的盘算是否或者在何种程度上是理性的，我们就能够预测他会掉到陷阱中；我们需要知道的仅仅是其上当的倾向是确实可靠的。

简而言之，这都说明了，只要在主体的行为和其意向性状态之间存在着规律性联系，那么你不承诺闭合原则和融贯原则，也能基于意向性立场来预测行为。我们已经通过错觉和无能力的例子展示了这一点，但事实上它完全具有普遍性。如果存在着如下规律，处于意向状态 A，从律则上能够充分地推出意向（和/或行为）状态 B，那么，如果已知一个人处于状态 A，你就能预测他将要处于状态 B，不管从 A 到 B 的转变是否是理性的。结果是，从意向性预测的预设推出理性的宽容原则的论证并不成立，因为，就那些认为不存在意向性定律的观点而言，此论证是乞题的（beg the question）。[10]

当然，很多认为关于理性的宽容原则先验地限制意向性归属的哲学家，都怀疑存在着意向性定律。对于他们的怀疑我们没有什么好说的，除了需要说明的是，他们需要为此提供一个论证，但不管这个论证是什么，它本身不能建立在宽容原则是意向性归属的构成要素这一假定之上（就像戴维森在《心智事件》中所给出的著名论证一样）。在这种语境中，那一假设完全是乞题的。

用另一种方式表达这一点。乍一想，认为理性过程确实被纳入行为的意向性原因当中，是非常自然的。比如说，决策论计算一方面被用于填补相信P和欲求Q之间的间隙，另一方面也被用于填补相信P与采取如此这般行动之间的间隙。那么从意向性状态的前提到关于行为后果的结论的预测，一定假定理性过程发生了。但仔细想想，肯定并非如此。每天早上门阶上都会有《泰晤士报》，那么关于这个送报男孩，我们会有一个决策论说明，根据此说明，他送报纸能够促成其预期效用最大化。但是，我基于意向性立场来预测明天仍会有报纸送来，这并不需要假定送报男孩的决策论理性。我所需的仅仅是，他送报纸的意图是可靠的，在其他条件等同的情况下，人们确实会做他们意图做的事情。[11]

事实上，在这类案例中，论证通常是以相反的方式进行的。仅仅是因为我有关于送报男孩确实送来了报纸的独立的证据，我才愿意推论说，可能存在着某些决策论考量，他据此这样行动是理性的；事实上，我始终没有问及他的动机。如丹尼特所认为的，理性假定一般不是作为预设进入意向性预测，而是当我们开始思考什么心智过程能够作为可靠的意向性概括的基础时——据此概括每个人的经验都表明其行为被包含在内，理性假定作为此说明的一部分而起作用。

我们希望强调这一点，我们并不否认促成行为产生的心智过程事实上通常是理性的，或者否认，如果你想重建行为的发生学，你必须详细分析这些理性过程。我们的观点是，一般而言，为了预测现象，不一定需要重建关于现象的发生学。[12]“要得到一个关于X的发生学的真理论，需要假定什么?”和“要得到一个关于X的真实预测，需要假定什么?”，这两个问题无须具有相同答案。但如果是这样，即使意向的发生学过程确实是完全理性的，意向性预测的可能性也无须依赖于对合理性的假定。更不用说，意向性预测的可能性无须依赖与对理性的反事实假设。只要有意向性规律，并且只要正在做预测的人掌握这个支配被预测行为的意向定律，人们就有随心所欲的疯狂的自由，这一点与他们的行为能从意向性立场加以预测是相容的。

在我们看来，各种观点和立场的关系如下。丹尼特反对意向性实在论的论证依赖于他对诠释主义的论证。他对诠释主义的论证依赖于表明，要么规范主义，要么投射主义（抑或是两者都）是真的；但既然投射主义是无望的，那么其论证实际上依赖于表明规范主义是真的。丹尼特对规范主义的论证反过来又依赖于对宽容原则的论证。而对宽容原则的论证在于表明：至少理性原则中有一条是不可避免地包含在内容归属中的。对合理性原则的论证要么是进化论的，要么是一个先验论证，即如果从意向性立场预测行为是可能的，这个条件必须要满足。但进化论证得出的是错误的结论（它使得诠释和宽容原则之间的关系成为偶然的），继而就意向性规律而言，先验论证是乞题的。

目前为止，从我们所探讨的来看，也有人可能是原子式的意向性实在论者。

对戴维森的一点补充

到此为止，实际上我们从第三章开始的讨论告一段落。在此过程中，我们着手去探究一组论证，它们都试图从特定的（内在上而言是整体主义的）宽容原则在内容归属中起根本性作用这一前提，推出意向性的整体论。这组论证的独特之处体现于用来支持内容归属中所涉及的宽容原则确实具有根本性的那些论证。我们已经考察了戴维森、刘易斯和丹尼特的那些虽有重叠但并不相同的建议，而没有一个被表明十分具有说服力。因此，我们的立场是，如果意义整体论依赖于宽容原则，那么意义整体论依然需要辩护。

不过，在我们转向讨论其他整体主义学说的来源之前，我们希望能够清理一些尚未完全了结的问题。其中的一个问题是关于某些宽容原则的独立性。这对于整体论问题和彻底诠释的一般理论都有些关联。并且它还跟一般哲学问题相关，因为它以一种令人出其不意的方式将关于诠释的问题联系到关于怀疑论的传统认识论问题之上。关于这个主题我们将给予简要补充，这一探究也有助于概述前面三章的主要观点。

那么来考虑原则 1（真理）和原则 2（融贯）之间的关系。显然，它们并非相互独立。如果你的信念总体上是不融贯的，则你的信念不可能大部分为真。当然，这意味着，一个人如果有个（比如，先验的）论证，得出原则 1 是诠释的构成性原则，那么他能轻而易举地得出原则 2 也是如此。特别是，丹尼特并不同时需要进化论证（这为其提供真理原则）以及预测论证（这为其提供融贯原则），除非他真正承诺闭合原则［与原则 2 不同，原则 3 并不被原则 1 蕴涵；拥有的信念都是真的（不必说，大部分是真的），完全可能在后承关系下不是闭合的］。

所有这些都似乎显而易见。让人真正意外的是，戴维森近来主张原则 1 和原则 2 在某种意义上是等价的；这不仅意味着如果你的信念大部分是真的，那么它们大部分是融贯的，也意味着如果“我们的大部分信念与许多其他的信念相融贯”，那么“我们的大部分信念是真的”（《关于真理和知识的融贯理论》，第 307 页）。如戴维森所强调的，这对认识论有冲击性的后果；如果它是正确的，那么对怀疑论的反驳只需要信念融贯论这一弱前提即可。

为了理解用于推出此结论的论证，我们必须回到第三章讨论的关于彻底诠释的概念。根据这一概念，第一，“彻底诠释者”被定义为，一个面对内容归属问题的人，他仅有的知识是言说者（informant）的当下情形和那个情形下他相信为真的句子间的关联（以及可靠的演绎和非证明性推理的一般性原则）；第二，任何内容承载的状态都能在这些认识论的条件下被诠释，这是一条形而上学意义上的必然真理。与第三章的讨论相反，现在假设所有这些都应该被承认。

接下来，戴维森说，“从诠释者的角度而言，他……（绝无可能）……发现说话者对于世界的大部分看法都是错的。”这个论证是，诠释者除了“根据因果地使句子为真的外部世界的事和物……诠释句子为真”（《真理的融贯论》，第 317 页）以外别无选择。事实上，戴维森主张，彻底诠释者的策略一定是，首先去发现是什么因果地使得言说者那样说，然后将言说者表达的句子的真值条件（或多或少地综合性地）与导致它们的原因相等同。[13]但戴维森总结说，如果彻底诠释者确实这么做，那么他只能接受，一般说来，（从诠释者的角度看）言说者的殊例自返陈述都是真的。

戴维森的主张有非常重要的一点，这点可以从彻底诠释的框架中抽离并且一般表述如下：由于你的语义学理论断言一个符号有特定的真值条件，是因为它有特定的因果性历史，那么你的理论意味着，如果那个符号的一个殊例有恰当的发生学历史，那么它一定是事实上为真的。[14]例如，你采取一种语义理论，根据这种理论，猫在毯子上（以恰当的方式）因果地产生其殊例，这使得“‘猫在毯子上’为真当且仅当猫在毯子上”成立，那么你必须认为，由猫正在垫子上这一事实（以恰当的方式）因果地导致的“猫在毯子上”的一个殊例也在事实上为真。

然而，尽管这一要点对内容的因果理论的阐明确有助益，但在我们看来，它并不具有戴维森所宣称的知识论后果。因为，因果理论是否必须将语句S的成真条件与实际因果地导致S殊例的条件等同视之，这一点并不明确。也许，将S的成真条件等同于当某条件发生时会导致S的殊例会同样成立，事实上，也许这样更好。[15]（注意，导致类型的殊例的实际原因均不需满足上述虚拟条件）实际上，当因果理论调用律则的联系而不是因果历史来作为内容的形而上学基础时，这就是因果理论的实际路数。根据这一理论，让"猫"意味着猫的，并非是猫因果地导致它这一点，而仅仅是在这个理论必须加以阐明的某些情形下，它会（would）由猫因果地产生的这一点，在律则上是必然的。[16]（这类理论的一些例子参见德雷斯基的《知识和信息流》，斯坦普的《通向关于语言表征的因果理论》和福多的《内容理论》等）

然而，这看起来推翻了戴维森的反怀疑论的论证。反驳怀疑论所需要的不是存在一些情形，如果它们实际上存在，你的信念就会是真的；怀疑论者很乐于承认这一点。真正需要的其实是证明你相信的大部分信息在现实情形下的确是真的。根据这种情况，宣称虚拟发生学决定内容，此论调与你所有的现实信念（或话语）都是假的这一点并不冲突。

看来戴维森所需的不只是关于内容因果理论的先验论证，特别是关于将内容等同于现实（而不是虚拟）因果历史的那种版本的因果理论的先验论证。可能戴维森认为他能给出此论证。因此，他可能说，如果不是殊例自返语句的实际发生学决定了其成真条件，那么彻底诠释的可能性将难以得到保证。这里的要点在于，尽管如下情况是事先加以规定的，即彻底诠释者有途径得知关于什么使得言说者的殊例自返陈述在现实世界中为真的信息；但彻底诠释者是否有途径得知言说者的陈述在任何其他任意的非律则可能世界中的原因，这一点却并不清楚。并且，根据我们眼下的这种因果理论，言说者的陈述的成真条件可能确实完全依赖于反事实的因果历史。[17]

不过，这让我们回到第三章提出的问题。为何要假定彻底诠释是可能的，尤其是为何要假定彻底诠释者的认识论状况对语义学有任何形而上学相关性？毫无疑问，随附性要求上帝能够知晓（据假定）内容所依赖的因果事实；但这并无不妥，我们可以假设，因为上帝不仅知道事物实际的因果历史，而且知晓在所有律则可能世界中的一切反事实因果历史。简而言之，除非诉诸如下论证，否则戴维森的愿望将落空，即没有东西能保证彻底诠释者能够获知内容的决定要素。此论证认为表达式的内容取决于其殊例在此世界中的因果历史。但到目前为止，此论证尚未得以建立。

但是，为了（且仅为了）论证的缘故考虑，我们假定彻底诠释者的认知立场确实具有特殊的形而上学地位。似乎由此可以得出的仅仅是，言说者信以为真的陈述从诠释者的立场来看也一定为真。下面是论证的过程。按目前给定的假设，除非诠释者认定在言说者表达的“猫在垫子上”的殊例被言说者视为真的那些环境里，猫一般是在毯子上的，否则他无法假定“猫在垫子上”意味着有猫在垫子上。但是，有人可能会说，诠释者可能错误地认定了说话者信以为真的信念所建立于其上的那些原因；在此情况下，也许诠释者所依赖的原则是从阐释者的角度来认定言说者的判断为真。然而，如我们所知的，言说者所说的东西可能实际上为假。看起来似乎宽容原则为感应性精神病（folie a deux）（当然，这正是怀疑论者常常加以思索的）留下了可能性。这是因为，尽管宽容原则可以要求诠释者使得言说者的话在诠释者的角度而言为真，它并不能要求诠释者使得言说者的话径直为真。恰如只相信真理的命令无法被遵守一样，出于同样的原因，后一个命令也无法被遵守。

戴维森确实意识到此问题，他提供了一个古怪的论证作为回应。

> 问题并不出在如下规则（言说者的话，尽管在诠释者看来是真的，然而却是假的）。因为，想象一下一个诠释者对于世界是全知的，并且对于什么实际使得和将使得一个言说者肯定他的（可能是无限的）语言储备库的任何语句，是全知的。这个全知的诠释者，运用和可错诠释者相同的方法，将发现可错言说者大体而言是融贯的和正确的。当然这是依据他自身的标准而言的。但既然这些具有客观真理性，从客观的标准来看可错言说者也大体而言是正确的。（《真理的融贯论》，第 317 页）

因此，怀疑论最终被驳倒了。

在我们看来，这个论证思路，如果严格地推究，会提供一种针对彻底诠释会依照宽容原则来进行这种观点的归谬论证。因为，如下论述必然是真的：如果一个全能诠释者将我的陈述（或信念）都诠释为真的，那么，当我说（或相信）某些假的东西时，他就错误地诠释了我。因而，恰好是全知者不能从其立场出发将我的信念诠释为大体为真的（除非我也是全知的，而事实上我不是）。“全知的诠释者和可错的诠释者使用的方法相同，却发现可错的言说者很大程度上是融贯和正确的”，尽管这一点成立，但就此认为全知的诠释者和可错的诠释者使用相同的诠释方法却极为糟糕。毕竟，如下这一点是显而易见的：恰好就言说者的可错性的特定程度而言，把言说者诠释成“融贯和正确的”是误解。所以，总的来说，如果全知诠释者运用宽容原则去理解可错言说者，那么关于可错言说者的错误信念，全知诠释者将不可避免地陷入误解。既然这个结果是不融贯的——全知诠释者不可能有错误的信念——那么全知诠释者运用宽容原则这一想法就有问题。

因为，上述想法确实有问题。全知和宽容是不相容的。为了避免错误诠释，全知诠释者必须做的并不是贯彻宽容原则，而是当我的信念确实为真时，从他的立场将我的信念理解为真的；当我的信念确实为假时，将我的信念理解为假。相反，一个能够从其立场坚持我的信念为真的诠释者与他对我的错误信念的恰当理解相一致，是非全知的。事实上，他和我拥有同样的错误信念。

总而言之，全知的诠释者只能对全知言说者运用宽容原则。全知诠释者对可错言说者运用宽容原则，这一观念是不融贯的。但戴维森的反怀疑论论证所依赖的恰好是后一观念。

再重复一遍，对可错言说者运用宽容原则与全知不相容，这是一个必然真理；诠释理论不能轻视它。但是现在我们回到了之前的起点：我所有的信念都是假的，但在某个碰巧和我持有同样错误信念的彻底诠释者看来，它们都是真的，这种可能性依然存在。如我们之前所说的，这正是怀疑论者一直所担忧的那种可能性。怀疑论者担心，尽管我和我的诠释者都相信，是猫在垫子上这一事实使得我说出“猫在垫子上”，所以我关于猫在垫子上的表述不管是从我还是从我的诠释者的角度而言都是真的。但仍有可能，我之所以这样表述的真正原因，不是猫正在毯子上，而是我的大脑在缸中。在那种情况下，尽管我所说的从诠释者和自己的角度都是真的，然而在上帝之眼中却是假的。也许这种怀疑论的担忧是不融贯的，甚至内容因果论可以表明其不融贯性。[18]不过，就我们目前所知，戴维森提供的路线绝不能表明此不融贯性。如果它独立要求的那些前提能够针对怀疑论提供一个先验反驳，那么它将构成对整体论的强有力证明，但实际上，那些前提并未做到这一点。

第六章

内德·布洛克：意义整体论和概念角色语义学

在前面的篇章中，我们考察了一些设法从内容归属的先验限制出发——特别是从内容归属在本质上诉诸整体主义的宽容原则这一前提出发——推出语义整体论的论证。现在，我们要考察一种并不声称具有先验性的论证。其策略是主张一种有关内容是什么的理论，并从这一理论推出内容必然是整体性的。

因此，为了一个明确的形而上学结论，我们不得不思考的是一种明确的形而上学的论证："一个表达的意义是它在一种语言或理论中的角色"这一论题意味着，隶属不同语言或理论的表达式由此而具有不同意义，即它蕴涵着我们称之为"翻译整体论"的学说。请注意，这里所说的并非内容整体论，而是翻译整体论——除非有人可以论证，在仅包含某特定表达式的语言中，此表达式的意义不可能是其在此语言中的角色。[1]

正如前几章那样，我们将通过考察在此领域被广泛引用的一篇论文——这里是指内德·布洛克的《心理学的语义学宣传》(*Advertisement for a semantics for psychology*)，来展开我们的讨论。然而，与先前的论文作者不同，布洛克的论证并非是为了某种特定的语义学理论，而是为了一整类语义学理论而展开的。布洛克认为，他能表明“某些版本的概念角色理论”（CRT）将会满足为语义学而担保的恰当性条件，但他显然并不关注于去决断到底哪一个CRT版本才是最佳的。[2]因而，比方说戴维森（Davison）较详细地告诉我们他所认为的关于自然语言的真理论看起来会是什么样子，但布洛克却并不承诺关于自然语言的CRT应当具有何种形式。[3]对我们的目标而言，这一点特别有用。既然对有关哪一个版本的CRT最有希望这个问题，没有什么清楚的哲学共识，那也就没有什么CRT理论家的特定表述可以看成是能够在此问题上具有完全的代表性。

这一章的结构将会如下：第一部分，我们首先会考察布洛克的论证，即只有CRT才能满足对认知科学基础而言具有充分性的语义学所必须达到的要求。在第二部分，我们表明布洛克为CRT而提出的论证并非是决定性的。尽管我们打算仔细地考察这些论证，但评估CRT并不是我们的主要关注点。我们的主线是去表明，即便CRT得以采纳，它也不能为语义整体论提供任何支撑。特别是，我们对那些想从CRT中得出整体论结论的哲学家指出如下两难困境：除非CRT得以与分析/综合之区分相结合，否则它就不能满足语义学理论的限制条件之一，而布洛克相当正确地把此限制的满足视为根本性的。然而，要是CRT得以与一种分析/综合之区分结合起来，则要么从CRT到语义整体论的推论不成立，要么余下的CRT版本看起来是荒谬的。在任何这些情形中，你都无法获得从CRT推出整体论的恰当论证。

这一章第三部分的主要任务就是着手建立这一论证。

布洛克对 CRT 的辩护

针对一个语义理论要得以提供某个适用于自然主义式的计算心理学的内容概念，布洛克列举了八项必要条件。他还表明，只有某种形式的 CRT 才能满足所有这些条件。事实上，对于布洛克的方法论，我们没有什么异议。出于论证的目的，我们同意他考虑的那种心理学很可能需要一种可以满足他的八项条件的语义学。然而，我们非常怀疑有什么 CRT 的版本能够做到这一点。

布洛克关于语义学理论的要求是，它必须能够：

1. 解释意义和指称/真的关系。
2. 解释是什么使得有意义的表达式具有意义。
3. 解释意义之于表征系统的相对性。
4. 解释组合性。
5. 嵌入某种关于意义与心灵/大脑之关系的说明。
6. 阐明自主意义与传承意义间的关系。
7. 解释表达式的认知、学习和使用与表达式意义间的联系。
8. 解释为何意义的不同层面以不同方式与指称确定和心理学解释相关联。

在这 8 点中，我们打算只对其中的第 1、第 4 和第 5 点进行论述。（条件 1 和条件 5 是布洛克对 CRT 的辩护着重依赖的理由。条件 4 之所以是令人感兴趣的，是因为我们能表明，任何蕴涵意义整体论的哪怕仅具有些许合理性的 CRT 版本都无法满足此条件。）由于以这种或那种方式，其他的要求似乎被任何宣称是出于心理学考量而提出的语义理论所满足，因而这些要求在我们看来并没有为 CRT 的地位提供任何独特的启示。例如，让我们考虑一下条件 6：在语义学中，任何"格赖斯主义者"都能如布洛克那样宣称"传承"和"自主"意义的区分。即自然语言句子的意义是从说话者/听话者用以表达的命题态度的内容中派生出来的。但是，设想这种格赖斯立场看起来完全与如下立场相容，即否认命题态度的内容本身就是从它们的概念角色中派生而来的。[4] 条件 7 的情形也类似如此。要么它贫乏地得以满足（例如，意义和理解之间的关系在于，理解一个表达式就是去知晓它的意义是什么[5]），或者它等同于语义学成为"自然主义的"这一要求。而在此情况下，它无法区分 CRT 和（比如说）一种内容的信息理论（其中，参见德雷斯基的《知识和信息之流》；福多的"内容理论"）。最后，就像布洛克对条件 8 的解释，任何有办法进行窄内容/宽内容区分的语义理论都满足它（再强调一次，这不仅包括 CRT，而且也包括信息理论）。我们给读者留作练习，让他们自行去表明条件 2 和条件 3 也无法对 CRT 和其他内容理论做出区分。顺便说一下，值得注意的是：从 CRT 理论家们的观点来看，条件 3 并不是什么纯粹的好东西。对 CRT 而言，如何避免使得意义太过依赖于表征系统以至于蕴涵翻译整体论，这是一个问题。（我们将马上再回到这一点上来。）

意义和指称（条件 1）

弗雷格《涵义与指称》和普特南《"意义"的意义》的论证通常用于表明意义和指称之间的关系是极成问题的。弗雷格注意到外延上（即指称上）等价表达式的替换失效案例（在经典的例子中，即使"晨星"和"暮星"共指称，琼斯也能毫无矛盾地在声称暮星是潮湿的同时，否认晨星是潮湿的）。对弗雷格案例的一种标准的［尽管不是必需的；参见萨蒙（Salmon）的《弗雷格之谜》，巴韦斯和佩里（Barwise and Perry）的《情境与态度》，斯托内克的《探究》等］诊断是用这些例子来表明，指称与意义至少在一个维度上是相互独立的：指称的同一性并不保证意义的同一性。[6]

普特南“孪生地球”的例子（我们假设读者对此是熟悉的；假如读者对此并不熟悉，参见《“意义”的意义》）通常用以说明意义和指称在另一个维度上也是互相独立的。尤其是，这个例子可以表明，如果心理状态（以及衍生的语言表达）的内容随附于“说话者头脑中的”因素（例如，说话者的神经结构），那么指称的不同与内容的同一是兼容的。给定这一随附性假设，普特南例子中的孪生兄弟所说的“水”意味着同样的内容，但他们的（例如）“那是水”的断言却有着不同的真值条件。

需要我们注意的是，普特南和弗雷格案例的对称性依赖于这样的假设，即意义遵循一种“个体主义的”随附原则，也就是说，它依赖于假设一种关于心灵内容的“窄”观念，根据此观念，“窄”内容就“在头脑中”。布洛克对心理学的语义学的兴趣恰好在此处。心理学的语义学在他的讨论中扮演重要角色。布洛克（颇具争议地）设想：孪生兄弟必须被归入相同的意向性心理学解释，而并非只是归入相同的神经学或者生化学解释之中。接着，布洛克论证说，CRT 的长处正在于，它提供了一种使这一点可行的意向性内容的观念（参见布洛克在条件 8 中的论述）。在这里，我们并不打算讨论有关“个体主义”的问题，为了当前的论证，我们打算承认，能恰当服务于意向性解释目标的语义学，应当提供一种窄内容观念（关于语义学中的“个体主义”和心理学中的解释之间的关联的讨论，参见福多的《关于窄内容的一种模态论证》）。但是，我们要强调，我们主要的论证没有一项依赖于这样的假设，即假设 CRT 是作为一种窄内容理论而得以提出的。特别是，我们关于 CRT、整体论以及组合性之关系的看法，同样适用于诸如哈曼（Harman）的理论（在他的论文《广义功能主义》中，也可参见那里所引用的其他参考文献），在这些理论中，通过诉诸概念角色而得以分析的是宽内容。

假定这一标准诊断，那么，弗雷格和普特南的案例会使得内涵/外延的关系成问题；它们表明，“窄”内容并不决定指称。现在，我们思考的是，如果将窄内容视为概念角色，那么我们将获得何种关于意义/指称关系的理论。

让我们从弗雷格问题的 CRT 解决方案开始。CRT 将一个表达式的意义等同于它的推理角色[7]（或者，按照此学说的自然主义版本，等同于它的因果角色）。[8]布洛克认为，共外延表达式的推理角色有可能不同。因此，原则上而言，CRT 有能力区分“晨星”的意义与“暮星”的意义，区分“西塞罗”的意义和“塔利”的意义，等等。

然而，正如布洛克充分意识到的，这种处理的预设并不是理所当然的。“晨星”和“暮星”的推理角色是否不同，这还取决于推理角色本身是如何得以个体化的。尤其是，如果推理角色的个体化是像外延的个体化那样被认为是粗疏（coarse-grained）的话，那么，“晨星”和“暮星”的角色因此也就没有什么不同。比如，假设你的推论观念建立在实质等价的基础之上，那么，共外延表达式就会共有推理角色。反之，要是推理角色是像拼字法那般细密（fine-grained），那么，它们不仅会区分“晨星”和“暮星”，而且还能区分“单身汉”和“未婚男士”，我们将失去对如下（一般认定的）事实的解释：与纯粹的共外延表达式不同，同义表达式实际上在非引用语境中是可以保真替换的。[9]

因而，我们的第一个观点是，仅当能给出关于推理角色个体化的一个恰当原则时，通过诉诸推理角色差异来解决弗雷格问题才得以可能。但事实上这样的个体化标准当然是找不到的（布洛克说，推理角色的个体化是 CRT 的“唯一问题”）。而且，区分推理角色比区分意义更加容易，这并不显而易见。实际上，为什么这些问题实际上并不是同一问题，这也不甚清楚。

现在考虑一下普特南的例子。我们已经看到，CRT 处理弗雷格问题的策略就是假定推理角色具有恰当的细密度以在共外延表达式的意义之间做出必要的区分。但是，请注意，我们所需要的是（且布洛克所推销的是）对弗雷格和普特南案例的同时处理；乍看起来，这两个问题指向相反的方向。根据通常的理解，弗雷格的案例所要求的内容观比外延等价更加细密——共指称表达式必须被处理成不具有同义性，而“孪生地球”的例子所要求的内容观却比外延等价更不精细——（窄）同义表达式必须被处理成具有外延差异性。因此，很难看出相同的理论框架如何能够同时处理弗雷格和普特南的案例。

事实上，布洛克的解决方案是采纳 CRT 的一种“双要素”版本。[10] 也就是说，布洛克假定了两个互相垂直的语义学维度：CRT 本身提供了应对弗雷格问题的意义“侧面”，而某种独立的（也许是因果性的）的指称理论则提供了应对普特南问题的意义“侧面”（亦即，通过将一个孪生地球对“水”的使用限制在水上，而将另一个孪生地球对“水”的使用限制在 XYZ 上）。把这描述为 CRT 对意义/指称问题的解决，看起来也许有些古怪（参见勒炮和娄鸥《二维语义学》）。实际上，两种语义学理论被同时援引进来了，其中一种完全不像 CRT。读者应该记住，布洛克所假设的指称理论，就像角色个体化理论那样，是一张空头支票。布洛克声称，意义/指称问题将由一种双要素理论来解决，而该理论的任一要素实际上都无法获得。但且让它如此吧。

不过，让我们假定，我们认定某种双要素语义学结构以便满足条件1。毫无疑问，这在原则上给予我们足够的自由度去做这项工作；但是也要为双要素结构所提供的这一额外力量付出代价。我们现在不得不面对一个令人讨厌的问题：是什么将两个要素粘在一起？例如，是什么防止存在这样一种表达式，该表达式具有适合于内容“4是质数”的推理角色，而具有适合于内容“水是湿的”的真值条件？（我们假定，恰当的语义学都不会允许这样一种表达式的存在。它究竟意味着什么？通过断言它能表达什么呢？）请注意，这恰恰就是在元理论层面上重申意义/指称问题。我们从表达的意义和其指称之间的联系是什么这一担忧开始。我们现在不得不但心，决定表达式意义的理论和决定表达式指称的理论之间联系是什么。我们并不清楚是否有任何整体性的推进。

布洛克非常清楚地意识到双要素理论具有这个结构性问题，但是他就如何解决它所发表的看法是令人费解的。我们来引述一下：“我认为，概念角色因素是首要的（此处着重号为原文所有），因为它决定了指称因素的性质，而不是反过来。”（《宣传》，第643页）这在现在的语境中看起来有些令人吃惊，因为对“孪生地球”的例子的常规诊断恰恰就是，概念角色不能决定指称。然而，布洛克现在似乎并不是说“水”的概念角色决定了它所指称的东西，而是说名称（类名等）的概念角色是由它们的因果关系决定它们的指称这个事实所构成的。

克里普克（关于“摩西”）的理论令人信服，因为我们用诸如“摩西”之类的名称来指称这样一个人，他与该名称的使用具有恰当的因果关系——即使他并不适合与此名称相关联的描述……简而言之，何种指称理论为真，事实上等价于指称词项如

何在我们的思维过程中运作。这是概念角色的一个侧面。(《宣传》，第643页)

但是，这对我们手头的问题并没有什么帮助。我们需要知道，是什么排除了内涵和外延之间关系的极端错误搭配。为什么你不能够有这样一个句子，它具有适合于“水是湿的”这个想法的推理角色，但是当且仅当“4是质数”时它为真？[11]在这个语境中，道出布洛克看起来正在告诉我们的东西并没有什么好处：那个T并不是一个类术语，除非类术语的因果理论对它为真。那个考察并不妨碍这样一种可能性，即“水”具有类表达式的外延，但同时具有数表达式的逻辑。

事实上，在我们刚才所援引的布洛克的那段话中，似乎存在着一种使用/提及混淆的痕迹。实际上，现在的问题是，如果假设内涵并不决定外延的话，那么一个表达式的涵义如何与其指称相关联。我们被告知的正是，只有当某种语义学理论对于表达式T为真时，T才成为诸如“名称”“类名”等中的一种。这告诉我们，“名称”“类名”以及诸如此类表达式的推理角色是如何与它们的外延相关的；事实上，它为这样的表达式提出了一种描述理论。例如，“名称”适用于“摩西”，只要“摩西”具有因果理论为名称所指定的各种语义学属性。[12]但是它并没有告诉我们，“摩西”的涵义的确定如何与其外延的确定相关联，而这就是双要素结构所引发的问题。

我们的结论并不是说关于意义/指称关系，CRT不可能提供一种可接受的说明。而是说，把(狭)意义视为概念角色，这一点就其本身而言无法为意义/指称问题提供线索。

存在着另外一种方式来提出我们先前论证的要点。让我们在原则上承认，关于弗雷格问题的CRT途径，提供了一种足够细密的内容观以区分共外延表达式的意义。但是，一种语义学理论不仅应该裁决意义的同一性问题，而且应该为回答有关表达具有什么意义的问题提供标准模式（实际上，如果它满足了后者，那么前一条件的必要性就不那么明显了。正如布洛克所指出的，大多数经验性分类都没有为其范畴应用提供充要条件）。因此，与如何统一双因素语义学的因子这一问题相类似，存在着狭内容——或者说内容的“狭义”方面——如何被表达的问题。比如，假定孪生兄弟精神状态事实上具有相同内容，那么它们所共有的内容是什么？我们并不打算详细讨论此问题，而只需要说，很明显，答案不可能是这样：一个人关于“水是湿的”的思想与其孪生兄弟关于“水是湿的”的思想（也即，其孪生兄弟用“水是湿的”这一形式的表达式所表达的思想）之间的共同之处在于，它们都表达了“水是湿的”这个狭命题。毕竟，命题的观念实际上乃是某种具有真值性的东西的观念。如果存在着“水是湿的”这一狭命题，那么它的真值条件是什么？

我们可以得出如下结论，与布洛克的广告相反，CRT并没有为意义/指称问题提供清晰的解决方案。商业改进局听闻过此事没？

内容和行为（条件5）

布洛克并没有宣称，除CRT之外，没有什么语义学能够满足他八个必要条件中的任何一个；他所宣称的是，只有CRT能够满足其所有条件。不过，人们普遍认为的是，CRT适合以一种其他语义学理论所不适合的方法去阐释心灵状态的内容与其因果（如行为性）后果之间的联系。我们打算对此问题做简要评论。

CRT著作对象相信P这样的状态完全按照其（原因和）结果来加以定义。因此，它不仅承认心灵状态和行为后果之间的联系，而且它事实上也使得这些联系成为命题态度的本质特征。这是那些为内容提供“功能主义”说明的理论的特征。[13]不过，注意到下面这一点是非常重要的，这就是，你事实上并不需要以内容和行为之间的本质联系，通过诉诸前者去解释后者。你所需要的仅仅是一种可靠的联系；对此，意向性定律就足够了。[14]

布洛克几乎注意到了这一点。他说，“从某个方面来讲，宽意义对于预言（行为）来说也许（比狭意义）更有用；就世界和人们的所思所行之间存在着律则性联系而言，宽意义无须诉诸认知者如何看待事物便可预言他们的所思所行。”[15]（《宣传》，第620页）

布洛克的观点在于，如果无须考虑心灵状态的意向性内容，也存在连接行为与心灵状态的心理学法则（因此，如果两个外延等价的状态中的任一个从属于此法则，则两个都从属于它），那么你可以就宽内容而无法就狭内容得出某些事实性概括。尽管这是正确的，但是它却没有抓住要点。也就是说，可能存在着一些心理学法则，它们是从意向性内容方面来加以表述的（例如，“在其他条件均同的情况下，如果某人具有如此这般的信念和欲望，那么他就会如此这般地行动”这样的形式的法则）。如果它们真的存在的话，那么可能是通过诉诸这种意向性定律——而不是通过诉诸内容的功能定义试图说明的心灵/行为间的偶然联系——来为心理学解释提供基础。这在根本上就是我们反对丹尼特的基本论点。[16]（参见第五章）我们的结论是，必要条件5对CRT的论证并不具有说服力。

组合性限制

读者也许想知道，前面的讨论与整体论到底有什么关系。答案就是，我们对于必要条件1和条件5的考察在于据斥标准的整体论论证的一个根本前提。对于整体论的论证通常是以下论证的变种：假设CRT的形式为“一个表达式的意义是它在一种语言中的角色”；假设不存在分析/综合之区分；[17]那么可推出翻译整体论形式为“一个表达的意义是它在一种语言中的全部角色”（参见第一章中“论证A”的讨论）。很清楚，这个论证并不优于接受CRT的理由，所以我们现在试图对它们中的一些进行反驳。

不过，在目前这节，我们的策略将有所不同。我们将表明，要满足布洛克的必要条件之一（我们认为他对此条件的要求是完全合理的），要么CRT与分析/综合之区分不相容，要么从与整体论问题无关的角度来看具有明显的不合理性。所以，我们宣称：首先，CRT并没有很好的理论根据；其次，无法从任何值得严肃对待的CRT版本推出整体论。

组合性（条件4）

组合性是这样一种观念，即“句子的意义在某种意义上而言乃是该句子中词的意义的函数（加上句子的句法）”（《宣传》，第616页）。这个原则被认为适用于像英语这样的自然语言，而且也适用于计算心理学作为提供思想载体而可能假定的任何表征系统（因此，如果存在像心理语这样的东西的话，第四个必要条件就要求它具有一种组合语义学）。

布洛克把思想和语言的组合性当作是自明的。[18]事实上，他对词的意义的说明看起来好像正是预先假定了组合性：“根据CR［T］，词和其他子句成分的语义值在于它们对句子和超句成分的概念角色的贡献。”（《宣传》，第667页）哲学和认知科学中的一些新近讨论甚至怀疑组合性要求是否真的能够得以落实（参见谢福尔《意义的残余》；

斯莫伦斯基《恰当对待联结主义》)，当然，这很大程度上恰恰依赖于组合性原则如何加以表述。我们并不打算在细节上采取特定立场，但是对于我们来说，自然语言和人类思想看起来的确有某些属性，这些属性强烈地表明，某种形式的组合性适用于语言的和心灵表征。[19]这其中最为明显的就是生产性（大致来说就是，每种自然语言都能够表达，而每个正常心灵也都能够持有无穷多的命题）。（参见弗雷格《复合思想》，第 390 页；乔姆斯基《规则与表征》，第 220 页起；戴维森《意义理论和可习得语言》，第 8 页）另一个相关的现象就是思想和语言的"系统性"，大致来说就是这个事实，即任何能够表达（/持有）命题 P 的语言（/心灵）也能够表达（/持有）许多在概念上接近于 P 的命题（如果一个心灵能够持有 aRb 的思想，那么它就能够持有 bRa 的思想；如果它能够持有 P→Q 的思想，那么它就能够持有Q→P 的思想；等等。[20]相关讨论可参见福多《心理语义学》；福多和皮里辛《联结主义和认知结构》)。

与生产性及系统性相联系的是思想和句子的一种非常明确的普遍性特征。就以下意义而言，它们的结构与它们表达的命题的结构是同构的：**如果一个思想/句子 S 表达命题 P，那么 S 的句法成分就表达 P 的成分**。例如，如果一个句子表达命题 P 和 Q，那么就会存在表达命题 P 的句子的一种句法成分，以及表达命题 Q 的另一种句法成分。如果一个句子表达命题约翰爱玛丽，那么就会存在指称约翰的句子的一种句法成分，以及指称玛丽的句子的一种句法成分，以及表达这样一种关系的句子的另一种句法成分，必然的，该关系在 x 和 y 之间成立当且仅当 x 爱 y。请注意，尽管这一切是非常明显的，但却丝毫不是陈词滥调。习语和其他"单字"结构表达式都是证明此规则的例外。（参见福多和麦克劳林《联结主义和系统性问题：为什么斯莫伦斯基

的解决方案行不通》[21]）

生产性、系统性和同构性在以下这个假设上是可以直接说明的，该假设就是，语言和心灵表征是组合性的，否则就只会令人困惑。因此，我们并不打算只是承认布洛克的组合性限制，而是要坚持它。

不过，与布洛克的看法相反，组合性限制实际上令 CRT 处于窘迫之境。尤其是，它导致如下论证：

> 通常认为，意义具有组合性。
> 但推理角色并不具有组合性。
> 因此意义不可能是推理角色。

当然，第二步是真正起作用的前提。但是，显然它看起来是合理的。考虑一下“棕色牛”（brown cow）的意义；它取决于“棕色”和“牛”的意义及其句法［初步而言,“棕色”意味着——它指属性——棕色,“牛”意味着牛，而句法结构（形容词 + 名词）$_n$ 的语义学解释就是属性联结。我们意识到，在诱饵鸭（decoy ducks）、升温（rising temperature）以及诸如此类的例子上就有问题了；假定语言具有组合性，这样的问题就能够被解决］可是，乍看起来，“棕色牛”的推理角色不仅取决于“棕色”的推理角色和“牛”的推理角色，而且也取决于你关于棕色牛的偶然信念。所以，和意义不同，推理角色在一般情况下不具有组合性。

例如，假定你碰巧认为棕色牛危险；那么对于你来说，“棕色牛”推理角色的一部分就是就进入（或可以进入）“棕色牛→危险”这个形式的推理。但是，无论如何，初看上去，关于“棕色牛”推理角色的这个事实似乎并不是在以下方式上由关于其诸成分推理角色的事实得出来的，如“棕色牛→棕色动物”或“棕色牛→非绿色牛”这样的有效推理。“棕色牛”衍推出“棕色动物”，因为“牛”衍推出“动物”；“棕色牛”衍推出“非绿色牛”，因为“棕色”衍推出“非绿色”。但是，看起来无论“棕色”还是“牛”似乎都不蕴含“危险”，所以，就此而言，看起来从“棕色牛”到“危险”的推理似乎并不是组合性的。

简而言之，“棕色牛”的潜在推理能力中的一部分，但并非全部，似乎是由“棕色”和“牛”的各自潜在推理能力所决定的，其余的则由人们关于棕色牛的“真实世界”信念所决定。这看起来应该没什么好吃惊的，也没什么好争辩的；它无非是说“棕色牛危险”（不像“棕色牛是动物”和“棕色牛非绿色”）显然是综合性的。

我们把这看作是一种两难的困境的一方面，而且我们预测到如下回应：“好吧，如果假定意义的组合性，那么意义就不可能被视为推理角色。”但是这并没有真正地使 CRT 陷入窘境，因为意义仍然能够被看作分析推理中的角色。这样，一方面，推理‘棕色牛→棕色动物’是组合性的（它源于‘牛→动物’的推理）；另一方面，正是因为它是组合性的，所以‘棕色牛→棕色动物’是分析性的。组合性推理总是分析性的，而分析性推理总是组合性的；一个推理的组合性就是它的分析性。

“以这样的方式来看它：如果推理‘棕色牛→棕色动物’是组合性的，那么它就是由‘棕色’和‘牛’这两个表达式的推理角色所保证的。这就是一个推理成其为组合性的原因。但是，根据 CRT，‘棕色’和‘牛’的推理角色乃是它们的意义。若是这样的话，‘棕色牛棕色动物’就是由‘棕色’和‘牛’的意义所保证的。但是，就使得一个推理成为分析性的恰恰就是使得它由其构成表达式的意义来保证。因此，‘棕色牛→棕色动物’——或者对任何一个做适当改动的其他推理而言——的组合性蕴涵其分析性。同样的论证倒过来也奏效。使得一个推理成为分析性的就是使其由成分意义加以保证。可是，根据CRT，意义是推理角色。因此，就推理而言的分析便是就其保证而言的来自其成分的推理角色的决定。但是，使得一个推理由其组成部分的推理角色来保证，就是使得此推理具有组合性。因此，组合性蕴涵分析性，反之亦然。[22]因此，意义是组合性的，推理角色不是，而分析推理中的角色则是。这一切恰恰表明，我们需要CRT的一个修订版，它把意义视为分析性推理中的角色。”

对于这个新的建议，首先要说的是，循环性的威胁现在正在压来。为了使CRT与意义的组合性协调一致，它主张把表达式的意义视为它在分析推理中的角色，而不是它在简单推理中的角色。可是，分析推理和简单推理之间的差异恰恰在于，前者的有效性是由它其成分表达式的意义所保证的。因此，组合性、分析性和意义靠着彼此相互打工来竭力维持生计，而蒯因会说：“我早就告诉你是这样了！”

另外要注意的是，目前的提议危害着推理角色语义学的自然化可能性。把意义视为推理角色的重要吸引力在于如下想法，即表达式（/思想）的推理角色可能会反过来被等同于它的因果角色，从而为解决布伦塔诺问题提供基础。因果关系对推理关系进行重构，这是心理过程的计算主义理论的一条基本假设，所以，这里也许存在着对语义学和心理学的统一的希望（参见布洛克对条件5的讨论）。但是，除了提议一种分析性的因果理论之外，这个策略对于那些将意义视为分析推理中的表达式角色的哲学家而言并无用处。[23]心理过程是计算性的这个观念或许可以为推理的自然主义说明提供基础，但它无法为分析性的性质提供任何见解。

这些考察意味着，组合性和分析性之间的联系对CRT来说是很糟糕的。然而，我们想要强调的是，既然不存在从 CRT 到整体论的推论，那么它对语义整体论来说就更加糟糕。

从 CRT 到整体论的最初推论关键依赖于不存在分析/综合之区分。但是现在我们看到，如果不存在分析/综合之区分，那么 CRT 就不能够满足组合性的必要条件；而组合性被公认为是语义学理论必须满足的一个必要条件。争辩即将进入尾声，但最基本的一个结论是：如果你接受了意义的组合性，那么你就不能既是一个概念角色语义学主义者又是一个整体论者。更为重要的是，你不能从概念角色语义学得出整体论。

就我们所知，这一论证思路是相当健全的；尤其是，它并不依赖于概念角色语义学如何在细节上解释概念角色的概念。例如，在哈特利·菲尔德（Hartry Field）的一篇有影响的论文中，概念角色通过主观概率来加以分析；事实上，你的思想 P 的概念角色被等同于你依据自己的其他思想而赋予的主观概率（菲尔德《逻辑、意义和概念角色》）。所以，比如，你关于下雨这个思想的概念角色部分地由你依照街道潮湿这个假设而赋予该思想的主观概率而决定，部分地由你依照阳光灿烂这个假设而赋予该思想的主观概率而决定，部分地由你依照大象有翅膀这个假设而赋予该思想的主观概率而决定，如此等等。

我们的要点是，根据主观概率来理解概念角色这一思路，不管它可能有什么其他优点，对于组合性问题没有丝毫的帮助。这是因为，主观概率本身并不具有组合性。例如，赋予思想（棕色牛危险/P）的主观概率并不是以下两种主观概率的函数，其一思想（牛危险/P）的主观概率，其二是思想（棕色物危险/P）的主观概率。如果这还不明显，那么就请考虑这样一个世界（或者毋宁是一个信念世界，因为现在所讨论的概率被设定为是主观的），在那里有很多牛，它们几乎都不危险；也有很多棕色东西，它们几乎都不危险；而棕色牛很少，它们几乎都非常、非常凶猛好斗。根据这些假设，棕色之物危险的概率很小，牛危险的概率也很小，但是棕色牛危险的概率却想有多大就有多大。

我们的结论是：唯一能容纳组合性的CRT必须将表达式的意义视为它在分析推理中的角色。但是，从CRT到整体论的标准论证必须假定不存在分析/综合之区分。所以，组合性排除了从CRT到整体论的标准论证。

那么，我们是否主张，在假定组合性的前提下，整体论与CRT径直不相容吗？不完全是。因为尽管在不诉诸推论之分析性的前提下CRT无法保证推论的组合性，但是仍然有办法使得分析性与整体论协调。即将每个推理都表征为分析性的语义学（参见注释17）。例如，你也许会认为，“棕色牛”的推理角色终究是组合性地源于它的成分的推理角色；又如，你也许会把“牛→x，若棕色则危险”当作是“牛”的推理角色的一部分（因而是“牛”的意义的一个部分）。[24]基于这个假设，“棕色牛”凭着其成分的推理角色连同其句法结构就的确蕴涵“危险”，就像推理的组合性所要求的那样。

麻烦在于，正如我们已经看到的，如果“棕色牛→危险”是组合性的，那么它也是分析性的。因为，一方面，一个推论是组合性的当且仅当其有效性由其成分贡献出的推理角色所决定；另一方面，一个推论是分析性的当且仅当其有效性由其成分的语义值所决定；但是，第三方面（可以说），CRT断定一个成分的意义与它贡献给包含它的表达式的推理角色是同一个东西。因此，把推理表征为构成性的所付出的代价是，你因此不得不把它表征为分析的。但是，既然意义在一般情况下（也就是说，除习语、隐喻等之外）是组合性的，那么把意义和推理角色等同起来的语义学理论的代价就是，推理在一般情况下都必须是分析的，并且在一般情况下也是必然的。但是，显然这是荒谬的。一种可接受的语义学必须能够容纳偶然推理。

这里的教益是，尽管通过采取所有推理都具有组合性这种（反直觉的）路线你能够使得 CRT 与组合性协调一致，尽管一种认为所有推理都具有组合性的语义学与整体论是相容的，这仍然挽救不了从 CRT 到整体论的论证。因为，所有推理都是组合性的这个观念就是所有推理都是分析的这一观念。尽管后者与整体论也相容，但基于独立的理由而言，它完全是不可理喻的。[25]

尽管目前的论证思路并不取决于这一点，但是值得提及的是，认为通常情况下的推理具有组合性的做法具有另一认识论代价。事实上，你不得不放弃蒯因—迪昂论题。这个也以另一种方式表明，语义整体论和认知整体论所依赖的假定之间具有相当的张力。（参见第二章）。证明如下：组合性决定的东西事实上也是局域性决定的。例如，拼写是组合性的这个观念意味着，一个表达的词汇分析完全是局域性决定的，[26]即由它所包含的字母序列决定的；而句法是组合性的观念意味着，表达式的结构描述完全是局域性决定的，即由它所包含的词项序列决定；诸如此类，等等。相反地，关于确证的整体论——尤其是蒯因—迪昂命题的要害是，推理是否具有合理性并非局域性地得到决定（例如，由它的组成词项的意义所决定），而是整体性地得到决定（即由人们的科学的整体性特征所决定）。推理角色并非组合性的这个直觉的基础，因而恰恰就是蒯因拒绝分析性的基础，即对经验性推理的整体论的、非局域性质的认可。

总而言之，就像蒯因的批评者们经常说的，对于蒯因所宣称的不存在分析/综合之区分有两种解读方式：或者此区分是不融贯的，或者区分是融贯的但分析性的类是空的。我们已经论证过，只要给定意义的组合性，对于蒯因拒绝分析/综合之区分的这两种解读都不与CRT相容。因为，如果意义是推理角色，那么意义在全部且仅在分析性推论中是组合性的。既然没有组合性就不能有语义学，既然没有分析性就不能有组合性，那么由此得出的结论就是，没有分析性就不能有CRT。进一步讲，与从CRT到整体论论证的主要假设相反，没有分析/综合之区分你就不能有CRT。但是，这并没有使得CRT与整体论不相容，因为，即使为整体论辩护的主要论证不成立，整体论也可能是正确的。你可以调和CRT与整体论，只要你接受这样一个选择——这个选择蒯因当然不会予以考虑——即分析/综合的区分是融贯的，但综合推理的集合是空集；换言之，所有推理都是分析的。凭借这个选择可以得到组合性和整体论，但是，是以一种难以被认真严肃地采用的语义学为代价的。中肯的结论无疑就是，只有一种包含分析/综合之区分并且又是非整体论的CRT版本——一种承认综合推论的版本——能够有希望对组合性提供可信的说明。

所以，如果蒯因在分析/综合之区分上是正确的，那么CRT就与组合性不相容，并且因此是错误的。而如果蒯因在分析/综合之区分上是错误的，并且存在而分析推理和综合推理，那么CRT就与组合性相容，但是不存在从CRT到整体论的可靠论证。对于我们现在的目标而言，你更倾向于其中的哪一个并不重要。

对于这一切布洛克会说些什么呢？好吧，布洛克当然不是整体论者，而且他也的确接受分析/综合之区分。事实上，他接受分析/综合之区分的动机大概就是要避免整体论，其办法就是为个体化推理角色提供一种足够粗疏的原则。因此，布洛克会说：“如果分析/综合之区分单独基于组合性要求而得出的，那么这对分析/综合之区分而言就更好了。”所以，就我们所见，布洛克能够同意我们关于分析性和组合性之内在联系所说的一切。不过，你也许想要知道，他是否也能够同意蒯因在《两个教条》上的论证，因为它通常被认为表明了分析/综合之区分无法成立。当然，这是布洛克所说的关于CRT的唯一问题——缺乏关于推理角色的原则性的个体化标准。

布洛克并没有过多讨论他认为这个问题应该如何加以解决。但是，就像许多CRT理论主义者那样，他表达了如下希望，即在《两个教条》中的论证并不排除一种变性的分析/综合之区分，也许是一种“有层次的”或者具有语境相对性的分析/综合之区分。[27]比尔格拉米（Bilgrami）、德维特、达米特以及其他一些人也都表达了类似希望。

对此我们有两点建议。第一，我们主要关注的并不是瓦解CRT，而是表明，哪怕基本站得住脚的CRT形式也并不蕴涵整体论。给定意义的组合性，下面三者并不协调：CRT、整体论以及无分析/综合之区分（尤其是在所有推理都为分析的地方将“无分析/综合之区分”解读为错误的）。你可以根据以下方式来对哲学家进行分类，即他们准备放弃这三样中的哪一样；我们刚才所列举的所有哲学家都准备放弃整体论和无分析/综合之区分。这一点对我们来说是可接受的。

第二，我们一直在考察的分析性与组合性之间的内在联系使得如下这一点看起来变得前所未有的不可能，即可以通过诉诸某种变性的分析/综合之区分来挽救CRT。你准备面对如下事实：如果CRT通过这种方式得以挽救，它也无法作为推出整体论的前提之一。例如，在布洛克看来，分析性是分层级的；因此，基本的语义学概念是意义的相似性，而不是意义的等同性。但是，如我们已经注意到的，对于推理来说，分析性和组合性是同一个东西。因此，如果你的语义学理论把意义重构为分析性推理，并且如果你有一种层级性的分析性观念，那么你就不得不也接受一种层级性的组合性观念。可是，一种层级性的组合性观念会是什么样子呢？而且，尤其是这种一种观念能够扮演组合性理论被要求扮演的角色，即对系统性、同构性和生产性做出说明？

就充其量而言，一种层级性的组合性观念不会衍推出对一种语言的有限了解足以在某种程度上理解以前未曾遇到过的表达式这一点吗？或者，如果一种语言能够表达命题 aRb，那么它在某种程度上也能够表达命题 bRa 吗？或者，如果句子 S 表达命题 P，那么 S 的成分在某种程度上能表达 P 的成分吗？但是，例如宣称只有当"约翰"在某种程度上指称约翰时，"约翰爱玛丽"才在某种程度上表达命题约翰爱玛丽，这一说法可以理解吗？这水很深，我们并不妒忌布洛克和其他那些不得不膛这摊水的 CRT 理论家们。[28]

既然我们倾向于认为蒯因在分析/综合之区分上是正确的，[29]那么我们就倾向于认为本章讨论的教益在于，概念角色语义学是站不住脚的；既然推理角色不是组合性的，那么意义就不可能是推理角色。如果这是正确的，那么它就是一个强有力的结论；20 世纪 40 年代以来的许多语言哲学和心灵哲学已经把下面这一点当作理所当然的了，即某种版本的 CRT 必定是正确的。而且，概念角色语义学和否认分析/综合之区分之间的结合也许是认知科学的通行立场。其想法是：一方面，概念（/意义以及诸如此类）是定型，它们就好像是盖然的或典型的特征束；但是，另一方面，属于此特征束的任何特征都不是定义性的，因此分析/综合之区分就不成立。我们认为，当人们注意到组合性和分析性之间的联系时，这个选择就被封住了。如果意义是组合性的，那么，意义不是推理角色，它是分析推理中的角色。恰好是因为构成定型的推理束不是分析的（因此不是组合性的），所以意义不可能是定型（即使危险这一定型不属于棕色或者牛的定型，棕色牛这一定型也可能是危险的。事实上，即使牛是一只小猫，棕色牛也可能是危险的）。所以，要么“棕色”和“牛”的意义是它们在分析推理中的角色——在此情况下，意义不是定型；或者它们根本不是推理中的角色——在此情况下，意义仍然不是定型。在这两种情形下，看起来意义都不是定型。

正如我们推测的，如果蒯因在分析/综合之区分上是正确的，那么我们的讨论的教益就是，CRT 是错误的。不过，有可能我们认为蒯因关于分析/综合之区分是正确的这一倾向本身有欠考虑。假若是那样，讨论的教益就只是，不存在从 CRT 到整体论的合理推论。对于我们本书的目标而言，无论哪种情况，我们都能心安。

第七章

保罗·邱奇兰德：状态空间语义学

（以及一个简要结论）

对那些认为原子论是意义理论中的死胡同的人而言，看来只剩下三个选项。它们是：

> 选项1：接受语义整体论，并学会怎样承受它的后果。或许，这些后果包括，将命题态度心理学逐出严肃的科学探究，不管信念和欲望这套说话方式在常识心理学解释中有多重要。
>
> 选项2：恢复分析/综合之区分，认为一个符号的意义等同于它能够进入的分析关系。
>
> 选项3：接受某种弱版本的语义整体论，它以某种能进行分级的意义相似的概念来替代意义等同的概念。意向性概括之所以能适用于不同的个体，是由于他们心智状态的相似；翻译和释义就不过是保存内容的相似，等等。

选项1的诸般后果看起来很惊人：它会导向心灵哲学中的行为主义或者取消主义，也会导致认知科学圈的大规模失业（邱奇兰德夫妇拥护选项2，也或许是选项3）。人们普遍用一种怀疑的眼光看待选项2，至少哲学圈里的人是这样。人们之所以不觉得语义学基础面临一种很紧迫的危机，或许是认为某种类似于选项3的东西极可能成立。

正如我们在第一章所云，建构一个“强健的”（robust）意义相似的概念——它对于语义学和认知科学来说都是适当的——前景渺茫。如果说这个预言没有被广泛采信，那或许是因为持语义相似性观点的朋友们通常很谨慎，他们不说语义相似性关系由什么构成。这使得选项3更像一个虔敬的希望，而少了些实质性建议的味道。不过，最近保罗·邱奇兰德尝试勾勒一个满足要求的相似性理论框架，一个能“体现了空间中可能位置之间的可测量的关系（metrical），并因此体现了被表征项之间的相似关系”的心智（或者说神经）表征概念。（《神经生物学中的一些还原论策略》，第102页；除特别说明，本章中着重号均依据邱奇兰德原文）

因为邱奇兰德对待意向/语义的态度倾向于取消主义，我们就不是很清楚，他的“状态空间”表征究竟保持的是具有内容的状态的何种性质。但这一点就够了，比如，当处于“高度揣测”模式的时候，他思考这样一种可能性：

> “一种表征‘英语超维空间’的办法，使得所有合语法的句子都处在这个超维空间特有的某个超平面上，语句之间的逻辑关系则反映为某种空间关系。……对于我们熟悉的乔姆斯基图景，它确实有可能成为一种替代，或者具有还原潜力。”（《神经生物学中的一些还原论策略》，第109页）

这蕴涵着状态空间能够表征语法之类的东西。跟他的其他许多说法一样，听起来，邱奇兰德心里想的是一种能阐明神经状态的内容的表征，[1] 这样的话，邱奇兰德就几乎已完全陷入到了关于意向性的讨论。无论如何，我们主张以这种方式来解读他，并且要问，在何种程度上，状态空间表征能允许我们重建一个关于内容相似性的概念。

在本章的第一部分，我们大概勾勒并讨论邱奇兰德的方案。我们希望能使你信服，就方案已经拿上台面的内容来说，语义相似性问题看起来并不比分析性问题更易解决；并且，这两个问题之所以难解，几乎是出于完全相同的理由。然后，我们以一个简要评论——这三个选项都不愿意接受的哲学家/认知科学家还面临何种选择——结束这一章以及这本书。

状态空间表征

"最基本的理念……是大脑以一个合适的状态空间中的一个位置表征实在的不同方面；大脑根据这些表征来执行计算，根据从一个状态空间到另一个状态空间的坐标变换的一般方式。"（《一些还原策略》，第 78 页）当前目的是语义学的，而不是心智过程理论，因此，我们只关心邱奇兰德对神经表征的解释。讨论伊始，我们尝试弄清楚，邱奇兰德的状态空间解释是如何跟人们更为熟悉的语义学的"网络"图景相联系的。我们以为，前者可视为这样一种尝试，它比后者更具有概括性，并且能将后者从特定的经验主义假设中解放出来。

设若我们从一种粗略的关于理论结构（语言/信念系统）的蒯因式图景开始。根据这种图景，要对属于一个理论的非逻辑符号做语义解释，可以有两种办法。"观察词汇"的语义是根据可观察的近端/远端环境性质和相应表达式之间的条件关系（或其他因果关系）来确定的。词汇系统中除"观察词汇"之外的部分是根据彼此之间（以及与观察词汇）的推理关系或者因果/关联关系的网络来确定的。因此，一门语言的语义理论将其词汇表征为网络中的一个节点（node），节点之间的线路则对应词汇之间的语义相关关系。观察词汇处在网络的边缘，非观察词汇则处在离网络边缘更远些的位置。我们假定人们对这幅地图非常熟悉。

现在，回忆一下内容等同的问题是如何从这幅“网络”图景产生的。如果通向节点的线路之总体构成节点的同一性（假定不存在分析/综合之区分，或许这是对的），那么只有完全等同的网络才能够有相同类型的殊例。因此，网络的等同就会是内容等同的充分条件，但这个充分条件不是强健的；因为实践上它永远都得不到满足。简言之，如果一个网络语义学否认分析/综合之区分，那么它就不能为内容的等同提供一个强健的解释（关于网络理论的整体论和分析/综合之区分之间关系的一个更广泛的讨论，参见第一章）。但或许，一个网络语义学是否还能为内容相似提供一个强健的概念呢？当然，这一思路是想用内容相似的概念来承担内容等同概念在一个采取了分析/综合之区分的语义理论中所起的作用（通过解释节点之间的距离和节点之间的联系）。

然而，既然内容相似是根据属于不同（也许是任意的区别）的网络的节点来定义的，究竟该如何建构一个强健的内容相似的概念呢？一个随之而来的问题是，根据通常的理解，只有那些对应于观察词汇的节点才是网络中已经确定的节点。只有那些边缘性的节点才能够以非整体性的方式得到确认（在网络的其余部分没有得到阐明的情况下）。[我们假定，我们知道两个相互区别的理论都有一个节点，它表达一个可观察的性质，如红色是怎么回事；也就是两个理论都有一个跟红色有某种恰当联系（比如，条件关系）的词汇项] 这看起来，如果我们要为非观察词汇定义一种相似关系，就不得不根据它们和观察词汇之间的直接或间接的关系。

但这幅图景因其无法忍受的经验主义特征会立即给人以打击。看起来，这一主张不可能真确，即内容跟语词（或者概念）一样，能够还原为与可观察的对象之间建立联系的不同方式。确实有可能，所有落入丈夫这个概念的东西都有某种共同之处，并跟丈夫这个词的语义有关联，就像所有落入妻子这个概念的东西一样。但是经验主义数百年来的失败告诉我们，落入丈夫/妻子这个概念的所有东西之间的共同之处是不能根据丈夫/妻子的可观察的物理性质来表达的。同样，在细节上做些改变，也不能以这样的方式来解释所有落入冰这个概念的东西和所有落入水蒸气这个概念之间的东西之间的相似性；或者所有落入美国的总统这个概念的东西和所有落入埃及艳后这个概念的东西之间的相似性，如此等等，无法穷尽。

邱奇兰德的状态空间语义学最好在这个语境下来理解。至少在写了《科学实在论和心灵的可塑性》（1979 年）之后，他就一直在推动网络语义学（network semantics），并且倾向于认为，一个好语义学必须以相似（而不是内容的等同）作为最基本的理论概念。但他同时也对这种类型的经验主义——将所有的语义关系都最终还原为观察词项之间的关系——抱有怀疑。

> 作为整体的一门语言，其语义上重要的语句构成一个网络，一个词汇项的语义同一性来源于它所嵌入的网络的特定位置。因此，如果我们想谈论跨语言的词汇项意义相同，我们就必须学会如何谈论两个词汇项彼此在由两门语言中各自语义上重要的语句所构成的相似网络中占据类似位置（analogous places）。（《科学实在论》，第 61 页）[2]

然而，

> 翻译的目标不应该包括保持可观察性的兴趣……语言及语言所表达的信念网络有一种同一性，在与语言相联系的特定感觉通道发生变化的时候，以及语言中这种感觉联系得以建立的场合发生变化的时候，这种同一性也保持不变。因此，对任何一种翻译概念而言，如果认为翻译的恰当性依赖于“纯粹经验内容”的保持（正如蒯因所设想的那样），那就只会徒劳无功，除了导向迷乱以外。（《科学实在论》，第65—66页）

对于邱奇兰德而言，问题在于如何将语义学的网络图景从它的经验主义假定中解放出来，并且在此过程中建立一个强健的内容相似的概念。我们将《一些还原论策略》理解为是这样一种失败的尝试，而且，我们将会论证，它的底牌事实上也是某种形式的经验主义。

邱奇兰德现在的建议或许可以这样概述：可以这样看待一个我们一直在讨论的“蒯因式”网络语义学，它描述一个其维度对应于可观察性质的空间，此空间给对象语言的每一个表达式赋予一个位置。说狗这个概念跟吠和摇尾的性质有语义上的关联，就因而等于说，它在语义空间中占有一个位置——这一位置可以根据狗这个概念在吠和摇尾的维度上的值来（部分地）确定。既然标准网络进路的经验主义寄居于这样一个理论要求——（概念所处的）语义空间的所有维度必须要对应于可观察的性质，因此，要摆脱经验主义，你所有要做的事情就是废止这个理论要求。接下来就是具有任意维度的语义状态空间，每一个维度对应一个参数——语义理论根据参数对对象语言的表达式进行分类，在这样的状态空间中，对象语言表达式之间的内容相似，可以通过空间中区域的邻近关系来表征。[3]

现在我们来看看，根据邱奇兰德的意思，该如何发展一个跟上述观念一致的关于心智表征的语义理论。有点让人诧异，邱奇兰德的分析不是始于意向性范式（命题态度和概念），而是从感觉开始的。或多或少还算明晰的建议是，如果我们获得了一种对感觉之语义的解释，它或许就能向所有的心智表征推广。因此，让我们考虑一下，状态空间图景如何能够应用于对感觉的分析，并且，头脑里要记住这一点——我们关心邱奇兰德对心智表征的解释，而不是他关于感受性内容（qualitative content）的理论。

> 通常认为，我们感觉的感受性特征给所有心智状态的神经生物还原带来了特别难解的困难……确实很难看出，要解释主观上可以分辨但“客观上很难刻画”的出现在意识里的感受性质，还原①的策略有多大的理论空间。……即便这样，在这一领域发现秩序而不是神秘的执着理论追求仍然揭示了大量可表达的重要信息。……考虑……埃德文·兰德所建议的抽象三维“颜色立方体”(color cube)，在此立方体中，所有人类可分辨的数百种颜色都占有一个唯一的位置或者一个很小的体积……每一轴表征眼睛/大脑对看到的对象在三种波长中的一种（我们的锥体神经元能做出选择性反应）的客观反射的重构（图 7-1）。两种颜色很相似，仅当它们在此立方体中的状态空间位置非常接近。两种颜色不相似，仅当它们的状态空间距离很远。只要根据维度来估测，我们甚至可以谈论相似性的程度。(《一些还原论策略》，第 102—103 页)

① 译者注：作者此段引文有误，误将邱奇兰德的“还原”（reductive）一词写作“演绎”（deductive）。这里根据邱奇兰德的原文更正。

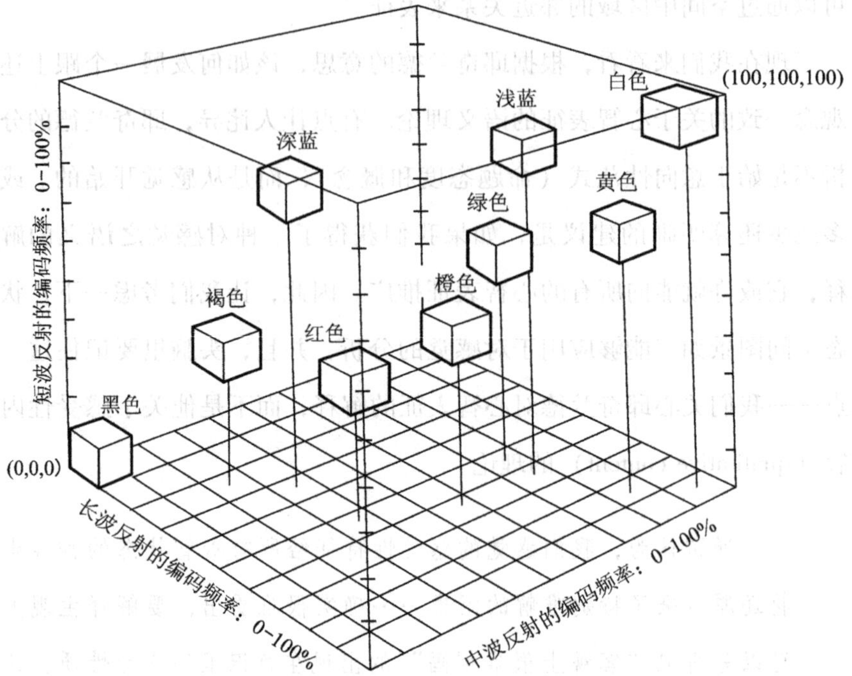

图 7-1 颜色的状态空间

我们要强调，邱奇兰德将这看作对颜色感觉的感受性内容的一个解释，而不仅仅是神经系统分辨颜色的能力的解释。[4]

> 特别地，它提示了一种有效措施来表达那些不可表达的东西。某人"难以形容"的粉红色视觉也许可以完全且精确地表达为相关大脑皮层系统中的"95 赫兹/80 赫兹/80 赫兹和弦"。……这个更具洞察力的概念框架甚至还能替换我们的常识框架，作为主体间相互描述和自主内省的工具。（《一些还原论策略》，第106 页）

关于感觉的感受性内容的表征，这种图景真确的可能性有多大？距离一个强健的内容相似概念，它还有多远？对于第一个问题，我们会简单说几句，然后把大部分笔墨倾注于第二个问题。

关于感受性内容，有一个心灵哲学家特别担忧的问题。它跟感受性反转的问题联系密切。比如，看起来这种情况在概念上完全可能，你看到青草色的东西所形成的感觉，跟我看到消防车所形成的感觉“非常像”（just like）。如果这种反转是系统性的，那么，就没有什么任何东西能使我们将这种情况同正常情况（青草色的东西对你和对我会产生相同的感觉）区分开来，特别是，我们针对颜色做出选择性反应的能力就没有什么特定的行为后果。因此，感受性反转的可能性看来就表明行为主义是错的，将这个考虑做点延伸的话，它或许还能表明功能主义也是错的。（参见布洛克和福多《心理状态不是什么？》；舒梅柯《功能主义与感受性》）

你可能认为，一个关于感觉的感受性内容的理论应该要解决这个问题。毕竟，在感受反转的例子里，反转的正是感受性内容，也正是感受性内容相同这一概念使得这个例子变得可疑。然而，邱奇兰德对感受性内容的解释，对解决这一问题毫无帮助。原因在于，如果感受性反转的例子讲得通的话，看起来，概念上就完全有可能，你和我共享相同的状态空间，但是你的颜色立方体上的标签跟我颜色立方体上的标签是反过来的。要注意，这种情况之所以在概念上可能，其原因在于状态空间的维度对应的是视觉刺激的物理性质，而不是感受性内容本身的参数。既然是一个 95 赫兹/80 赫兹/80 赫兹和弦和是一个难以形容的粉红色感觉这两种性质之间的关系看起来完全是偶适的（或者说，完全是非语义的），这就使得这种情况在概念上完全可能，即某个东西有第一种性质但不具有第二种性质。这恰恰正是感受性反转问题；看起来，除感受性内容以外，再没有别的某种性质一定要随附于感觉（感受性内容必然随附于感觉）。（特别是，看起来也没有什么行为性质、功能性质，或者神经生物性质必然要随附于感觉）因此，如果在读邱奇兰德之前，你一直在操心感受性问题（qualia problem），现在你就应该继续操心。

可以用一种不时髦的方式表述这个要点，看起来邱奇兰德的状态空间的维度是要根据维度的一些非本质性质来阐明感受质，但任何一种阐明都会窃取反转问题（begs the invension problem）。（或者，如果你认为，颜色感觉在形而上学上必然地也会有相应的心理性质，那么，我们的论点就会是，这种必然性不是产生于感觉概念和心理概念之间的语义联系）因此，你可以知道某种感觉对应某种“相关大脑皮层系统的和弦”，但你完全不知道具有一种感觉的相应感受质是什么样子，或者，究竟是否有某种“像是什么”（what it's like）的东西存在。

目前的问题是，用邱奇兰德的维度概念去为感受质分类并不能真正阐明其内容。相反，看起来它们是根据具有感受质需要满足的心理上的充分条件来为感受质分类。但人们或许会想，这是例子本身的一个缺陷，而不是状态空间语义学的缺陷。为什么不坚持状态空间的心智表征观念，然后再增补一个附加条款——语义空间的维度必须是语义的，它们必须根据承载有内容的心智状态的内容来进行分类。也许，像丈夫、妻子、水蒸气、冰、美国的总统、埃及艳后，等等这些概念，都能等同于状态空间中的位置，这个状态空间的维度是语义相关的。这样，这些概念之间的相似性就能等同于状态空间中的邻近关系（美国的总统在政客的维度上跟埃及艳后很接近，但在适合结婚的维度上也许就稍远些）。跟邱奇兰德反反复复地处理感受质相反，这才是我们真正感兴趣的论题；当分析/综合之区分崩盘的时候，这一理论主张——它承诺要用一个强健的内容相似理论来替换一个强健的内容等同理论——也会跌停。

不过，事实上，我们现在要论证的是，这个主张缺乏实质内容。通常在关于内容等同的理论中产生的问题，也会在关于内容相似的理论中产生，因此，表面上的进步只不过是个幻象。我们以一个关键点开始，关于内容相似的状态空间图景实际上预设了对内容等同问题的一个解答，也因此窃取了论题。

状态空间语义学的问题

维度的个体化

邱奇兰德一直想提供这一观念——只要两个概念在同一个状态空间占据相似的位置（相对而言），那么它们是相似概念。现在问题自己跳了出来：在什么情况下，S1 和 S2 是同一个状态空间？在什么情况下，你的语义空间跟我的语义空间例示的是同一个语义空间类型？显然，状态空间相同的一个必要条件是它们的维度相同——特别是，它们的语义维度要相同，因为目前的方案说，一个概念要根据它在一个由语义上相关的性质构成的空间里的位置来确定。因此，我们就不得不面对这一问题，X 和 Y 在什么情况下是相同的语义维度（比如，在什么情况下，X 和 Y 两个维度都能表达性质“是一个政客”和性质“是一个适合结婚的人”的程度性）。这当然不过是又回到了语义等同这个老问题。如果我们不知道两个语词都意谓适合结婚是怎么回事，那么，我们就也不知道（出于同样的理由），两个空间都有一个适合结婚的维度是怎么回事。或许，我们会得到这样的回答，语义相似性不要求概念在同一个状态空间中有邻近关系；在相似的状态空间中占据相应的位置即可。但我们以为，很显然就这个回答出现了无穷后退。

值得搞清楚，究竟是哪个地方出了错。传统版本（经验主义）的网络语义学是根据维度在分类时所起的作用来识别维度；它们表达可观察的性质，某种形式的外部主义理论（如因果理论）会尝试阐明可观察性质和观察词项之间的关系。尤其是，外部主义者会假定，对这种关系的阐明独立于对其他词汇的诠释。然而，正如我们所看到的，邱奇兰德的主张落脚于这个观念：语义状态空间的维度一般并不对应于可观察性质；它们能对应于任何一种大脑能够表征的性质。这确实避免了经验主义，但它窃取了这一论题——状态空间同一性它自身是如何得到确定的。一方面，我们假定语义状态空间的维度能够表达任何一种你愿意设想的性质；另一方面，除了可观察性质，我们既没有也不能假定任何一种维度同一性的标准。最后，设定任何一种标准为理所当然，就只不过是窃取了语义同一性问题。

重申一下，我们有一个强健的语义相似概念，仅当我们有一个判断状态空间同一性的标准。我们有一个判断状态空间同一性的标准，仅当我们有一个判断状态空间的维度之同一性的标准。我们有一个判断状态空间的维度之同一性的（非经验主义的）标准，仅当我们有一个判断由一个状态空间的一个维度所表达的性质的标准，而且，它要对所有任意的性质都起作用，并不仅仅是可观察性质。但是，一个适用于判断任意一个表达的性质（Property expressed）的标准就正是一个判断意义同一性的标准。因此，邱奇兰德关于强健的内容相似的理论的想法不能避免强健的内容等同理论所遇到的问题，当然，也不能解决它们。

我们在第一章提供了一条看来可行的方法论原则——除非你有一

个相对应的强健的内容同一的概念，否则你就不能获得一个强健的内容相似的概念（一个可跨语言、跨心灵，以及跨理论应用的概念）。邱奇兰德的状态空间语义学为这原则的运用提供了一个形象的解释。

邱奇兰德将人际间内容相似的概念解释为语义状态空间的接近，这种解释给语义空间预设了一个人际间内容同一的概念，而他对这个概念完全没有解释。因此，如果你担心一个概念怎么可能是强健的（因为你担心并不存在分析/综合之区分），那么，邱奇兰德的状态空间语义学就根本没有提供说明。

实际上，我们以为，因为将语义维度的标签（labels）视为理所应当，邱奇兰德把自己弄糊涂了。一个维度的标签说的是，这个维度上的位置该如何解释；比如，它说的是这些位置应该解释为表达了性质 F 的不同程度。将一个维度称为 F 维度，就引入了一个问题"为什么这个维度的值表达了性质 F 的不同程度，而不是性质 G 的不同程度?"（对当前目的而言，这个问题相当于，是什么使得你的状态空间中的一个维度跟我的状态空间中的一个维度表达了相同的性质 F?）显然，一个语义理论不能窃取这一类问题，假定一个它本应该加以解释的概念。

认知科学家老是爱惹上这一类的麻烦；在联结主义者中间，这尤其是个流行的谬误。联结主义者常常画出些图示，在图示里，节点的标签告诉你，对一个节点的激活状态该如何给出意向性解释。但是，一个节点是如何获得它既有的标签呢？没有任何一个理论提供了解释；它们不过是基于规定的语义学。

邱奇兰德犯了同样的错误，相区别的仅仅在于，他规定的是维度的标签而不是节点的标签。不过，这个区别实际上并不会产生真正的差异，因为，为维度规定一个语义解释，不过就是规定根据点来定义的空间中的点（以及区域之类的）的语义解释。在图示里，这个事实被模糊了，因为语义空间中的点的标签（即颜色的标签“褐色”“深蓝”等）实际上并不是轴的标签的一种蕴涵。轴的标签意味着，空间中的点是有序三元组，分别对应短波反射、中波反射、长波反射的值。相比之下，颜色的标签不是表征状态空间的语义，而是表征感觉的实受性特征怎样作为一个函项随光的心理—物理性质变化而变化（邱奇兰德的经验主义设想）。

略加反思，邱奇兰德的符号用法含有的这种紧张不过是冰山一角。有必要进一步将问题阐述得更明白些。[5]考虑这一问题：邱奇兰德如何确定，什么能够被状态空间的维度表征？什么能够被状态空间的区域（它们根据维度来定义）表征？如何确定像“褐色”“深蓝”之类的标签对应的是区域而不是维度？毕竟，根据香蕉的褐色程度或者大海的深蓝程度来对它们进行分类也没什么明显的错，而且，确实有许多情况，我们关于 X 的概念会包含关于 X 的颜色的信息，比如“金发女郎”（blondes）。

做出判断的一个原则性办法或许是做出规定，状态空间的维度常常并且只能表达心理的（或者，也许神经的）参数；确实，这很可能就是邱奇兰德脑袋里想的东西。然而，如果是这样的话，他就根本不是在提供一种语义学。因为，一个语义学要根据心智状态的内容来对它们进行分类，而不能根据它们的原因。邱奇兰德或许在假定，倘若一个刺激有这样或那样的心理性质，那么，如果大脑对刺激做出反应，则大脑将刺激表征为具有这样或那样的心理性质。但是，大脑将红色的东西表征为红色，而不是反射出具有某种波长的光；它将阿姨表征为阿姨，而不是具有某种通过阿姨检测（aunt detection）能检测到的心理性质（假定确实存在这类性质）。如果实际情况不是这样的话，心理物理学（psychophysics）就会容易许多；因为我们可通过内省来进行研究。

这样，邱奇兰德的状态空间就在心理物理空间和语义空间之间踟蹰。因此，一个非常关键的要害是，根据对邱奇兰德理论的这两种不同解释，状态空间的接近就会意味完全不同的东西。根据语义解读，接近表达的是心智状态的内容的相似；根据心理物理解读，它表达的是引发状态的（近似）刺激在物理描述下的相似。显然，邱奇兰德还没有决定，他所想的相似性究竟是怎么回事；因此，他就也没有做出决定，他的状态空间理论究竟是一个关于什么东西的理论。

说邱奇兰德实际上混淆了语义学和心理物理事业，这一点还可以从他的一些说法的犹豫中得到印证。按他的建议，状态空间为"人们熟悉的乔姆斯基图景"提供了"一种替代，或者潜在的还原"（此处着重号为译者所加）。或许，两者之一，但显然不可能两者都是。乔姆斯基图景的替代物会是一个新理论——某个说母语的人就其语言所知道的东西的新理论，也就是说，一个说母语的人的语言知识的意向性内容的新理论。作为"替代"，根据定义，它就跟乔姆斯基的理论处于竞争关系。相较之下，一个"还原"可能是这样一个理论，它是关于一个说母语的人就其语言所知道的东西在大脑神经层面的编码。[6]根据定义，一个还原跟被还原理论不是竞争关系。一个语义理论和一个还原理论彼此朝着不同方向前进，没有什么东西可以同时承担这两项工作。状态空间理论究竟是想成为一种什么样的理论，邱奇兰德确实还需要想得更清楚些。[7]

分析/综合之区分

正如你可能会期待，其他所有关于内容同一性的标准思虑，现在也会蜂拥而至。考虑分析/综合之区分本身，我们先权且这么说，狗是动物是分析的；狗的鼻子常常是湿的则不是分析的。因此，换用邱奇兰德的符号，拥有概念“狗”的空间必须要有一个维度跟是一个动物这个性质相对应，但这个空间不必然需要有一个维度跟鼻子常常是湿的这个性质相对应（事实上，它最好没有这样一个维度，如果在空间中确定一个项的位置是要预测它在模态推理中的行为）。这就是说，“狗”这个概念的构成要素是它真包含于动物，但真包含于鼻子常常是湿的东西则不是“狗”这个概念的构成要素。问题：如果你确信在分析/综合之间划不出原则性的分界，那么，你将要诉诸何种原则来判断——为了定义一个语义空间，哪些维度是相关的，哪些维度是不相关的？即怎样将这两类维度区分开来。你可以将意义的个体化问题理解成分析/综合之区分的问题（参见第二章），或者将它理解成究竟什么是一个真正的概念角色（参见第六章），或者理解成究竟什么是语义状态空间的一个真正的维度（通过邱奇兰德）。关键在于，不管你以何种方式去看待，它们都不过是同一个问题；特别是即便你开始认为概念间的语义关系是“可度量的”，问题也不会自行消失。[8]

双边信息

如果你的概念“狗”在你状态空间里要跟我的概念“狗”在我的状态空间占据几乎一样的位置，因而你的状态空间最好有我的状态空间的那些维度；如我们所看到的，这引出一个问题，语义状态空间的维度如何被识别出来/如何个体化，这看起来仍不过一直是内容的同一性问题。好吧，假设维度个体化的问题已经得到解决；这仍不能保证你的狗的概念跟我的狗的概念会相似。问题在于，关于狗，我知道许多你不知道的东西（当然，反之亦然）。比如，我知道我曾有过一条叫小斑的斑点狗，我奶奶对斑点狗过敏，我写这些文字的时候屋子里没有狗。如果我未曾告诉你的话，你根本不会知道这些关于狗的事情；并且，也没有任何特别的理由认为，我们之所以不能共享这些关于狗的不同信念，乃是因为它们一般地具有殊例自返性（token reflexive）。如果你是个狗迷而我不是，那么，关于狗，你会有许许多多我根本没有也完全没兴趣要获得的信念。

这里的关键是，如果一个语义学认为状态空间的维度对应于狗的所有性质（关于这些性质，你和我的信念可能不同），那么，即便假定你的状态空间的维度跟我的状态空间的维度完全一样，狗这一概念在彼此空间中的位置也很可能有特别重要的区别。[9]这听起来像是个古老的故事；它不过就是这一担心，跟构建一个内容等同概念的努力相联系，任何人所知道的关于狗的信息大部分都是特异性的。它们是“双边信息”，根据弗雷格的意见，它们属于心理学而不是语义学。如果我们想要一个能共享的意义概念（公共财富），一个强健的意义概念，那么，我们就必须对这些有差异的特质做些抽象。[10]这一点对于意义相似的重要性，几乎跟它对意义等同的重要性一样。或者，如果不是这样的话，就需要有一个论证来表明为什么它不是。据我们所知，还没有这样一个论证。

简而言之，对于确定状态空间中的位置而言，如果所有的维度——也就是所有性质，可以根据它们对概念内容进行分类——都考虑进去的话，那么即便所有人状态空间的维度一样，双边信息问题也可能使得某人的概念跟其他人的概念不相似。走出困境的一个办法也许是，假定状态空间的维度有权重，就判断概念的相似性而言，某些维度上的一致性比起其他维度要更加重要些。在内容等同的传统理论里，对维度权重的衡量正是诉诸分析/综合之区分来完成的：重要的是，你的概念在这样一些维度上——与在概念分析中起作用的性质相对应的维度——跟我的概念取值相同；至于在其他维度，则允许你我的概念有些个人特质上的差异。再一次将主题切换到相似性的时候，一切考虑照旧。我们的概念相似，仅当它们在某些维度上有相似的位置，但不必考虑它们在其余维度上的位置是否相似。双边信息问题就是要找到一种原则性的办法，以确定哪些维度最为重要，哪些维度不那么重要，哪些维度则根本不需要考虑。如何在不诉诸分析/综合之区分的情况下做到这一点，还没有人有一丁点儿想法。

我们希望的训诫已经很清楚；我们宽宥读者不再做进一步的探究。邱奇兰德面临的是一个困境，或者，他并不打算要求状态空间的维度对应于根据维度来进行分类的心智状态的内容（对象或事件）。这种情况下，他就不是在做语义学研究。也许，他是在进行心理学研究，我们跟他之间也就没什么好争论的，除了这一点，他没有权利说自己提供的理论是关于“大脑如何用状态空间中的一个恰当位置来表征实在的特征”（此处着重号为译者所加）。另一方面，如果邱奇兰德确实很严肃地对待关于神经表征的谈论，那么，他关于状态空间的考虑就没有解决任何一个关于内容同一的老问题。给定这些选项，我们以为，邱奇兰德大概更倾向于第一个选择。正如我们在上文曾评论，在形而上学上，他总倾向于在意向/语义性质等问题上采纳取消主义的立场（我们在这本书里可以看到，许多语义整体论者最终都走向了这条路）。一个取消主义者并不需要一个语义相似的概念，就如他不需要一个语义等同的概念；一个取消主义者并不想重构关于语义的谈论，他想改变谈论的主题。

但难道邱奇兰德就不能鱼与熊掌兼而得之了吗？难道他就不能想

出一种办法让状态空间同时承担语义学和心理物理学这两种理论任务吗？他当然可以。他需要做的，不过是假定这样一个“经验主义原则”——我们所有的概念都是我们的心理物理概念的函数（有可能是布尔函数，但更可能是统计函数）。[11]据我们所知，这恰好确实是包括邱奇兰德在内的联结主义者所假定的东西（尽管，可以理解，他们并不热衷于朝这个方向推进）。[12]在当前语境里，之所以假定这条经验主义原则会有帮助，乃是因为它为语义空间提供了一个强健的同一性标准。如果所有的概念最终都是感觉概念，那么任何一个概念都是一个语义空间中的一个位置，这个语义空间的维度表达感觉性质。因此，如果两个生物有相同的感觉传感器，那么它们共享相同的语义空间。[13]然而，毫不意外，所有人都避免假定这个经验主义原则，理由仅仅在于，它是错的。绝大多数概念都不是心理物理概念或者感觉概念的布尔函数或统计函数。自不必说，一个人的概念和理论也绝不等同于一个空间里的点——这个空间的维度表达感觉性质或者心理物理性质，或者这些性质的某种构造。你或许想过，从过去两百余年的认识论风暴里，人们应该早已经认识到这个教训。但其实不然：雾霭散尽，眼前的景象几乎没有什么改变。

邱奇兰德对内容相似性的解释窃取了论题，这当然还构不成一个论证。它不意味着，一个强健的内容相似概念不能弥补整体论语义学缺乏一个强健的内容等同概念的缺陷。也许，明天午后，某人可以构想出一个强健的内容相似概念，它没有窃取论题的毛病。然而，尽管算不上一个证明，也还算得上是一个反对理由。当前的境况是，没有人知道内容相似是怎么回事，正如没有人知道内容等同是怎么回事；并且，如我们所述，这出于同样的理由。

一般性结论

第一个方面，看起来仍然是，如果语义性质是典型的非原子性质，并且不存在分析/综合之区分，那么意义整体论就是对的；第二个方面，如果本书的论证是对的，那么，就没有特别的理由假定语义性质是典型的非原子性质；但是，第三个方面，倘若没有特别的理由假定语义性质是典型的非原子性质的理由是——语义性质是典型的点状性质乃是一个确切的事实，那么概念角色语义学就不可能取得成功，我们也就迫切地需要一个原子论的意义理论来取代它。不管你采取何种立场，你在意义理论中的位置都不会很牢固，总还需要做点什么。

接下来该怎么办呢？看起来还有许多可能性。比如，意义原子论和意义整体论二者都还没有真正被驳倒；有案可稽的仅仅是，意义原子论的表现还不能令人满意，而支持意义整体论的动机则没有得到有力辩护。探究的一条线索可能是，以一个决定性的论证——通常倾向于先验论证——来证明其中一个立场的可靠性，或者排除某种立场的可能性。比如，戴维森/丹尼特式的策略就想表明：有令人信服的论证支持这一点——宽容是整体性的，并且是诠释的先决条件；进一步，因为诠释依赖于宽容原则，既然宽容原则是内在地具有整体性，因此，诠释也是内在地具有整体性。在第三章和第五章我们论证过，目前为止，对于意义原子论和意义整体论，我们还没有获得这样的论证；但是，就我们所表明的情况来看，某个人仍然有可能在明天的午后做到这一点。或者，某人可能有力地论证信念优位论题，从而基于信念具有整体性的假定为整体论辩护。正如我们在第四章所看到的，信念具有整体性的假定完全有可能成立。

概念角色语义学也没有真正被驳倒，尽管我们认为，我们已经成功地表明它对分析/综合之区分的依赖是避免不了的。但是，我们在第二章的末尾可以看到，分析/综合之区分本身没有被驳倒；关于这一区分，蒯因在《两个教条》里所说的不过是：即便存在一个内容等同的概念，它也不能根据不可修正性（unrevisability）或先验性（a priority）之类的认知范畴来进行重构。因此，这一点仍是开放的，即某种语义分子论可能行得通；或许，甚至这样一种语义学也可能行得通，根据它的立论，一个概念之同一性的构成成分是其推理角色的部分性质（不是所有性质）。在面临蒯因对分析/综合的拒斥的情况下，要复兴这类型的语义学，所有要做的事情不过是为概念角色发明一个非认知性的概念。最后，我们假定，情况也可能真的会是——语义虚无主义是对的。即便近来的讨论表明，有一些先验的理由让我们觉得这种情况完全不可思议。

区别于广泛接受的哲学观点，我们认为，就我们所能判断的程度而言，语义学里还没有已经完全封闭的选项；那些据说已驳倒某种进路的论证，在我们看来，都包含某种缺陷。当然，此书还没有做出方向的选择。但从一开始，我们的抱负就比较谦逊：门后尘垢经年，我们最好先扫扫。

注 释

第一章注释

1. “非原子”（anatomic）这个词我们意指“不是原子的”（not atomistic），而不是说它“属于或关于解剖”（anatomy）。

2. 出于写作的方便，“我”和“我们”会被当成两个可以互相替换的、称呼本书作者的词。“他”或者“他的”之类的语词通常不会有特别的性别含义。

3. 一般在比较宽泛、较少精确性的情况下，我们会用“意义整体论”或“语义整体论”来称呼意义具有整体性这个信条。这样，当（也许不仅是当）内容整体论或者翻译整体论是真的，则意义整体论就是真的。之所以要将内容整体论与翻译整体论区分开来，主要的理由是，一个意义整体论者也许愿意承认点状的语言、点状的心灵的可能性，但仍然否认一门点状的语言能表达任何英语能表达的东西，其基本观念在于，在非点状的语言里（比如英语），语句的意义由语句和其他语句之间的关系构成。内容整体论因此排除了翻译整体论还能允许的一些可能性。我们将断定翻译整体论但又允许点状语言的信条称为“半整体论”（semi-holism），特别是有必要区分这个信条和整体论的其他选项的情况下。

然而，出于许多其他目的，意义整体论的不同形式常常是基于相同的考虑；因此，我们常常会将它们绑在一起讨论。

4. 这些讨论依赖于允许在一种比较窄的意义上谈论一门语言，比如，作为一组语句，而不是生活形式。一定程度上，人类学整体论是这样一种观念，即视语言为一组语句的窄观念有很强的斧凿痕迹，从深层次看来，在语言行为和非语言行为之间并不存在真正的区分，最终，在语言和整个文化之间也没有真正的区分。这或许是对的，但如果它真是对的，那么许多浪费精力分析短语结构的语言学家就完全搞错了对象。我们顺便做个评论吧。尽管有可能想象一种较宽的、人类学意义上的整体论，但这仍留有点状语言的可能性。比如，符号因嵌入生活形式而获得意义，但符号之间并不因嵌入的方式或者是某个符号系统的一部分（比如，是一个具有组合性的句法和语义的语言的一部分）从而具有某种内在的联系。维特根斯坦在《哲学研究》开篇的几个段落里所设想的“原始语言”也许在较宽的意义上是整体性的，但在较窄的意义上则不是。

5. 弗雷格本人究竟站在什么立场不甚了然。一方面，弗雷格的一个著名观点是，语词只有作为语句的构成成分才有意义（也许，仅仅是出于它们在语句中的特定用法），这种观点看起来显然是非原子的；但另一方面，弗雷格又确实认为，语句的意义由语句所包含的语词的意义组合而成（根据句法），这似乎又暗示着词汇的语义在某种意义上优先于语句的语义。对于解释弗雷格的哲学而言，这两个信条是否能够协调以及以何种方式协调，向来是个难题。

6. 这类问题并不会因将理论兴趣从语言转移至个人语型（idiolects）而消失（确实，许多语言学家都倾向于这样做，即便其代价是否认自然语言的一个基本功能是充当思想交流的媒介；参见乔姆斯基、哈雷及其他人的著作）。因为个人语型的时间片段之间的交流这一问题仍然还在；如果整体论是对的，并且个人语型是最小的语言单位，那么我是如何逐渐学会我现在所使用的个人语型的呢？

戴维森建议，“我们绝不能将学会一门语言的最初几个步骤描述为学会了一门语言的某些构成部分”（《意义理论与可学会的语言》，第7页）。也就是说，一个小孩可能在没有学会一门语言的构成部分的情况下部分地学会一门语言。然而，我们不敢说我们完全明白这个建议是什么意思。

7. 我们仅仅说，情况可能会是这样的。我们当前的讨论假定存在一个论证，它以语义性质是非原子性质为前提，以语义性质是整体性质作为结论。究竟一个语义性质是非原子性质能推导出什么样的整体论结论，这当然也依赖于论证想走的路径。我们很快就会回到这个问题上来。

8. 认为 R^* 之类的性质是整体性质的论证通常假定意义是整体性的，并且意义确定指称。能否在不假定这一点的情况下捍卫指称整体论，这是一个很有哲学兴味的问题，但本书不会考虑这个问题。

9. 从 R^* 是整体性质推论不出理论之间的不可通约性，除非它们的本体论完全相同。也许在“相似”的某种含义上可以说理论是可通约的，如果两个理论的本体论足够相似（我们很快就会讨论这种可能性）。从 T2 和 T3 都可和 T1 通约，也推不出存在 T2 和 T3 共同指称的东西。可通约性的本体论要求或许能允许这种情况，T2 与 T1 可通约，因为它们都可以指称 a，b，c，而 T3 与 T1 可通约是因为它们都可以指称 d，c，f；也就是说，具有能指称 a，b，c 的表达式和具有能指称 d，e，f 的表达式都是能享有 T1 的本体论的充分条件，尽管彼此都不是必要的。（一些不同文本都想表明这种可能性，如柏高贤、

娄鸥、毛德林，参见以下讨论）

不管情况怎样，科学实在论面临的紧要问题是，在本体论不相同的情况下，是否能够给“何种程度的本体论重叠对于经验上的可通约性是充分的”这个问题一个原则性答案。用库恩在《科学革命的结构》中的术语，它大致相当于这个问题：究竟两个不同理论是否属于同一个范式有没有原则性的答案？

10. 邱奇兰德看起来认为——很大程度上是基于像 R^* 之类的性质是整体性质这一判断——只有最终的物理学才能够指称某个东西。邱奇兰德似乎认为这对于实在论而言是个好消息，但他为什么这么想，我们不甚了然。根据他的解释，真正的科学的本体论——自不必说，是唯一一个其本体论就是实在的科学——不会是任何一个人文科学家愿意承认的本体论。

11. 我们在表明看法的时候不用“如果你相信 P→Q 并且 P，那么你相信 Q”这个陈旧的例子。这类概括预设了一个信念内容的等同和差异的观念，而不仅仅是信念内容这个概念本身。

12. 这块饵常有人咬。比如，菲尔德认为一个语句的意义由它的“推理意义”和它的“概念角色”确定（《逻辑、意义和概念角色》，第 390 页）。正如他认识到，概念角色这一部分蕴含语义整体论。（菲尔德也对分析/综合之区分抱有怀疑）菲尔德接受这个后果，他的语义学因此：

> 跟一种悲观情绪相容，即对说话者之间的同义性这一观念的清晰程度的悲观……我自己的倾向不是要给出一个解释，但确实不希望使用说话者之间的同义性，以及所有可用说话者之间的同义性来定义的其他概念。看起来需要这些概念的场合是信念—欲望心理学。我相信，根据这样一些概念建立的任何一种心理学也

可以在不使用这些概念的情况下建立起来，而且，有独立的理由让我们倾向于重新构建的理论。(《逻辑、意义和概念角色》，第398—399页)

然而，菲尔德并没有阐明如何获得这样一种重新构造的理论。

在一个不同的语境里，以一种相似的精神，罗伊·哈里斯评论说："如果翻译要求文本之间有某种语言上的相等，那么，索绪尔（结构主义者）的立场就必然是翻译乃不可能的"（索绪尔《普通语言学教程》，第XⅢ页）。哈里斯并不把这一点看作根据索绪尔立场做出的归谬推理。

13. 当一个概括的个体在很多不同方面都是异质的，我们说这个概括是"强健的"（robust）；因此，如果满足一个定义的条件多样且异质，我们说这个定义是"强健的"，如此等等。

14. 这是一种被广泛接受的对戴维森观点的解释，但是，戴维森的观点也可能跟这种广泛接受的解释有细微差别。很显然，戴维森认为不存在无例外的（或者同型的）意向性定律，但这看起来不意味着意向性定律不支持反事实条件句以及单称的因果真理，等等。毕竟，地质学定律的他律特征（heteronomic character）也不妨碍它们支持反事实条件句。关于这些论题，我们无法确定戴维森的底线在哪里。参见赖肯《心理定律》，罗森堡《戴维森对心理学不经意的攻击》，丹尼特《中期考核：比较和对照》。

15. 人们有时候将这一点——语义（意向性）的整体性和系统性特征将解释性研究隔绝于别的领域的批评模式——推得过于远了些，有时候已经到了神秘主义的边缘：

> 差异的逻辑是一种不与自身同一的逻辑（non-self-identical

logic)，它排除所有管辖经典推理的规范限制。如果语言的标志是“正面词汇”的缺席——如果意义是彻底的差异——那么任何想概念化语言的理论尝试最终都会发现这个最终限制正与理论自身的解释力相冲突。（诺瑞斯《德里达》，第91页）

16. 例如，吉尔伯特·哈曼在《思想》中这样说：

> 如果等同翻译（identity-translation）完美地保留了在分析之后和实际使用中接受一个语句的倾向，就可以说两个人的话意指相同的事物。如果等同翻译不是十分完美，那么人们的话语就不是精确地意指相同的事物：但是如果等同翻译好过它的候选替代物，我们会说他们的话语意指相同的事物。这里“相同”的意思是“大致相同”，而不是“精确地相同”……我们唯一知道的一类意义相同是意义的相似，而不是意义的完全相同。这正是那些捍卫分析/综合区分的人搞错了的地方：他们将相似关系和等同关系混淆了起来。（《思想》，第109—110页）

17. 孪生地球的担忧对这里的讨论不甚要紧（参见普特南《“意义”的意义》），你可以选择任何一个你认为信念系统可以随附其上的物理事态。

18. 要注意，这个问题几乎跟导致哲学家对这一哲学项目——诉诸某种与抽象的推理角色等同的概念，来建构一个与强健的内容等同的概念——感到绝望的问题是同一个问题。一些推理能算（通常是分析推理），一些推理不能算（通常是综合推理），但看起来并没有一种原则性的办法来区分二者。如果你用“大概能算”和“大概不能算”来替换“能算”和“不能算”，问题也仍然不会消失。

19. 当然，这样一些通常能从意义整体论推出来的更有指望的结论也不能从“分子论”语义学推出来，比如，常识的意向实在论可以免于来自物理学的挑战。

20. 也有些人否认分析/综合之区分，并且认为整体论的后果是可以推出来的。他们争辩说，正确的训导是意向性质并不存在。蒯因在某些情况下持有这一思路；丹尼特和史迪奇也是如此；邱奇兰德夫妇则在任何时候都坚持这个观点。

21. 这是一个理由，可以让我们怀疑蒯因的《两个教条》是否藏有一个形如论证 A 的支持语义整体论的论证，尽管一般性的解释认为它包含这样一个论证。（详见第二章）

22. 相关的考虑是这样的：如果 A 是你要相信 P 所不得不相信的命题，那么，或许 P→A 就必然是分析的。（如果没有人能够相信某个东西是条狗，除非他相信那个东西是只动物，那么这个信念——如果某个东西是条狗，那么它是只动物——就是个语义真理。）然而，根据当前的假定，并没有什么命题是你要能够相信 P 所不得不相信的命题。（或者相信 A 或者相信 B 是充分条件，但相信 A 以及相信 B 二者都不是必要条件。）

23. 更准确地说，它结束了反对建立信念原子论的任务。第四章我们会利用这一区分。

24. 在当前四处弥漫着的关于整体论的普遍共识的空气里，特别值得强调，到目前为止的很长一段时间里，关于语义原子论的哲学共识也曾看起来非常安全。我们将这段历史反思推荐给这样一些哲学家——他们认为不需要有一个支持语义整体论的论证，或者认为语义性质的非原子论很符合直觉。

25. 在符号学研究的二次文献里，这个论题的某种变形俯拾即是。以下是些几乎随机挑选出来的例子：

> 当代（结构）语言学的一个主要训诫是，符号的意义并不出于符号本身或者符号内部，而是由于在由对比和差异构成的系统网络（任何语言都如此构成）中占有一个独特的位置。（参见诺瑞斯《德里达》，第15页）

> 当代结构语言学的一个主要训诫是，意义不是能指和所指之间的等同关系，而是差异的关系，指号之间的对比和关系存在于语言的所有层次。（参见诺瑞斯《德里达》，第85页）

这样一来，选项就有两个：一个是以一种语言—世界关系（符号/所指）作为意义之基础的语言原子论；另一个是以一个符号和它在一门语言中的角色之间的关系作为意思之基础的语言整体论。当代结构语言学教导我们要选择后者。

当然，这是对语言学家关于意义的教导的一个倾向性很强的叙述。考虑一下它跟模型论语义学或者自然语言语义学的情境化进路有多不一致之处，后者都认定语言—世界关系（比如"满足""外延""指谓"）是意义理论真正要关心的东西。（特别是，它们都认定意义理论要关心一门语言中一个有复杂句法的表达式如何从句法上更简单的构成部分那里获得语言—世界关系）

26. 哲学家对意义的相似理论的兴趣，当然要比英国的经验主义者早许多。参见柏拉图的《克拉底鲁篇》和亚里士多德的《解释篇》。

27. 要进一步了解为什么相似理论行不通，参见福多的《思想语言》（第四章）。要了解为什么行为条件理论行不通，可以参见乔姆斯基在《评斯金纳的〈语言行为〉》中的经典讨论。

28. 要了解建构一个内容的原子论理论的近期尝试，参见福多的《一个内容理论》。

第二章注释

1. 我们会沿用蒯因的用法（据我们的理解），根据这种用法，还原论是证实主义的一种。（这两者之间的区别究竟意味着什么，我们随后会讨论。）习惯于用“还原论”来称呼一种本体论理论的读者应该时刻记住，蒯因的用法有点不同寻常。

2. 将《两个教条》最后一个段落中的实用主义解释成一个本体论论题——更准确地说，是反实在论——当然是很自然的事。但是深究的话，蒯因真实的意图其实并不清楚。比如说，尽管蒯因说诸神和物理对象都是“文化设定物”，但他明确的主张只是，它们是“认识论上”（作者的强调）可比较的。蒯因很小心地没有说出他的本体论主张（如果确实应该有一个的话）。

3. 蒯因—迪昂论题的另一个版本说的是，“确证的单位是整个理论”；这不是从这些实在论考虑中推出来的。但是我们怀疑蒯因是否确实坚持后一种形式的蒯因—迪昂论题。格利莫尔曾评论说：“（即便）没有分析真理，我们也不需要……坚持说证据要么影响一个理论整体（且不说整个科学），要么跟这个理论完全不沾边，或者我们必须将理论作为一个整体来接受它或拒斥它，以此来挑衅历史和健全的感觉。”（参见格林莫尔《理论与证据》，第152页）格利莫尔的核心观点在于，遇到顽强经验，我们能够选择放弃理论的某个构成部分；但我们不需要全盘抛弃它。格利莫尔在这一点上无疑是正确的，但是蒯因是否真的打算否定它，这在我们看来并不明确。蒯因并没有主张这一点，如果你遇到顽强经验，你必须放弃整个理论；他主张的是，抛弃什么和留下什么，这得由大家来做出理性选择。特别是，抛弃什么和留下什么绝不是仅仅诉诸语义学就能先验地决定的事情。

4. 对弗雷格的参引，蒯因有点心绪不宁。在《两个教条》原初的《哲学评论》版本里，他参引的是罗素；在《从逻辑的观点看》的第一版中，他参引的是弗雷格；在《从逻辑的观点看》的后出版本中，他参引的是边沁。就我们当前的目的而言，他们三个中的任何一个都可以。

5. 既然对蒯因的注释始终是个危险的领域，那么或许我们最好援引如此解读过这篇文章的哲学家的话语。下面的文字引自普特南："蒯因的《两个教条》中对意义整体论的论证是为反对实证主义的意义理论而提出的……蒯因论证说……只有在对整个语言的运作能起到系统性的贡献这个意义上，单个的语句才是有意义的"（《意义整体论》，第405页）。在《分析的与综合的》中，普特南也表达过相似的观点，蒯因曾在《语词和对象》（第57页）中以赞许的态度引用过这篇文章。

也可以参考吉布森（《蒯因的哲学：一个评论性文集》）的如下分析（蒯因称赞其对他的著作"完全理解"）。

让我们回顾一下蒯因版本的皮尔士论题（P）：

P：一个语句的意义完全取决于使得它为真的证据。

（P）是证实主义的一种。正是这一论题将意义和证据这两个概念等同起来……再让我们回顾一下蒯因版本的迪昂论题（D）。

D：单个的理论语句并非总是或经常有独立的属于它们自己的证据基础；只有当它与更大的理论相联系的时候才获得自己的证据基础。

现在，如果认为（P）是一个表达意义概念与证据概念相等的陈述，那么（D）也可以解读为如下陈述：

（D'）单个的理论语句并不总是或经常有它们自己（独立的）意

义；只有当它们与更大的理论相联系的时候，他们才具有意义。

还有些哲学家不同程度地明确认为（或者认为蒯因持有这种观点），证实主义和蒯因—迪昂论题一起能够推出意义整体论。比如，可以参见邱奇兰德的《神经哲学：迈向一个统一的心—脑理论》（第265—267页）、帕翠莎·邱奇兰德的《物质与意识：当代心灵哲学导论》（第三章）、吉尔伯特·哈曼的《意义与语义学》（第11—12页）。

6.“正如《两个教条》的结尾所表明的那样，蒯因的理论是证实主义的，因为它关心的完全是经验对于我们的真信念——与之对立的，是不管我们是否有理由持有的真信念——所产生的作用。”（达米特《弗雷格》，第592页）

顺便提醒一句，将意义等同于确证的方法，这不必视为是一种形而上学的还原（将一种还原为另一种）。晨星不能还原为暮星；它就是它。

7. 也可参见蒯因的《自然化认识论》：

> 如果我认可皮尔士的观点，一个语句的意义完全取决于使其为真的证据……那么理论语句的不充分决定性就是一个自然的结果……这个不受欢迎的结果应该会说服我们放弃证实主义意义理论吗？当然不会。作为翻译和个人语言习得之基础的这种意义必然是经验意义，并且再无其他。……当然，如果某人想获得一个关于语言意义的理论，除了成为一名经验主义者外，他别无选择。（第80—81页）

蒯因不但是一个证实主义者，而且，他认为再也没有别的选项。

我们之所有强调这一点，是因为许多哲学家都显然把《两个教条》理解成了拒斥证实主义。这是因为他们忘记了一个重要的区别。

我们已经看到，《两个教条》所拒斥的不是证实主义，而是蒯因所谓的“还原论”：也就是说，要拒斥的是这样一种理论，它认为，对于每个陈述，都有对应的确证条件的范围（可以先验地确定）。在确证问题上，还原论是天然的局域论者；而证实主义则在这个问题上是中立的，它不管确证是否具有整体性。《两个教条》显然攻击了前者，但是，所有的理由都表明，蒯因绝不可能拒斥证实主义。

8. 比如，参见娄鸥的《概念角色和真值条件》：

> 对蒯因而言，一个语句的证实或确证与它和任何其他语句之间潜在的证据性关联是密不可分的。在证实主义传统里，一个语句的意义被等同于经验证据对它的响应，这样的认识论自然会导向一个整体论的意义概念。……正是内在于这一理念……它认为每个语句都有一种意义，它不等于该语句的经验意义，而是等于它与其他语句之间的证据性关联和感觉刺激的整体。（第273页）

亦可参见福多的《心理语义学：心灵哲学中的意义问题》（第三章）。

9. 这里的要点不在于说：你总是能想象一种事态，如果这个事态成立，比如，“草是绿的”，那么它的真值总是会对其他语句的真值产生影响，比如“火星有环”。既然在这种意义上，潜在的确证关系可能存在于任何偶适的陈述之间，那么，一个恰当的皮尔士论题如何根据它们来重构语义关系就不得而知了。真正的要点在于：一个理论（以及理论所衍推出的陈述）的确证程度至少部分依赖于简单性、保守性等考虑，因为它们是全域性的，所以同时对理论的所有承诺敏感。

10. 相反，达米特曾评论说，蒯因喜欢大一统的理论，根据这种看法，连接词在经典逻辑和直觉主义逻辑中意味不同的东西。但是，如果禁止陈述的跨理论同一概念，那么，你究竟如何确定是给两类逻辑中的哪一个连接词赋予不同的意义，就是一桩不清楚的事（也许根本没有经典逻辑学家和直觉主义者都能接受而且毫不模糊的定理，这个想法即使以温和的方式表达出来，也是违反直觉的）。

11. 由于这个问题，蒯因《两个教条》之后的著作似乎越来越倾向于把观察句视为蒯因—迪昂论题的例外；也就是说它们的确证条件是局部决定的。比如，他说："观察语句处在科学整体的感觉边缘，是最小的可证实的集合物；它们有完全属于自己的经验内容"（《自然化认识论》，第89页）。我们不清楚这个想法如何能跟蒯因—迪昂论题的这一版本协调起来，即如果有充分的关于理论的简单性、融贯性、保守性等方面的压力，那么任何一个语句都可以很理性地放弃。无论如何，观察语句的这个例外本身已经表明，蒯因不可能毫无保留地认为，从蒯因—迪昂论题和皮尔士论题推论语义整体论的论证是合理的。（要了解蒯因关于这一论题的近期观点，参见他的《答希拉里·普特南》）

12. 反对蒯因—迪昂论题的有：达米特的《何谓一个意义理论》；格莱摩尔的《理论与证据》；格伦鲍姆《理论的证伪：整体还是局部？——蒯因—迪昂论题的一个当代评论》。反对证实主义的哲学家包括所有的信息语义学家和所有的语义取消论者（偶尔也包括蒯因）。

13. 蒯因本人究竟会作何选择，这是个伤脑筋的问题，也是一个我们不想讨论的问题［蒯因最近的一本书（《追求真理》，第78页）中有一个脚注暗示蒯因可能选第三个选项］无论如何，我们不想自己的论证主要是诉诸情感；我们不是主张说，没有一种蒯因能够接受的对"陈述"的解读能够使得蒯因融贯地接受证实主义和蒯因—迪昂论题，我们想要主张的是，没有一种对“陈述”的解读能够使得支持整体论的论证成为融贯的论证。

前面已经提过，我们多次与同行就这个论题进行过交流；不断有人告诉我们，这三种选项只可能有一种是蒯因的真实意图——事实上，也只有一种观点是值得探讨的。然而，至于究竟是哪一种？这个问题将我们的那些交谈对象几乎平均地分成了三个群体。在这种情况下，我们认为，最好这三种观点都予以讨论。

14. 这就是格伦鲍姆所说的蒯因—迪昂论题的“贫乏”解读（《理论的证伪》）。

15. 当然，这里的问题不在于是否可能有一个对归纳逻辑的“句法”处理。这样的处理要回答的问题不是是否是陈述进入确证关系，而是当发生这种关系时，是否纯粹出于它们的形式。

16. 我们要感谢乔治·雷，他为我们提供了另一种解读蒯因的“陈述”的方式，它将“陈述”解读为公式，但又能使得一种语义整体论为真。根据这种解读：第一，“陈述”就指的是公式；第二，皮尔士论题将一个陈述的意义等同于它的经验内容（而不是确证的方法）——即能证实或否证它的一组观察句（一个观察语句是一个由最接近的刺激证实的公式）；第三，蒯因—迪昂论题仍然能够成立。既然意义被等同于观察结果，而且根据蒯因—迪昂论题，观察结果只属于作为总体的理论，所以结果是，在总体的理论之外，没有哪个公式（观察语句除外）有意义。

这是一种颇为狂野的语义学。举例来说，因为每一个语句的意义都是包含它的总体性理论的观察结果，那么每个理论中的每个语句都跟该理论中的其他语句意义相同。直接的结果会包括：没有任何理论能够蕴涵一个偶适的假言陈述；如果一个析取陈述是真的（或假的），那么它的析取项都是真的（或假的），等等。另外，一个理论中的任何一个陈述都会是任何一个经验上等值的理论中的任何一个陈述的翻译（而且，两个经验上不等值的理论中的陈述，彼此之间不可能有翻译关系）。或许，蒯因主义者可能准备接受这一切，并且声称"那些坚持认为能够为语句提供一个语义学的人比这还要糟糕些"。然而，对我们而言，仍然还有一个关键的问题：蒯因—迪昂论题变得很贫乏。即在理论变化发生时，对于要坚守一个陈述而言，你所有需要坚持的不过就是这个陈述的发音。

17. 如果你按照心理学家通常所用的方式理解"概念"，因而"概念"就是一种心理殊相，那么论证的第一个前提就窃取了正在讨论的论题。

18. 顺便说一句，杰瑞·卡茨规定（Jerry Katz's stipulation）的动机在于，如果概念间的蕴涵关系是语义关系（相对于仅仅是必然的关系），那么被蕴涵的概念就必然是蕴涵概念的一个成分。（参见卡茨的《语义理论》）这个规定的后果是强化了这一原则——如果一个概念分析地蕴涵另一个概念，那么你不可能理解（获得/掌握）第一个概念而不理解第二个概念。

因此，卡茨主张，将有些猫会发出咕噜声的信念归属给琼斯，同时又否认琼斯相信某些动物会发出咕噜声，这乃是不融贯的。[至于卡茨的这个立场是否合理，我们保持中立；即它是否是个能与配偶案例（Mate's example）相融贯。我们同样对卡茨的这一假定（或者看起来是卡茨的假定）采取中立的态度，即除非你掌握了一个概念的内在结构，否则你就无法掌握这个概念]

19. 这一点值得强调，因为在他的后期著述里，蒯因确实看起来设想过陈述的跨语言（跨理论）同一（尽管它相对于"分析性假设"

的选择)。不管这个动机会有什么优点，它对于调解皮尔士论题和蒯因—迪昂论题是毫无帮助的。

20. 对于后续讨论而言，如何说明“语义评估的条件”无关紧要。比如，它们可能是满足条件。或者，按照蒯因的精神，将陈述等同于一种由一个公式和一个语言社群范围内的言语倾向的复合物（可根据对公共可观察的刺激做出的公共可观察的反应表现出来）构成的有序对。在效果上，这意味着一个陈述就是一个公式，该公式总跟陈述这一公式的由归纳保证的因果律则性紧密联系。这样一种解释将会与蒯因就翻译所说的许多东西相切合。

21. 更准确地说，既然每个陈述必然在一定程度上确证其他任何一个陈述（出于简单性的考虑等，见注释9），那么，关于这里究竟什么算是后验的问题，就不过是陈述A的真对陈述B的真究竟起多大作用。

22. 我们受惠于乔治·雷的评论，它们启发了以上两个段落。

23. 这个相同的假定也隐含在蒯因将语言等同于理论这个声名狼藉的倾向中。人们可能已经想到，理论是有真值的东西（命题）的集合，而语言是有意义的东西的集合（公式）。但是，命题之所以有意义，并不是因为它们就是意义。因此，理论和语言怎么可能是相同的东西呢。(要了解蒯因关于这一论题的观点，参见他的《答乔姆斯基》)

24. 考虑到蒯因对命题的怀疑论态度，这个诊断就明显地窃取了论题。我们想强调的是，《两个教条》中支持语义整体论的论证存在的问题乃是内在的，它并不依赖于我们的诊断是否正确。

25. 比如，人们可能会想，避免普特南孪生地球担忧的一种办法是采取内容的“双重事实”观，并且以证实主义的方式来理解“窄”事实或者“概念角色”事实。有很多人建议这种理论（比如，布洛

克、菲尔德、洛亚尔、莱肯、麦金，以及普特南）。（参见第六章）

26. 要注意的是，即使语词的句法性质在本体论上依赖于语句的句法性质，这也不意味着，语词的句法性质在认识论上也依赖于语句的句法性质。特别是，这不意味着，除非你知道S的句法结构描述，否则你就不可能知道W在S中有什么样的句法功能。这一点很是重要，因为看起来很清楚，一种语言的语义组合性通常依赖于这一事实，即一个语句的句法结构描述是它的词汇构成项的句法结构描述的函项。此事实的一个可能后果是，即便在语句的句法没有预先获得结构描述的情况下，该语句的词汇项的句法分析也必然是可获得的（直到产生歧义）。所有我们接触到的语法和句法理论都这样认为。

当然，句法的组合性与词汇项的句法模糊性是兼容的。句法的组合性仅仅要求，对一个词汇项作句法分析时，它的可能范围在该词汇出现的所有语境里都应该是认知上可理解的。当语言学家说，一门语言的词汇学阐明那些会导致歧义的语词的句法分析，这就是他们的意思。

27. 一个非常好的问题是，罗素对"the F that is G"的处理是否是根据语境的语义或句法性质来定义"the"。人们关于这一点的判断很大程度上依赖于他究竟认为逻辑句法是什么，后者是一个我们不打算在这里讨论的话题。我们满足于说，逻辑句法其实就是句法的观点会让我们很吃惊，虽然它不是完全不值得尊敬。

28. 因此，比如说，我们就不会讨论"分子论的"意义理论（如达米特的观点），为了在原子主义和整体论中间找到航道，它们要诉诸分析/综合之区分。（参见第一章）

29. 绝大多数人都认为蒯因坚持的是虚无主义，而不是语义整体论；也许他确实如此。在《理论与事物》中，他说："意义，就像思想和信念一样，是一个值得进行哲学和科学的阐明与分析的对象，而且，像它们一样，被不恰当地看作进行哲学和科学的阐明与分析的工具。”（第 185 页）我们的观点是，如果他想基于类似《两个教条》中提供的论证来推出虚无主义的结论，即便这些论证在反对蒯因式的分析/综合之区分上是可靠的，他的推论也不会得到辩护。

30. 他确实想论证（也许这只是我们的看法），你不可能通过诉诸先验性来重建分析性；也就是说，如果有分析真理，我们也不能先验地知道它们。但是，这个认识论的禁令不需要蕴涵一条反语义学的禁令。要注意的是，尽管我们刚刚勾勒的斯金纳式的理论能够提供一个分析性概念，但它根本就没有承诺可能存在一种以分析性概念为基础的先验知识。

感谢柏高贤，他特别强调了否定分析/综合之区分和基于一种认识论性质（即先验性）而否定分析/综合之区分之间的区别；而且，他还强调了，任何一种意义实在论都必然需要采纳某种内容等同的概念。然而，跟我们不一样，柏高贤否认《两个教条》中的论证损毁了一种认识论意义上的分析/综合之区分。

第三章注释

1. 很容易将这一论证的方向反过来，从整体论演绎出宽容原则。即假定这种语义学，其谓词的意义通过它在推理网络中的角色而解剖式地构建，然后演绎出：某些该谓词与其有牵连的推理——即那些语义地构成的（semantically constituive）推理——必须是可靠的。这是维尔玛仁所追求的策略。给定如下假设，即“谓词，通过它在对应于使用者的信念网络的谓述网络（network of predications）中的位置，获得它的意义”（《一般信念与宽容原则》，第 114 页），可以推出：“无论我们是否宽容地翻译说话者关于个体的句子，在翻译这样的句子中，我们每次使用一个我们的谓词，就将我们自己信念系统的中心网络的一部分赋予它。”（同上，第116页）就是说，我们这样翻译以至于大量信息提供者的一般信念在我们的标准下是真的。

这个论证，即网络语义学（network semantics）蕴涵着关于一般信念的宽容原则，当然它对我们当前的目的没有用处，因为它是通过窃取论点，即拒斥谓词的语义性质是点状的这一观点，来开始工作的。

2. 实际上，第二个考虑是否非常有力，这一点并不清楚。确实，彻底诠释者（不同于通晓两种语言的人）依据事实不能凭直觉了解土著语言与其母语间的翻译关系。但这并不能推出，它已经抢先占领了彻底诠释这一位置以假定他对下述情况能够拥有证据：特定的土著人语句翻译了特定的他自己的语句；那将依赖于关于翻译的证据是否不可避免地必须用语义学词项来表达，而不是依赖于关于翻译的成功标准是否由这些词项来表达。所以，在进一步的论证来临之前，为什么接受塔斯基关于成功的观点（采用约定T）将窃取关于彻底诠释的论点，这一点并不存在明显的理由。如果成功通过恰当性条件（它要求T语句的右边与左边被引的对象语言句子是同义的、意味着相同的东西等诸如此类）来定义，那么相似的评论也成立（根据情况做适当的变动）。

我们倾向于认为，如果存在严肃的理由不把成功等同于实质恰当性，那么它必须是蒯因式反驳：像翻译这样的未被解释的语义学概念并不处在对意义之哲学说明的清单中。出于论证的目的，让我们假定这已被接受。那么，“成功的真理理论”不能用“实质恰当的真理理论”这一词项予以阐释。

3. 有多少直觉性语义关系戴维森要求T理论去“重建”？相当的

说法是，在什么程度上他的语义学是修正主义的？看起来很清楚，他想要的正确的真理理论的最低限度是它应该展示“诠释”说话者之话语所要求的无论什么信息。对于我们的目的来说，这没什么问题。

4. 问题不是非充分决定性。即使存在大量的同样正确但不等价的意义理论，我们也肯定不会允许关于汉语的语义学将所有的真句子指派给 2 +2 =4，而将所有的假句子指派给 2 +2 =5。但是，这将与把成功构建为外延等价性相容。

5. 如下始终是开放的：某人可以去说，与表象相反，儿童2 的语言“真的”具有组合性结构，因为根据假设儿童2 既可以说这是雪也可以说雪是白的。但是这一步在当前的语境下是窃取论题的。如果组合性是为了解决外延性问题，那么我们就需要有能力独立于确定对象语言的句子是否是语义相关的来确定它们是否是结构相关的。另一种给出这一观察的方法如下：拥有一个组合性的语言不仅仅是拥有这种语言，即它可以表达相关联的命题。它是拥有这样一种语言的问题：在此语言中，当句子所表达的命题间存在语义相似时，这些句子间存在形式的相似。

6. 在通常的语言习得中，儿童真的可以通过“单词句”这一阶段。是否存在一个先验论证表明他们在此阶段所生产的话语没有真值条件？但是，事实上，儿童的单词句话语通常是可诠释的。（参见布洛姆《语言发展》）

7. 人们可能认为，脱困的方法是求助于似真的方法论原则，即最简单的公理与资料的一致始终是被青睐的。但是，当前的这类考虑使得资料是什么变得模糊不清。当信息提供者说“这是雪”时，他说的是这是雪还是这是雪且LT？

8. 我们对“殊例自返”给予了宽泛的解释，例如，时态以及任何可以将真值与说话的语境关联起来的其他特征。参见戴维森的《真理的结构与内容》：“对普通名词和通名的解释在很大程度上依赖于言语中的索引因素（譬如指示词和时态），因为正是这些词十分直接地使得谓词和单称词项与世界中的对象和事件相联系。”（第320页）

9. 记住，关于殊例自返句本身，存在外延性问题和逻辑真理问题，这一点很重要。例如，存在区分“那是雪”和“那是A”的问题，其中，“A”是某个与“雪”共外延但不同义的原子谓词。对于那个问题，如我们前面已经指出的，组合性论证没有提供任何解决的途径。

10. 我们常常被建议，这个结论对戴维森而言将是可接受的，因为“半吊子”整体论（即翻译整体论是真的但内容整体论是假的这一学说，参见第一章）是他的反还原主义所要求的全部。总之，因为在我们这里考察的这篇文章中讨论的主要是意义理论而不是还原主义或者意向性的自治（autonomy of the intentional），因此完全不清楚戴维森希望从这些论证意图去建立的整体论类型中得出什么样的推论。值得注意的是，“半吊子”整体论并不强到足以支持拒斥心理物理定律之可能性的先天论证（参见戴维森《精神事件》）。因为，如果点状心灵（punctate mind）是可能的，那么整体论就不是意向归属的“构成性原则”。如果情况是这样，那么看起来就是，任何证明意向性的东西不能还原为物理的东西的论证，它使用了整体论在意向性的东西上是构成性的这一假设，都必定失败。

11. 读者应该还记得，“彻底诠释”是一个技巧（art）上的词项，因此需要解释。

12. 由戴维森所发展的RI理论（以及由蒯因所发展的彻底翻译理论）——它被简单地看作认识论的一片——看起来假定了一种经验主

义者的基础主义。对于后者，人们可能没有准备好去接受它，即经验的理论可以受到可被研究者（他的认识论条件先天地可指明）发现的要求的实质性约束。这种类型的认识论几乎总是有一个本体论的议事单。如果某人宣称，关于 X 的真理从特定的认识论立场（至少是缺乏全知的）来看*必须*是可发现的，你可以相当肯定，他是一个关于 X 的反实在论者。

初看起来，关于 RI 理论的这一认识论假定公然藐视了蒯因—迪昂论题。蒯因—迪昂断言，作为经验理论之证据的东西始终是后验决定的（参见第二章）。RI 理论与蒯因—迪昂论题如何可以相容因此对我们来说就不清楚。这看起来是另外一个例子，在这个例子中，确证整体论与语义整体论结果就不是一对相处融洽的伙伴。

13. 在蒯因这一案例中，彻底诠释理论是试图证明下述东西的第一步：语言学意义这一概念不是科学上有用的，以及“在一个人的概念框架中，存在着很大的不受经验限制的变化的范围”（蒯因《语词与对象》，第 26 页）。戴维森得出了相反的结论：在拒斥不同的个体或者文化在不同的概念框架下工作是有意义的这一断言中，彻底诠释是基础。事实上，相当一部分戴维森的语言哲学、心灵哲学、形而上学和认识论（特别是他的反怀疑主义论证）依赖于彻底诠释是可能的这一假设。

14. 我们不打算提出这样的问题，即将儿童或其他语言学习者解释为对他们所学习的理论*构建了*一个理论是否合理。戴维森（以及蒯因）认为，存在一种关于语言学习之理论构建（theory-construction）式说明的“无害的”理解方式；我们的意图是用这种无害的方式去理解它，不管这可能是什么。

15. 严格来讲，这个观点必须是这样的：彻底诠释者作为彻底诠释者可以获得的东西是这样的证据：信息提供者可以使语言学家或者儿童获得的观察（这构成了选择一个T理论的偶然约束），以及非论证性推理的一般原则（即当意向性状态和过程不是问题时，调节经验理论之构建的无论什么方法论原则），以及可以通过先验论证（它考虑到了像这样的意向性归属的条件）来辩护的无论什么样的“构成性”原则（例如，宽容原则）。这些先验原则的地位在该讨论的后面会凸显出来。就目前而言，我们想要考察一下，儿童或语言学家可获得的行为性资料（behavioral data）是否被合理地持有以穷尽诠释者可获得的偶然信息。

我们注意到，将儿童说成是持有“非论证性推理的原则”如同将儿童说成是“构建了真理理论”一样，应该被有所保留的持有。儿童所需要的是一个机制以归纳地概括他的观察资料。蒯因的“天赋的质性空间”（innate quality spaces）（参见《语词与对象》，第80—90页）试图做这一类型的工作而又不冒犯经验主义者的顾虑。

16. “天赋”不是唯一的可能性。大量的心理学家认为学习第一语言要求对所有类型的概念能力和社会能力的预先习得。参见（例如）皮亚杰《儿童的语言和思想》；布鲁纳《儿童的言谈：学习使用语言》。

17. 参见赖特福德（Lightfoot）：很清楚，触发儿童之语法增长的主要语言学资料不包含很多语言学家用来在不同假设间进行选择的东西。在这个意义上，儿童并不是一个“小语言学家”，后者以语言学家构建其假设一样的方式构建他的语法。例如，主要语言学资料不包含有组织的范式，也不包含与其他语言可比较的资料。主要语言资料也不包含关于什么没有出现，即否定资料的丰富信息。（《儿童的触发经验》，第323页）

有争议的是，儿童和语言学家并不处在彻底诠释者的认识论情境中，也不处在另一个人的认识论情境中。

18. 参见休谟的平行论点：儿童和动物严肃地对待因果原则，这就够了。他们不需要拥有关于它的得到辩护的真信念（事实上，休谟的观点看起来是，关于因果的未被辩护的假信念做得最好）。休谟说，儿童并非必须解决归纳问题以学习如何避免明火。用同样的精神，我们说儿童并非必须解决彻底诠释的问题以学习汉语。

休谟值得引用：

> 当儿童在他触摸蜡烛的火焰从而感觉到疼痛后，他将会很小心，不去将他的手放在任何蜡烛附近；但会期待一个在可感觉的性质和表象上相似的原因会导致一个相似的结果。所以，如果你断言，对儿童的这一理解使得用任何论证或推理的程序都将得出这一结论，那么，我就会要求你给出那一论证；你没有任何借口拒绝这样的合理要求。你不能说，这个论证非常深奥，它可能逃离你的探寻与询问：因为你承认，对于仅仅是婴幼儿的能力来说，它也是明显的。（《人类理智研究》，第四篇）

19. 但是，维特根斯坦实际上并没有用“无物隐藏”这一术语来表达这一论题。（参见《哲学研究》，第92段）

20. 所以戴维森说，“作为一个原则问题……意义以及与意义相关的信念都易于公共地确定。……一个有充分知识的诠释者关于一个说话者说的话的含义所要获知的，他全都能获知。同样，这样的诠释者关于说话者的信念所要获知的，他也全都能获知。（戴维森《关于真理和知识的一个融贯理论》，第135页）”从这段话可以清楚地看到，戴维森认为，正是因为意义可以公共地确定，所以一个有充分知识的诠释者可以获知需要去获知的全部东西。有关的问题是："什么论证能支持这一推理？"以及"'有充分知识'的力量的是什么？"

也可参见戴维森的《真理的结构与内容》：

> 我们应当要求的是，关于（诠释）理论的证据在原则上是可公共通达的……证据是可公共通达的这一要求并不是出于对行为论或证实论基础的返祖性渴望，而是基于这样一个事实：有待解释的对象是社会现象。精神现象一般来说可能是，也可能不是私人的，但是，由另外一个人对一个人的言语所做的正确诠释必须在原则上是可能的。当然，即便是对于最有技能、最知识渊博的听者来说，一个说话者关于他/她的语词应按某种方式来理解的意向可能依然是难以获知的，但是，有关正确诠释、意义和真值条件的阐述必须要基于可获得证据。正如维特根斯坦（更不用提杜威、米德、蒯因和其他很多人）所坚持认为的那样，语言本质上是社会性的。这种说法并不蕴涵真和意义可以（或"只能"）依据可观察的行为来下定义；但是，这种说法的确蕴涵意义是由可观察的行为（或可易于观察的行为）来完全决定。意义可被辨识，这并不是什么需要碰运气的事情；公共可获得性是语言的构成方面。（第314页）

读者应该注意到下述参考文献以备以后用（参见第五章）：戴维森的心照不宣的假定，对于自然语言的约束依据事实本身大致来说也适用于语义的可诠释性（即，它们是"正确的诠释、意义和真值条件"等东西的条件）。我们想要挑战如下推理：如果语言"依其本质是社会的"，那么意向性必须也如此。（同样参见戴维森《指称的不可测知》，第235页）

21. 达米特提供了该论证的变体，它使得儿童、语言学家对彻底诠释的说明与关于“无物隐藏”的说明之间的关联是如何的紧密变得非常清晰。根据达米特的观点，语言受到如下原则的约束：“在被说成具有该语言知识的人的行为或能力和被说成缺乏该语言知识的人的行为和能力之间，必定存在着可观察的区别。(《直觉主义逻辑的哲学基础》，第217页)”我们把这看成是某个版本的“无物隐藏”论题。但是，导致达米特得出该结论的论证依赖于如下考虑：“我们在使用该语言的陈述和表达式上的娴熟，是他人判断我们是否把握了它们的意义得以依据的全部。”我们把这看作是一个断言，即除非语言是可教的，否则语言不是可学习的；以及除非没有什么东西对教师而言是隐藏的，否则语言是不可教的（严格来讲，达米特是对于数学理论语言做出这一断言的；但是显而易见的是，他认为这个论点是一般性的）。这一论证，如果它是成功的，实际上将证明比下述更多的东西：没有什么东西对处于上帝的认识论立场的人来说是隐藏不见的；它也还将证明，没有什么东西对处在教师的认识论立场的人来说是隐藏不见的。但是，自然语言是可以学习的并不蕴涵他们是可教的，而且它们是可教的这一假设是实质的以及有倾向的（如齐硕姆所经常指出的那样）。此外，从那个假设能推出什么，这依赖于学习者的认识论情境被假定是什么（从下述假设中推不出任何有趣的东西：汉语对于某个知道汉语的人是可教的）。所以，我们回到了我们开始的地方：达米特版本的“无物隐藏”论题依赖于关于认识论情境——自然语言实际上是从该认识论立场中学习的——的未被论证的假设。

22. 至少戴维森自《信念和意义的基础》以来，并且特别明显地在他最近的论文中，认为诠释的基础证据不是“在如此这般环境下认为是真的”，而是“关于这个世界上什么插曲和情境使得行动者青睐某个句子而非其他句子为真的信息”（《真理的结构与内容》，第 314 页；此处着重号为译者所加）。在我看来，这一改变并不会影响我们将去追求的论证。

23. 附加说明，你得到 GHT 语句，后者仅对包含殊例自返句的对象语言语句才以 SHT 语句为证据；跟随关于组合性之讨论的读者将接受这一点。所以，虽然对于每一个 GHT 语句存在这种类型的证据许可相应的 T 语句（下面马上就会看到），但是将存在很多（典型的、无穷多）被所接受的意义理论蕴涵的 T 语句，它们没有这样被许可。

24. 戴维森明显持有这一点。“T 语句具备自然定律的形式和功能；它们是全称量化的双向条件式，其本身被理解为按反事实的方式来引用并由其实例加以确证。”（《真理的结构与内容》，第 313 页）在插入这里的一个注释（第 57 个）中，戴维森评论说：“这有助于回答对于将真理理论作为意义理论这一思路经常提出的一个批评。例如，在给出两个具有相同外延的非结构性谓词这一（非同寻常的）情况下，真理理论可以就从未出现、其中真值条件会有所不同的那些情况做出区别。”（同上）

25. 这么说，我们的意思是，语言如何为真值条件与形态句法（morpho-syntactic）形式配对是“随意的”。戴维森认为，将语言描述为约定系统没有帮助（参见《交流与约定》），但是那不是这里所讨论的问题。

26. 也许，不言而喻的是，L 不能真正是定律，因为下述情况并不完全正确：汉语说话者认为“天在下雨”当且仅当在他附近天在下雨。（考虑无意识的汉语说话者。）出于同样的理由，GE 也不能是定律。就当前的目的而言，我们打算忽略这一类的担忧，但是当我们讨论宽容原则的角色时，这将是至关重要的。

27. R 甚至并非必须是非意向地能详细阐明的（nonintentionally specifiable）。戴维森否认彻底诠释者具有信息提供者之意向状态的“详尽的知识”。但是，我们看不到为什么诠释者不能被允许去量化意向状态，而且那是表达 L 所要求的全部。

28. 这是关于非常一般的论点的一个特殊案例；如我们前面提到的，在戴维森关于诠释要求建立律则性的概括的想法与他的下述想法之间有着可观的张力：如果无物隐藏，则可推出彻底诠释必须是可能的。L 是定律，当且仅当［在每一个律则性的可能世界中，（S 认为“天在下雨”是真的），其中，S 与〈“天在下雨”，天在下雨〉有 R 关系］。现在，S 与〈“天在下雨”，天在下雨〉之间是否具有 R 关系是某种基于下述假定下上帝知道的事情：上帝知道所有意向性（with an“S”）的事实。但是，没有理由假定它是某种彻底诠释者作为彻底诠释者所知道的事情，因为无疑，彻底诠释者在意向性上不是全知的。简言之，如果“天在下雨”意味着天在下雨，这一点随附于 L 是定律，那么，一方面，无物隐藏，但是另一方面，情况依然可能是：彻底诠释不可能。

注意，这对于下述问题有一些推论：一个语言包含“固定”语句（例如，“雨是湿的”）的可能性是否依赖于它包含殊例自返语句（例如，“这是雨”“这是湿的”）。假定库尔特认为“雨是湿的”在每一个律则性可能的世界里（在该世界中，雨是湿的）是真的，并且他与〈“雨是湿的”，雨是湿的〉有 R 关系。那样也许足以保证库尔特通过“雨是湿的”去表示雨是湿的的意思，即使在某些这样的世界里：在该世界中，库尔特说一门语言，在该语言中，“雨”和“湿的”并不出现在带有殊例自返词的语句中。

29. 组合性可能在这里做这一工作，因为“H_2O”很可能是一个描述。但是关联性质（它们全部都在某个语言或其他语言中拥有非结构性名字）的双条件定律的可能性不能被先验地排除。

30. 据我所知，翻译整体论在这个论证中不是要讨论的问题。

31. 事实上，发现当天在下雨时卡尔认为“Es schneit”是真的并不能真正看作是对T的拒斥。“Es regnet”和“Es scheit”可能是同义的。在对差异法的应用中，改变被引句子的正确方法是看一看“regnet”在其中出现的其他表达式（它往往确证这一假设，即“Es regnet”意味着天在下雨，“Es regnet und es schneit”被认为是真的当且仅当天在下雨且下雪。这仅仅是求助于前面所讨论的组合性原则）。

32. 人们可能反驳说，这被排除出去了，因为定律这一概念本身是整体论的；不可能仅仅存在一条定律。但是这个反驳被误导了，即便它的前提是正确的。从不可能仅存在一条定律这一事实出发，推不出不可能仅存在一个语义学定律（关于非意向性的所有其他东西都是定律）。

33. 臭名昭著的是，存在大量的可以刻画宽容原则的方式，以及大量的原则可能被假定以从事宽容原则在诠释理论中所做的工作（虽然它们并不精确地等同于宽容原则）。例如，格兰迪提出一个看起来比宽容原则弱的原则：“对翻译的实用主义约束，在信念、渴望和世界之间的关系的估算模式（imputed pattern）这一条件，尽可能地与我们自己的相似。”（参见格兰迪《指称，意义与信念》，第443页）据我们所知，在宽容原则的不同刻画之间的这种类型的区别不会影响到文本中提出的考察，这一章不会，后两章也不会。

34. 存在一个宽容原则在诠释中的构成性角色到意义整体论的直接路线，这一想法被很多戴维森之外的哲学家持有。例如：“我们的语词意味着什么，这依赖于所有我们相信的东西，以及所有我们做出的假设。这是下述事实的结果：仅当不会导致如下结论时，即他的特定信念与我们的彻底不同，我们才会认为他的另一句话与我们的意味着相同的东西。”（参见哈曼《思想》，第14页）

35. 我们承认的是这种形式的东西：（A→B）→C。特别是，如果关于E的T语句可以有保证的从关于E的GHT语句推出来，那么，在其他条件不变的情况下，E在GHT语句说它是真的的这类场合下是真的。当然，它不是从（A→B）→C推出来的，其中C被要求是从A到B的推理的前提（或预设）。例如，假定：如果某物是一只猫，那么它就是一只动物（对应于A→B）。那么它就蕴涵着：如果Greycat是一只猫，则Greycat是一只动物（这整个的条件句相应于C）。但是，这并不能推出如果Greycat是一只猫，则Greycat是一只动物这一蕴涵推理是下述论证的前提或者预设：如果某物是一只猫，则它是一只动物。非常相似的是，不能从我们在文本中承认的推出POC是从GHT语句到T语句之推理的前提（或预设）。

36. 读者将会记住，如果T语句可以从L这样的句子中推出来，那么GHT语句就不必必须是定律，但L语句必须是。但是，就目前的目的而言，适用的原则是，许可T语句的无论什么概括必须支持反事实条件句。

37. 当然，在其他条件均同的情况下，意义理论的全面简单性和融贯通过接受T语句而被最大化。但是不能是对全面简单性和融贯的求助使得诠释理论是整体论的；如果它是的，则每一个经验理论都将是整体论的。在那种情况中，意向性的“构成原则”和物理说明就没有丝毫的差别，戴维森就失去了他拒斥心理物理的（psychophysical）还原的先验论证。

38. 即在这些条件下（在这些条件下，它是支持反事实条件句的)，它的殊例句被认为是真的；即在这些条件下——它们通过律则必然的 GHT 语句在表示——SHT 语句支持。

39. 假定一个未被限制的（unhedged）POC 在诠释中被使用了。那么，因为被称之为“析取问题”的东西（参见福多《关于内容的一个理论》），结果将是，关于 L 的受青睐的真理理论总是会错误地诠释 L 的句子（相同的论点也适用于 GHT 语句，后者并没有被其他条件均同从句限制）。

事实上，这一考虑是对于怀疑 POC 在解决外延性问题中真正做了什么工作的另一个理由。假设汉语说话者某些时候当天在下雨时认为“天在下雨”是真的，某些时候当他们在漏水的空调下行走时认为“天在下雨”是真的。直观上正确的故事是，前者是真的，而后者是假的。但是，这里有一个候选的 T 理论说“天在下雨”是真的，当且仅当或者附近天在下雨或者头上有一个漏水的空调。注意，这一候选者与所有的 SHT 语句是相容的，并且未被限制的 POC 实际上相比直观正确的那个来说更青睐于它，因为它使得所有（相关的）被认为真的句子是真的。

析取问题证明了，在你知道限制是什么之前，就是不可能说 POC 对于外延性问题是否给出了一个解决。

40. 事实上，戴维森必须在两个地方都拥有其他条件均同从句。即使 GHT 语句支持反事实条件句，它们也不可能是严格真的全称概括。（参见注释 26）

41. 实际上，这就是戴维森称之为“语义无辜”（semanticinnocence）的假设。（参见戴维森《论说出》，第 104 页）

42. 我们已经论证过，求诸组合性对于解决外延性问题既不是必要的也不是充分的。这首先不是因为其所有符号都是非结构的语言的可能性，其次也不是因为组合性不能帮助区分律则上共外延的谓词。但是我们同意，拥有在句法上有结构的表达式的语言将在所有有意思的事例中拥有组合性的语义学。我们不仅仅是承认这一点，我们打算坚持它。（参见第六章）

43. 请读者去试图寻找这样的事例：在这些事例中，POC 将帮助彻底诠释者，而且求诸 POC 不会侵犯已规定好的对彻底诠释的认识论约束。所要求的是一个可迭代的表达式，它与“相信”（that）一样不透明但它是非意向性的（with a “t”）。我们找不到这样一个表达式。而且，即使我们能够找到，我们也不相信一个语言仅仅是因为它拥有一个这样的表达式就是可诠释的。

44. 我们既不持有宽容原则，也不持有人性原则。重申一下：大部分殊例自返语句在下述两个故事中都是真的：一个故事说，宽容原则/人性原则在翻译上是构成性的；另一个故事说，GHT 语句（或 L 语句）的律则必然性对于相应的 T 语句的真理是形而上学充分的。

45. 比较一下哈金的说法：“通过提出一个位于真理理论中的翻译理论复兴了意义。意义永远不会被提及；只要句子和它们的真值条件就好了……戴维森通过给予死亡之吻的方式给意义以重焕生机。”（参见哈金《语言对哲学何以重要》，第 179 页）。

第四章注释

1. 然而这诠释在假定诠释者不知道任何对信息提供者之偶适意向或语义描述的情况下仍然是“彻底”的。我们以后会再讨论这一点。

2. 这一段听起来好像说刘易斯的问题是：根据什么样的原则，意向事实随附于物理事实？但实际上，刘易斯引入的“物理事实”从根本上是物理描述下的行为；而它们的引入不是为了作为意向状态的随附基底（刘易斯不是行为主义者），而是为了提供能够据以评估意向描述之充分性的材料。在我们所知的情况中，刘易斯在其《彻底诠释》中真正想回答的问题是：根据约束诠释的条件，物理描述的那些行为材料在各种意向性理论能够做出评判吗？在他认为的这种约束是对意向概念的构成成分的范围内，刘易斯认为上述范围是形而上学的而非认识论的。

3. 如果你喜欢的话你可以说最佳适合决定了适合的方向；我们对定律的指望就是最大限度地具有简单性和强度（不过我们对罪犯的指望也是最大限度地成为一个犯罪者）。

4. 如果人们不希望具有 F 性质，那么其余情况均同的时候他们就会避免陷入那些使他们相信自己在那时会具有 F 性质的情形，这一点也许是分析的。不过这并不预示着人们必定会避免被针扎，除非再添加一个人们不喜欢被针扎的偶适意向前提。

5. 对比华莱士（Wallace）的说法："在我们进行诠释和向他人学习的实际过程中，证据的提出和接受，借用维特根斯坦的话来讲都是混杂的，也就是说在单一的报告将物理概念和心理概念混合起来了。"（参见华莱士《翻译理论与线性 B》，第 233 页）华莱士的论文在阐明规定的彻底诠释之认识论条件与翻译、破译等实际情况下之认识论条件之间的不同方面极为卓越。

6. 或者会必然得到一个量化的描述，如果你对功能定义的模型是一个拉姆塞语句（Ramsey sentence）的话。（参见刘易斯《如何定义一个理论词项》）

7. 于是人们也许会期望跳出这个定义游戏，这也是一个尚未得到认真对待的办法。为什么当其他东西表面上看都没有定义的时候，人们应该假定"相信 P"有定义？（常识或其他类型的）心理学要求一个使词项能够定位于意向状态的词典。为什么这就会导致这个意向性词典必须是可定义的、功能性的或有其他的什么性质？

特别是要注意到这个问题跟“是否正如意向实在论者一般所假设的那样，意向性词典不得不受到自然主义式还原的影响”不同。并非所有的还原都依赖于定义，例如将水还原为 H_2O 就并非如此。

8. 刘易斯引用了戴维森的说法并得到他的认同：我们“会谋求一种能发现（信息提供者的）一致性的理论”（《彻底诠释》，第 112 页）。因此，据推测他至少同意矛盾是不可接受的。

9. 这当然不是说除非你相信 A 否则你就不能欲求 A；只是说除非你相信（或可以相信）某些事情否则你不能欲求 A。这个判断的意思就是没有一种生物的心理生活就全部都是各种欲求。

10. 除非有独立的论证能表明仅当信念进入有机体行为的因由之中时它所做的事情才能被视为行为。如果只是为了鄙视行为主义者的话，构造这种论证也挺好玩的。不过乍一看我们也不知道这论证该如何着手。

11. 休谟假设一个空泛的观念和一个凝练的观念都能描摹同样的事物，于是也都关涉到同样的事物。这个假设有很重的偏见。不过我们不需要担忧这一点，因为我们没有承认对内容的描摹理论或对信念的“力量和活性”理论。

12. 也许有些哲学家有这样的直观，即系统性不仅仅是成为信念的前提条件，而且是拥有可满足条件的前提条件。拥有这种直观的哲学家很欢迎这一点。不过我们怀疑，对一个部族的人所说的是不是语言的判断服从于他们所说的东西是否具有系统性的判断。对比维特根斯坦在其《哲学研究》里前面的篇章中讨论的“原始语言”（primitive language）；虽然它们完全不具有系统性，维特根斯坦还是认为它们中的一些能够成为“A 和 B 的所有语言，甚至是全部落的所有语言”（参见《哲学研究》，第 6 节和第 7 节）。

13. 参见第五章中丹尼特对宽容原则之进化论论证的讨论。

第五章注释

1. 丹尼特所列的不属于上述推定新兴的共识的哲学家包括安斯康姆、柏吉、齐硕姆、福多、吉奇、克里普克和塞尔。他可能还会加上巴瓦茨、佩里、德雷斯基、麦金、米丽肯、斯托内克等。这让我们想起了彼得·德·弗里斯的笑话，那个女人除了她穿的衣服以外，是完全赤裸的。

2. 作为诠释主义的一种，投射主义不是一种还原主义方案；要记得，诠释主义接受布伦塔诺论题。所以原则上并不反对，对“相信那些”（believe that）的解释说明使用像“说那些”（say that）这样的语义学概念。可以想象一个还原主义者（因此显然不是丹尼特）会接受用“表达”代替“说那些”的分析。也就是，史密斯口中的“琼斯相信天在下雨”等同于“琼斯所处的状态通常会让我（史密斯）表达‘天在下雨’之类的东西”。就目前我们所知的而言，我们将要说明的论点对于两种投射主义的分析一般来说都是成立的。

3. 这种观点似乎也不内在地承诺整体论。有种原子意向实在论对态度的多样性采取一种同样古怪的观点。（参见福多《替代论证和信念的个体化》）

4. 一个人可能论证说，这种意向性归属的相对化会使得它们不适合于科学解释。但乍看来，那将是与诠释主义不同的一种断言；后者仅仅来自于这样的倾向性的假设，即在科学解释中能想到的事实是仅存在的事实。在这方面，比较丹尼特和史迪奇（《从民间心理学到认知科学：反对信念的例子》）对投射主义的处理具有指导意义。史迪奇从对态度归属的投射主义解释中得到的结论是严格的方法论意义上的，而非本体论意义上的。

5. 注意倒果为因的谬误。依照丹尼特的想法，如果我们能找到一种造物，它具有一段被选择历史和意向性结构，我们立即假设它的意向结构是由它的被选择历史设计的，这是不对的。请考虑："羊很蠢，羊被选择；所以羊因其愚蠢而被选择。"（这类例子的讨论，可参见古尔德和利翁特岩的《圣马可教堂的拱桥与潘格洛斯范式：对适应主义方案的批评》）为了让他对宽容原则能够进行论证，丹尼特必须将它限制在那些依靠其信念为真被选择的意向性系统之中。我们未找到任何论证证明人是这样的生物。

6. 我们并不清楚丹尼特是否也将它视为必要条件。如果他这么认为，那我们大概在冒险，微生物学上库恩式的革命会表明我们任何人都没有心灵。

7. 曾经有段时期，即使是一个受尊敬的哲学家也可能试图通过诉诸一种范式例证来设法证明我们拥有信念（而非神念）。但我们相信现在没有了。

8. 回答这个问题的一种方法是勉为其难地采取达尔文主义的工具论。在《认知行为学的意向系统：为潘格洛斯范式辩护》中，丹尼特说："适应主义和心智主义（意向性系统理论）并非传统意义上的理论。它们是用于组织数据、解释内在关系和产生向自然询问的问题的立场或者策略。如果它们是'古典'模型意义上的理论，那么反驳它们是回避问题实质或者是无从反驳的将会是注定的。"（第265页）就目前我们的理解而言，丹尼特对于这些惊人论断的论证就是，如果数据经证明是不符合的，那么无意义的、临时的、回避问题实质的适应论者（或心智主义者）的解释总是能够被设计。然而，在那样的标准下，任何理论都不能被看作"'古典'模型的"，包括物理理论。一个理论允许临时的辩护并不足以使之仅仅成为一种立场，因为，如果是这样，那么所有的理论都仅仅是立场而已。

9. 预测性能够令人信服的最需要的是，如果一个主体相信 P，P 蕴涵 Q，并且相信 Q 于其计划的成功是相关的，那么这个主体相信 Q。这个虽然作为可实现的原则依然太强，但至少比闭合原则要弱一些。

10. 注意，顺便说一下：布伦塔诺的论题并没有暗示不存在意向性规律；布伦塔诺只是告诉我们，如果存在着意向性规律，那么它们一定是不可还原的。

11. 如果存在意向性规律，它们肯定是其他条件等同的规律；特殊科学的规律一般都是这样。近来的讨论，可参见谢福尔《意义的残余》，福多的《斯蒂芬·谢福尔灵魂的暗夜：对〈意义的残迹〉的评论》。

12. 我们认为这个显然为真。在美国大西洋海岸，夏天风和日丽的天气里，水手能可靠地预测风是往西南方向吹。但很少有人会想为什么它会这样（我们过去知道，但现在已经遗忘了）。

13. 什么表明彻底诠释者必须采取这种模式这一点并不完全清楚。戴维森说，"因果性在决定我们所说和所信的内容上扮演着不可缺失的角色。这一事实我们能够通过接受……诠释者的观点被引导而认识到"（《真理的融贯理论》，第317页）。但我们并未被告知通过何种论证我们认识到这一点。很多哲学家都坚持世界的因果关系是由语义性质所构成的，但是他们的论证在具体案例上则依靠详细的直觉——比如，在需要区分双胞胎的心灵状态的例子上。看起来戴维森好像认为它对意义的因果理论有个先验论证；即是说，它仅仅是从对彻底诠释的可能性的限制推论而来。这种论证可能是怎么样非常不清楚。

值得注意的是，蒯因并没有要解释，为什么在因果上促使对一种表达句类型的肯定的，就是决定了它的真值条件的东西的这种困难。因为，就像戴维森正确地注意到的那样，对于蒯因而言，促使肯定的首先是，“（蒯因）认为……同样可以被看作证据的感觉标准”（《真理的融贯理论》，第317页；我们的重点）。因为蒯因是一个实证主义者，证据关系本身构成了语义关系。蒯因为这种便利性付出的代价是，他没有关于反怀疑论的语义论证（确实正如戴维森有见地的评论；《真理的融贯原则》，第313页）。

14. 这是我们在第三章讨论过的关于一般原则的特殊例子。

15. 例如，考虑戴维森关于“沼泽人”的讨论：

> 假设闪电击中了沼泽中的一棵枯树，我就站在旁边。我的身体还原成树的元素，而与此同时，（由于不同的分子构成的）树恰好变成我的身体复制品。我的复制品，这个沼泽人……似乎能认识我的朋友，并似乎能够用英语回应问候。它搬到我的房子，并且似乎在写关于彻底诠释的文章。没人能说出不同……但是有一个不同，我的复制品不能识别我的朋友，它不能识别任何东西，因为首先它就不能认知任何东西。它不可能知道我朋友的名字（当然尽管它看起来能），它不能记住我的房子。它说房子时不像我说“房子”时那样有意义，因为它所发出的“房子”的声音并不是在一个给予其合理意义或者说任何意义的语境中习得的。的确，我看不出我的复制品在发出任何声音时会具有意义，或者说它能有任何思想。（参见戴维森《了解自己的大脑》，第443—444页）

如果这些结果如同威胁戴维森的外部主义的归谬论证一样，打击了你，你可能希望依据虚拟的而不是真实的因果历史来考虑分析意向性。

16. 或者也许根本不存在这种义务；也许在语义学中，如果在作为一只猫的性质和作为“猫”的殊例的原因的性质之间有律则上的联系，那就足以说“‘猫’意味着猫”，而为了获得这种联系，不需要说明什么事实和反事实的因果类型一定成立。我们通常不可能说，我们律则陈述为真需要什么样的反事实条件，这一点是有争议的（也许除了最基本的规律）。

17. 事实上，注解的情况有些不清晰。戴维森对于彻底诠释的解释可能允许他对真值条件的因果理论采取一种虚拟的视角。因为要记得，彻底诠释者被假定，从在如此这般的情形下为真的语句的观察中，推断出殊例自返语句为真的情形下的定律。这些规律以及它们的理论内在关联，支持着反事实句；并且没有理由否认，它们也许恰恰支持着随附内容的反事实。所以这论证可能是这样（事实上，戴维森在他近来的《真理的结构和内容》中大意就是这样）。

我们认为它的可行性并不明显，说戴维森的讲述允许内容依赖反事实句是一回事，断言它将保证彻底诠释者有途径得到随附内容的反事实是另一回事（要记得，关于自然语言的彻底诠释，事实上可能这一点并没有给予论证）。在任何条件下，如果戴维森确实做了这种假定，他将再次在反怀疑论上的论证失败，因为与彻底诠释相一致的是，没有任何一个陈述类型的内容依赖的因果关系应该实际被其殊例所呈现，这种情况至少在逻辑上还是开放的。

18. 例如，参见普特南在《理性、真理和历史》第一章的讨论。

第六章注释

1. 据第一章，读者可能会记得“内容整体论”的实质性论断是：包含“属于语言L”等的语义属性是整体性的，即如果有任何东西具有这些属性，则很多东西都必须具有它们。

2. 布洛克在其文章的不同地方引用了邱奇兰德、约翰逊—莱尔、劳尔、莱肯、麦金、米勒、普特南、谢福及伍兹等作为各种版本CRT的拥护者。其讨论基本上是中立于各种版本的。

3. 布洛克认为他所列举的语义理论的诸要求排除了（塞拉斯传统下的）哈曼和菲尔德主张的CRT版本。布洛克反对菲尔德的理由是，如果概念角色被视为主观概率，继而无法满足条件5（见下文），则概念角色并非“十分具有因果性”（《心理语义学宣传》，第630页）。而布洛克反对哈曼/塞拉斯的理由是，对条件1的满足要求在“宽”内容和“窄”内容间给出界限，继而要求某种“二要素”语义学。我们将不打算讨论CRT理论家们的内部争论，我们在本章第三部分将提出的问题完全适用于哈曼和菲尔德。

4. 谢福尔（《意义》）和塞尔（《言语行为》）的确提出了不属于CRT版本的格赖斯理论。

5. 甚至弗雷格——其对语义学心理学的漠视广为人知——也有一个关于意义和理解之关系的理论。即理解一个词项就是“把捉”词项表达的“概念”。

6. 如此理解弗雷格案例的意义可能面临梅茨案例的困境，因为它假定意义同一性的确能保证非引用语境下的保真替换。我们不打算就此展开讨论。

7. 在哲学中意义CRT理论和在语言学中曾极具影响的结构主义

符号学之间存在某种相当显著的精神联系。根据后者，语言应被视为“差异系统”，其基本观念是，话语的语力（或“语义值”）由语言提供的可能性空间加以确定。例如，索绪尔在语言学和心理表征上显然都持有这一看法：“语言单位是对应于特定概念的话语序列的片段。二者在本性上都是差异性的。”（参见索绪尔《普通语言学教程》，第119页）

值得注意的是，与很多功能角色语义学理论不同，意义的“差异”不仅主张翻译整体论而且主张内容整体论。特别是，它们蕴涵着语义属性不可能是点状的。关于明确主张意义的“差异”进路的哲学理论，参见泽夫的《语义分析》、赖尔的《意义理论》。关于它在结构主义传统中的角色，参见艾科《符号学与语言哲学》。

8. 这里，我们想强调，我们在空白支票的意义上使用推理和推理角色的概念。因此，演绎推理、归纳推理、盖然性推理、稳健推理，纯粹联想，以及任何其他推理暂且都包含进去了。以下的很多讨论都聚焦于如下问题：即CRT理论者们如何严格说明构成意义的推理到底是什么。

9. 另外，我们这里忽略梅茨的案例。如果你坚信没有任何两个表达式可以在所有的非引用语境下保真替换（如梅茨案例所示），那么弗雷格问题则不需要任何语义解答。任何在语言学上能将不同表达式加以区分的记号都可行，而要求1将得到满足。

10. 参见劳尔的《心灵与意义》、莱肯的《逻辑形式》、麦金的《内容的结构》等。

11. 或许布洛克承认有这样的语句，若某人关于素数的理论极端错误，那么这种语句可能进入此人的世界观。但如果布洛克确实承认这一点，那么很难看出CRT如何有助于满足条件7。基于某人相信4是素数的假定（即他的信念为真当且仅当4是素数），关于他如何理解或使用相应的表达式，或者关于他接受何种推理，得不出任何结论。这恰是布洛克喜欢用于反对“外部主义”内容理论的观点。

12. 是否存在此种可能：某人是关于类名的因果理论主义者，但他却可能避免因果理论在“类名”等表达式与其外延间关系上出错？的确！不像布洛克，如果某人否认其语义学理论具有形而上学地位。即，他可以宣称关于类名的因果理论挑出“类名”的外延，但并不是通过指称类名的某种本质属性而保证这一点的。如果因果理论确实认为类名的本质就在于与类之间有某种因果联系，那么类名语义学的因果理论为真当且仅当关于类名语义学的描述语理论为真，而此情形显然看起来是矛盾的。

13. 如时常被注意到的那样，正是在此意义上，功能主义是逻辑行为主义传统的延续。(参见下一注释)

14. 功能主义语义学意味着在命题态度和行为产出之间存在内在联系，并且哲学家们有时候基于某些认识论理由而设定这一联系。例如，莱尔和维特根斯坦试图发掘心灵状态和行为之间的“标准性”联系以反驳关于他心的怀疑论。此策略的代价在于，关于用于界定心灵状态的行为后果的概括事实上是非偶然的，继而才有赖尔关于心理定律存在性的怀疑。

需要注意的是，如果你同时是一个关于心灵状态的功能主义者和整体论者，那么你会认为联结它们和行为的概括都是非偶然的。这显然是布洛克不愿意付出的代价。他也并不认为他需要付出此代价。由于他接受分析/综合的区分，他假定他可以在不坚持整体论的同时坚持功能主义。关于这一点，下文还有更多讨论。

15. 在阅读此段落时，请记住，对布洛克而言，窄意义是CRT界定的意义类型（或维度），而宽意义是符号/世界因果联系界定的意义类型（或维度）。实质上，它们分别对应于涵义和指称。

16. 事实上，关于命题态度，丹尼特自己必定假定了某种形式的CRT语义学。这是因为，一方面，他认为合理性原则对其推理角色施加了限制，另一方面，他认为合理性所施加的限制对于满足它们的意向状态而言是构成性的。

17. 如我们这里须强调的，这一点并不同于假定不存在分析命题。因为，所有命题都是分析性的这一点与此论证并不相悖。对整体论论证造成威胁的是存在综合命题。综合命题是那些你能够毫不含混地否定它，即其真值并不是由其组成成分意义构成的命题。如果"狗吠"是分析性的，那么CRT意味着不存在这样的语言，它能表达"狗"的概念而不表达"吠"的概念。但如果它是综合性的，那么很明显不存在这一限制。

18. 当然，布洛克是一个"二元素"主义者，对他而言，推理角色只构成二元素之一。因此，他可以说，假定由于意义是组合性的，那么其推理角色"维度"也必定是组合性的，这是一个"减法谬论"（参见《宣传》中的讨论，第626页），尽管布洛克立场的结构允许他给出这一论断，但很显然他不会这么做。如我们将看到的，假定组合性的主要初衷是解释语言（或认知）能力的生产性。英语的生产性解释了为何一个说英语的人基于其有限的语言熟悉度可以把握新表达式的涵义。相对应的，在心理语的情况下，假定组合性的初衷在于解释如何通过有限的神经配置来确定无限的推理能力。因此，推理角色的组合性是用于解释推理能力的生产性。如布洛克暗示的，如果涵义被视为是推理角色，那么推理角色的组合性也将被用于解释涵义的生产性。

布洛克所说一切并不真正暗示他将否认这一点。但如我们接下来将看到的，推理角色具有组合性这一观念本身并不成立。

19. 可能语言的组合性来源于思想的组合性，或者相反。在此问题上，我们也保持中立。但我们确实认为，任何展现出非导出性意向性的表征系统都必定具有组合性。

20. 我们认为（由于此问题经常出现），“约翰算出答案”和“答案算出约翰”并不对英语的系统性构成例外。通常，系统性要求，如果一门语言可以表达命题 P 并且命题 P 在语义上与命题 Q 相近，那么此语言也可以表达 Q。但是，如果不存在命题 Q，这一点并不意味着此语言不能表达它，继而构成对系统性的反驳。我们倾向于认为并不存在像答案算出约翰这样的命题，因而此案例并不构成对英语系统性的反例。我们在此也并不想坚持教条主义。如果事实上存在答案算出约翰这样的命题，那么英语就的确可以表达它；确实“答案算出约翰”这一语言形式本身就表达了那一命题。因此，无论依据哪一假定，英语都具有系统性。

21. 在一段极为明晰的段落中，弗雷格既注意到生产性和同构性现象，也注意到二者的联系：

> 语言的能力令人惊讶。仅用少量音节就可以表达无数的思想，因此即使某个被某人首次掌握的思想也可以被表达于语言中，而后者可以被某个完全不熟悉此思想的人理解。如果我们不能将与语句组成部分相对应的思想成分加以区别，使得语句结构成为思想结构的映射，那么这一点就是不可能的。
>
> 如果，我们视思想由简单部分组成，继而认为这些组成部分又对应于语句的简单成分，那么我们就能够理解为何语句的有限

部分能够构成大量的语句，而后者反过来对应于大量的思想。（《复合思想》，第390—391页）

我们关于同构性的论述有意使之含糊，如果要更加精细，则会引出更深的问题。例如，假定你认为“天在下雨”表达了此地正在下雨这一思想。那么你要么认为“天在下雨”实际上比其表面语法拥有更多的构成部分，要么认为同构原则可以通过语用承载信息加以违反。就这里的目标而言，我们不打算介入这些问题。

22. 组合性和分析性是内在紧密相连的，事实上，这一点是非常一般化的结论，它独立于意义是推理角色这一假设。例如，很难看出，你如何可以既认为“棕色牛”具有组合性，而又否认“棕色牛→棕色”和“棕色牛→牛”仅仅依据“棕色牛”的句法及其成分表达式的意义就成其为有效推理。蒯因关于值得怀疑的分析性命题的例子基本上都是关于非逻辑词汇表达式的语义关联性的（“牛→动物”，这类推理）。就此我们发现他并不讨论如下类型的分析命题：即通过语言的组合性结构而产生的分析命题。了解蒯因会就此作何反应将是一件有趣的事情。

23. 业已存在一些关于意义的因果理论，例如，斯金纳《言语行为》，德雷斯基《知识与信息传达》及福多《一个内容理论》。并且，如关于意义的任何理论一样，这些理论都蕴涵某种相应的分析性概念（参见第二章）。但是，所有这些理论都是外部主义和原子主义的，继而无法满足CRT或整体论。

24. 或者，你可能会认为“棕色”的部分推理角色是“如此这般的东西，如果它是牛，则它是危险的”。我们更愿意请读者来自行判断这些选项中的哪一个更不靠谱。

25. 当然，布洛克强调，推理角色必须是通过“抽象化”的方式加以个体化的。因此，它可以假定只有那些组合式获得的推理才算得上是复杂表达式推理角色的构成部分。这挽救了组合性原则，并且避免了导致所有的推理都成为分析性的，但其代价却是使得 CRT 变得贫乏。一个复杂表达式的推理角色是什么，这一问题将变得和表达式的意义是什么这一问题同样不清楚——实际上，两个问题将不可区分。把意义等同于推理角色这一做法要具有实质性，仅当我们对前者有独立的先行把握。

其底线是推理角色实际上不具有组合性，而意义具有。存在多种方式可以使布洛克掩藏这一点，但其中没有一种看起来是合适的。

26. 当然，仅仅在“满足含混性”的意义上是完全确定的。但恰好是这一点证明了那一规则。使得一个表达式成为含混的，恰好是其语义角色无法局域性地得以确定（即如果要确定之，则须“通过语境”来实现）。同时，这一点甚至适用于习语和隐喻，因为在其字面意义和习语/隐喻意义之间存在含混。

27. 布洛克说道：

> 我的猜想是，关于意义的科学观念应该以意义相似性的多元度取代如下观念：在意义相同/不同间给出明确的二元划分。毕竟，以连续统取代二元划分——即从相信/不相信的二元划分走向信念度——是贝叶斯决策理论避免诸多难题的诀窍：如序言悖论。(《宣传》第 624 页)

此类比在我们看来是不幸的，贝叶斯主义走向信念度恰恰取决于命题同一性这一概念的假定。通常，贝叶斯信念者之不同的是他们相信“命题 P”的度。在假定不仅存在信念度也存在命题同一性的度的前提下，如何恰当理解贝叶斯决策理论，这并不十分清楚。参见第一章关于“内容相似性”的讨论。

28. 但是，某些人准备接受这一点到何种程度或许并无底线。如下是贝切尔和亚伯拉汉姆森所认为的主流联结主义观点：“语言并非具有组合性、递归性、生产性、系统性或一致性……因此，我们不需要一个完全展现这些属性的模型。”（《联结主义与心灵》，第 227 页）请注意“模型并不将语言表征为具有精确的组合性”与“模型并不将语言精确地表征为具有组合性”之间的潜在含混。前者是所有人都承认的要求，比如，所有语言都包含习语。而后者是一个并不由此而成立的要求。

29. 或许对于如下两点你可能会心存疑虑：一方面我们同意蒯因的看法，认为不存在分析/综合之区分，另一方面又认为组合性原则蕴涵分析性并且语言是组合性的。实际上，这里不存在矛盾。组合性原则允许“棕色牛→棕色”这样的结构性产生的分析命题。但蒯因所关心的分析命题是“牛→动物”这样的语义性产生的命题（参见注释 22）。如果你接受 CRT，那么你仅仅需要承认后一种分析命题，并因此承认“牛→动物”这类推理中的“牛”的行为是其内容的构成要素。（如蒯因在《逻辑哲学》中所言“逻辑将真理追赶至语法之树”，第 35 页）

第七章注释

1. 因此，邱奇兰德在《理论的本质：一种神经—计算视角》里，基于联结主义框架提供了一种状态空间语义学。他说：

> 我们现在面对着关于“知识”或“理解”的另一种可能的概念，它们和当前常识的语句范畴毫无关系。我们或许可以大胆地说，某个体关于世界的全部理论，并不是一大堆或一长串储存的符号条目，而是在他的突触权重空间中某个特定的点。（第 177 页）

想获得更明确的例子，以了解邱奇兰德关于状态空间语义学的一般性特征可能做出的断定的话，参下文注释12中的引文。

2. 这一点常常比较模糊，一个语义网络中的节点究竟对应的是词汇项还是语句，或者两者兼之。幸运的是，它对当前目的而言不很打紧。

3. 以这样一种方式来谈论语义学是认知心理学中一种陈旧的观点，尽管并不是一种特别有成果的想法。跟邱奇兰德的状态空间语义学类似的一个理论，可以参看奥斯古德、苏契等人的《意义的度量》。在认知科学圈里，语义空间之所以人气下降，一部分原因在于人们对心智加工的统计模型和作为分析工具的要素分析已不再抱有幻想。在这个问题上，跟别的地方一样，“认知神经科学”对认知心理学的全面重构也大概晚了25年。

4. 相较之下，邱奇兰德试图对颜色感觉做心理—物理研究，并为颜色感觉提供一个神经科学理论（即鉴别跟特定类型的颜色感觉相联系的特定类型的大脑状态）。不过，他显然不打算提供一个关于颜色概念或者颜色感觉的感受性内容的理论。出于这个理由，我们提出的所有针对邱奇兰德的反对意见，都与兰德的颜色视觉理论究竟是正确还是错误无关。

5. 接下来的几段只关乎在邱奇兰德的特定理论构想中产生的问题，而不是所有以相似性作为基础的语义学。尤其是这些问题看起来产生于邱奇兰德在关于语义/意向的取消主义立场和将它们还原到神经层面二者之间的犹豫。不在意邱奇兰德理论的读者，可以直接跳到下一节。

6. 语法的案例跟感觉的案例有很大不同，至少在这样一个方面，对语法理论的一个还原必然会是神经生物学的，而不是心理学的。尽管这一点对当前的讨论不很重要，但我们仍视其为理所当然。也许，是某种颜色这一性质可以还原为某种光的心理—物理性质，但显然，是特定句法类型的一个语句殊例这一性质不可能还原为言说的心理—物理性质。然而，它也许能以一种复杂的方式，还原为说话者的某种可以在神经生物学层面得到阐明的性质。

7. 邱奇兰德脑袋里有可能想着的是瓦格纳式的假设——意向性内容的相似和神经实现的相似是捆绑在一起的，因此，如果你在相信P时所相信的东西跟你相信Q时所相信的东西是一样的，那么，若对大脑状态作神经科学描述，则与相信P相对应的大脑状态就跟与相信Q对应的大脑状态是一样。比较明确，这不是一个语义学假设，而是关于心/脑还原的假设。或许，无须多说，在这个世界里，没有任何理由假定这个假设是真确的。

8. 一个比较适合邱奇兰德脾性的解决办法是视概念为范型（stereotype）；在这种解释下，经验推理和构成性推理之间的区别就是统计的，而不是语义的，因为范型性质和其他性质之间的区别本身是统计式的（粗略地说，性质F的范型性质是绝大多数人都极可能会认为F所具有的性质）。自然，概念的范型理论有它自己的困难，这里不拟深入讨论。假定范型理论是对的，即假定概念就是范型，不管这么做可能有什么理论上的长处，它对状态空间维度的个体化问题也毫无帮助。因为一个强健的范型相似概念预设了一个强健的范型特征等同的概念。说狗的范型有一个湿湿的鼻子，就是视有一个湿湿的鼻子这个性质的同一性和表达这一性质的心智表征为理所当然。

如果说这个问题实际上并没有特别困扰范型理论家，那是因为他们中的大多数人在根底上都假定范型特征是感觉/心理—物理特征。因此，他们都暗地里向经验主义投诚，而邱奇兰德则还在徒劳无果地想要避免它。

9. 我们这里的论述方式有点可能带误导性的让步；狗这个概念（以及诸如，充分相似于一条狗这个概念的概念）正是语义理论要努力加以刻画的东西；因此，为避免循环，一个理论就不能假定这些概念是已经得到阐明了的。到目前为止，关于狗这个概念，邱奇兰德的理论唯一能利用的就是：已经在一个语义空间里占据一个特定区域的概念。

一如往常，这一点很重要，状态空间图示里的标签不应仅仅出于规定（即视为自由参数）。（参见上文）

10. 而且，顺便说说，不仅仅是从实际的特殊差异，还应该包括潜在的特殊差异。也许，有许多种方式，可以使得你关于狗的信念跟我关于狗的信念之间有差异，但不影响你我彼此的狗这个概念的相似。一个关于概念相似的基本理论需要阐明狗这个概念在状态空间中占据的可能区域。

11. 当然，严格说来，传统经验主义者认为，我们的概念是感觉概念的函项。我们已经看到，邱奇兰德对感受性的处理，依赖于模糊是感觉的东西和是心理的东西之间的区别。但当前的指责并不源于这一点。

12. 这里，举个例子，邱奇兰德竭尽全力地想论证这一点的必要性。任何想理解联结主义版本状态空间语义学背后的认识论假定的人，都应该特别注意这个以“有可能”开始的段落：

> 一个成熟大脑所产生的激活向量空间以及它们体现的范型所能容纳的东西，远远不止那些简单的感觉类型，例如音素、颜色、气味、面孔等。考虑到大脑中大量的高维空间，那些空间以及它们体现的范型，完全可以容纳非常复杂的、一般的和抽象的范畴，以及具有时间维度的范畴，例如和谐震动、抛物体、行

> 波、桑巴舞、12 小节蓝调、民主选举、六道菜的晚宴……有可能，这些抽象空间的输入维度自身可能常常必须是更早加工层次的表达，但这没有问题，因为我们讨论的网络正是按层次排列来完成任务。所以，原则上，这种系统表征各种类型的过程、程序和技术并不比表征“简单”的感觉性质更困难些。从大脑的角度看，它们只是具有更多的高维向量罢了。（《理论的本质》，第191 页）

课后作业：这样理解“抽象”和感觉感念之间的关系，休谟会在哪些地方不同意？

13. 当然，这不意味着具有相同感觉传感器的生物就必须有相同或相似的概念。后者依赖于他们的概念是否在语义空间中占据相同或相似的位置。

术语译名对照表

Anatomic property 非原子性质

Anthropological holism 人类学整体论

Brentano's thesis 布伦塔诺论题

Centrality of belief 信念中心性

Closure principle 闭合原则

Coherence principle 融贯性原则

Compositionality 组合性

Content holism 内容整体论

Empiricist principle 经验论原则

Extensional adequacy 外延充分性

Extensionality problem 外延性问题

Generic semantic property 概括的语义性质

Gricean semantics 格赖斯语义学

Holistic property 整体性质

Immanence 内在性

Intentional Realism 意向实在论

Interpretation 诠释

Interpretivism 诠释主义

Isomorphism 同构论

Mates examples 梅茨案例

Molecularism 分子论

Normativism 规范主义

“Nothing is hidden” thesis “无物隐藏” 论题

Peirce’s thesis 皮尔士论题

Polyadicity（of a predicate）多位性（一个谓词）

Primacy of belief 信念优位

Principle of charity 宽容原则

Probity principle 趋善原则

Productivity 生产性

Projectivism 投射主义

Punctate 点状的

Quine/Duhem thesis 蒯因—迪昂论题

Radical interpretation 彻底诠释

Robust generalization 强健概括

Semantic atomism 语义原子论

Semantic nihilism 语义虚无主义

Semi-holism 半整体论

Strong anatomism 强非原子论

Systematicity 系统性

Token-reflexive 殊例自返性

Transcendental argument 先验论证

Translation holism 翻译整体论

Truth Principle 真理原则

Weak anatomism 弱非原子论

参考文献

[1] ARISTOTLE. De interpretatione [M] // The works of Aristotle: vol. 1. Oxford: Oxford University Press, 1928.

[2] BARWISE J, PERRY J. Situations and attitudes [M]. Cambridge, Mass: MIT Press, 1981.

[3] BECHTEL W, ABRAHAMSEN A. Connectionism and the Mind [M]. Oxford: Basil Blackwell, 1991.

[4] BLOCK N. Advertisement for a semantics for psychology [C] // FRENCH P, UEHLING T, WETTSTEIN H. Midwest Studies in Philosophy, Vol. 10: Studies in the Philosophy of Mind. Minneapolis: University of Minnesota Press, 1986: 615 – 678.

[5] BLOCK N, FODOR J A. What psychological states are not [J]. Philosophical Review, 1972, 81: 159 – 181.

[6] BLOOM L. Language development: form and function in emerging grammars[M]. Cambridge, Mass: MIT Press, 1970.

[7] BRUNER J. Child's talk: learning to use language[M]. New York: Norton, 1983.

[8] CHOMSKY N. Review of B. F. Skinner's verbal behavior[J]. Language, 1959, 35: 26 – 58.

[9] CHOMSKY N. Rules and representations[M]. New York: Columbia University Press, 1980.

[10] CHURCHLAND P M. A neurocomputational perspective: the nature of mind and the structure of science[M]. Cambridge, Mass: MIT Press, 1991.

[11] CHURCHLAND P M. Matter and consciousness: a contemporary introduction to the philosophy of mind[M]. Cambridge, Mass: MIT Press, 1984.

[12] CHURCHLAND P M. On the nature of theories: a neurocomputational perspective[J]. A Neurocomputational Perspective, 1989, 14: 153 – 196.

[13] CHURCHLAND P M. Perceptual plasticity and theoretical neutrality: a reply to Jerry Fodor[J]. A Neurocomputational Perspective, 1989, 14: 255 – 280.

[14] CHURCHLAND P M. Scientific realism and the plasticity of mind[M]. Cambridge: Cambridge University Press, 1979.

[15] CHURCHLAND P M. Some reductive strategies in cognitive neurobiology[J]. A Neurocomputational Perspective, 1989, 14: 77 – 110.

[16] CHURCHLAND P S. Neurophilosophy: toward an unified theory of the mind/brain[M]. Cambridge, Mass: MIT Press, 1986.

[17] DAVIDSON D. A coherence theory of truth and knowledge[J]. Truth and Interpretation, 1980: 307 – 319.

[18] DAVIDSON D. Belief and the basis of meaning[C]. Inquiries into Truth and Interpretation, 1984: 141 – 154.

[19] DAVIDSON D. Communication and convention[C]. Inquiries into Truth

and interpretation, 1984: 265 – 280.

[20] DAVIDSON D. Essays on action and events[M]. Oxford: Clarendon Press, 1980.

[21] DAVIDSON D. Inquiries into truth and interpretation[M]. Oxford: Clarendon Press, 1984.

[22] DAVIDSON D. Knowing one's own mind[J]. Proceedings and Addresses of the American Philosophical Association, 1987, 60(3): 441 – 458.

[23] DAVIDSON D. Mental events[C]. Essays on Actions and Events, 1980: 207 – 228.

[24] DAVIDSON D. On saying that[C]. Inquiries into Truth and Interpretation, 1984: 93 – 108.

[25] DAVIDSON D. Psychology as philosophy[J]. Essays on Actions and Events, 1980: 229 – 245.

[26] DAVIDSON D. Radical interpretation[C]. Inquiries into Truth and Interpretation, 1984: 125 – 139.

[27] DAVIDSON D. Rational animals[C] // LEPORE E, MCLAUGHLIN B. Actions and Events. Oxford: Basil Blackwell, 1985: 473 – 481.

[28] DAVIDSON D. Reality without reference[C]. Inquiries into Truth and Interpretation, 1984: 215 – 226.

[29] DAVIDSON D. Reply to Foster[C]. Inquiries into Truth and Interpretation, 1984: 171 – 179.

[30] DAVIDSON D. Semantics for natural languages[C]. Inquiries into Truth and Interpretation, 1984: 55 – 64.

[31] DAVIDSON D. The inscrutability of reference[C]. Inquiries into Truth

and Interpretation, 1984: 227 – 242.

[32] DAVIDSON D. The material mind[C]. Essays on Actions and Events, 1984: 245 – 259.

[33] DAVIDSON D. Theories of meaning and learnable languages[C]. in Inquiries into Truth and Interpretation, 1984: 3 – 16.

[34] DAVIDSON D. The structure and content of truth[J]. Journal of Philosophy, 1990, 87: 279 – 328.

[35] DAVIDSON D. Thought and talk[C]. Inquiries into Truth and Interpretation, 1984: 155 – 170.

[36] DAVIDSON D. Truth and meaning[C]. Inquiries into Truth and Interpretation, 1984: 17 – 36.

[37] DENNETT D C. Brainstorms[M]. Cambridge, Mass: MIT Press, 1981.

[38] DENNETT D C. Evolution, error, and intensionality[C] // The Intentional Stance, Cambridge: MIT Press, 1987: 287 – 322.

[39] DENNETT D C. Intentional systems[C]. Brainstorms, 1978: 3 – 22.

[40] DENNETT D C. Intentional systems in cognitive ethology: the "Panglossian paradigm" defended[C]. The Intentional Stance, 1987: 237 – 286.

[41] DENNETT D C. Making sense of ourselves[C]. The Intentional Stance, 1987: 83 – 116.

[42] DENNETT D C. Mid-term examination: compare and contrast[C]. The Intentional Stance, 1987: 339 – 350.

[43] DENNETT D C. The intentional stance[M]. Cambridge, Mass: MIT Press, 1987.

[44] DENNETT D C. True believers[C]. The Intentional Stance, 1987: 13 – 42.

[45] DENNETT D C. Cognitive ethology: hunting for bargains or a wild goose chase?[C] // MCFARLAND D. The Explanation of Goal-seeking Behaviour. Oxford: Oxford University Press, forthcoming, 1989.

[46] DEVITT M. Meaning holism[Z]. MS.

[47] Dretske F. Knowledge and the flow of information[M]. Cambridge, Mass: MIT Press, 1981.

[48] DUMMETT M. Frege: philosophy of language[M]. New York: Harper & Row, 1973.

[49] DUMMETT M. The philosophical basis of intuitionistic logic[C] // Truth and Other Enigmas. Cambridge, Mass: Harvard University Press, 1978: 215 – 247.

[50] DUMMETT M. What is a theory of meaning?(1)[C] // GUTTENPLAN S. Mind and Language. Oxford: Oxford University Press, 1975: 97 – 138.

[51] DUMMETT M. What is a theory of meaning?(2)[C] // EVANS G, MCDOWELL J. Truth and Meaning. Oxford: Oxford University Press, 1975: 67 – 137.

[52] ECO U. Semiotics and the philosophy of language[M]. Bloomington: University of Indiana Press, 1983.

[53] EVANS G. Varieties of reference[M]. Oxford: Oxford University Press, 1982.

[54] EVANS G, MCDOWELL J. Truth and meaning: essays in semantics [M]. Oxford: Clarendon Press, 1976.

[55] FIELD H. Logic, meaning and conceptual role[J]. Journal of Philosophy, 1997, 74: 379 – 408.

[56] FODOR J A. A modal argument for narrow content[J]. Journal of Philosophy, 1991, 88: 5-26.

[57] FODOR J A. A theory of content[C] // A Theory of Content and Other Essays. Cambridge, Mass: MIT Press, 1991: 51-136.

[58] FODOR J A. A theory of content and other essays[M]. Cambridge, Mass: MIT Press, 1991.

[59] FODOR J A. Psychosemantics: the problem of meaning in the philosophy of mind[M]. Cambridge, Mass: MIT Press, 1987.

[60] FODOR J A. Representations[M]. Cambridge, Mass: MIT Press, 1981.

[61] FODOR J A. Stephen Schiffer's dark night of the soul: a review of Remnants of Meaning[C]. A Theory of Content and Other Essays, 1990: 177-191.

[62] FODOR J A. Substitution arguments and the individuation of beliefs [C] //BOOLOS G. Meanig and Method: Essays in Honor of Hilary Putnam. Cambridge: Cambridge University Press, 1990: 63-78.

[63] FODOR J A. The language of thought[M]. New York: Crowell, 1975.

[64] FODRO J A. Three cheers for propositional attitudes[C]. Representations, 1983: 100-123.

[65] FODOR J A, MCLAUGHLIN B. Connectionism and the problem of systematicity: why Smolensky's solution doesn't work[J]. Cognition, 1990, 35: 183-204.

[66] FODRO J A, PYLYSHYN Z. Connectionism and cognitive architecture: a cirtical analysis[J]. Cognition, 1998, 28: 3-71.

[67] FREGE G. Collected papers on mathematics, logic and philosophy[M]. Oxford: Basil Blackwell, 1984.

[68] FREGE G. Compound thoughts[C]. Collected Papers on Mathematics, Logic and Philosophy, 1984: 390 – 406.

[69] FREGE G. On sense and reference[C]. Collected Papers on Mathematics, Logic and Philosophy, 1984: 157 – 177.

[70] FREGE G. The foundations of arithmetic [M]. Oxford: Basil Blackwell, 1980.

[71] GIBSON R F. The philosophy of W. V. Quine: an expository essay[M]. Tampa, Fl: University Press of Florida, 1982.

[72] GLYMOUR C. Theory and evidence[M]. Princeton: Princeton University Press, 1980.

[73] GOULD S J. LEWONTYN R. The spandrels of San Marco and the Panglossian paradigm: a critique of the adaptationist programme[J]. Proceedings of the Royal Society, 1979, B05: 581 – 598.

[74] GRANDY R. Reference, meaning and belief[J]. Journal of Philosophy, 1973, 70: 439 – 452.

[75] GRICE H P. Studies in the ways of words[M]. Cambridge, Mass: Harvard University Press, 1989.

[76] GRUNBAUM A. The falsifiablity of theories: total or partial? A contemporary evaluation of the Duhem-Quine thesis[J]. Synthese, 1962, 14: 17 – 34.

[77] HACKING I. Why does language matter to philosophy? [M]. Cambridge: Cambridge University Press, 1975.

[78] HAHN L E, SCHILPP P. The philosophy of W. V. Quine[M]. La Salle, Ⅲ: Open Court, 1986.

[79] HARMAN G. Meaning and semantics[C] // MUNITZ M I, UNGER P

K. Semantics and Philosophy, New York: New York University Press, 1974, 1 – 16.

[80] HARMAN G. Thought[M]. Princeton : Princeton University Press, 1973.

[81] HARMAN G. Wide functionalism[C] // SCHIFFER S, STEELE S. In Cognition and Representation. Boulder, Colo: Westview Press, 1988: 11 – 20.

[82] HUME D. Enquiry concerning human understanding[M]. Indianapolis: Bobbs-Merrill, 1955.

[83] KATZ J J. Semantic theory[M]. New York: Harper & Row, 1972.

[84] KATZ J J. The metaphysics of meaning[M]. Cambridge, Mass: MIT Press, 1990.

[85] KRIPKE S. Naming and necessity[M]. Cambridge: Harvard University Press, 1962.

[86] LEPORE E. New directions in semantics[M]. London: Academic Press, 1987.

[87] LEPORE E. Truth and interpretation: perspectives on the philosophy of Donald Davidson[M]. Oxford: Basil Blackwell, 1986.

[88] LEPORE E, LOEWER B. Dual aspect semantics[C]. New Directions In Semantics, 1986: 83 – 112.

[89] LEPORE E, LOEWER B. What Davidson should have said[C] // VILLANUEVA E. Information, Semantics and Epistemology. Oxford: Basil Blackwell, 1990: 190 – 199.

[90] LEPORE E, MCLAUGHLIN B. Actions and events: Perspective on the Philosophy of Donald Davidson[M]. Oxford: Basil Blackwell, 1985.

[91] LEWIS D. A subjectivist's guide to objective chance[C]. Philosophical

Papers, 1983: 83 – 132.

[92] LEWIS D. How to define theoretical terms[C]. Philosophical Papers, 1983: 78 – 96.

[93] LEWIS D. Philosophical papers[M]. Oxford: Oxford University Press, 1983(vol. 1) and 1986(vol. 2).

[94] LEWIS D. Radical interpretation [C]. Philosophical Papers, 1983: 108 – 118.

[95] LIGHTFOOT D. The child's trigger experience: degree-0 learnability [J]. Behavioral and Brain Sciences, 1989, 12: 321 – 375

[96] LOAR B. Conceptual role and truth conditions[J]. Notre Dame Journal of Formal Logic, 1982, 23: 272 – 283.

[97] LOAR B. Mind and meaning[M]. Cambridge: Cambridge University Press, 1981.

[98] LYCAN B. Logical form[M]. Cambridge, Mass: MIT Press, 1984.

[99] LYCAN B. Psychological laws[J]. Philosophical Topics, 1981, 12: 9 – 38.

[100] MATES B. Synonymy[C] // LINSKY L. Semantics and the Philosophy of Language, Urbana: University of Illinois Press, 1962: 111 – 138.

[101] MCGINN C. The structure of content[C] // WOODFIELD A. Thought and Object: Essays on Intensionality. Oxford: Oxford University Press, 1982: 207 – 258.

[102] MILLIKAN R. Language, thought and other biological categories[M]. Cambridge, Mass: MIT Press, 1984.

[103] NORRIS C. Derrida [M]. Cambridge, Mass: Harvard University Press, 1987.

[104] OSGOODC E, SUCI G J, TANNENBAUM P H. The measurement of meaning[M]. Urbana: University of Illinois Press, 1967.

[105] PIAGET J. The language and thought of the child[M]. New York: Harcourt, Brace and Co., 1926.

[106] PITCHER G. Wittgenstein: the philosophical investigations[M]. New York: Anchor Books, 1966.

[107] PLATO. Cratylus[C] // HAMILTON E, CAIRNS H. The Collected Dialogues of Plato. Princeton: Princeton University Press, 1961: 100 - 123.

[108] PLATTS M. Ways of meaning[C] // An Introduction to a Philosophy of Language. London: Routledge & Kegan Paul, 1980.

[109] PLATTS M. Reference, truth and reality: essays on the philosophy of language[M]. London: Routledge & Kegan Paul, 1979.

[110] PUTNAM H. Meaning and the moral sciences[M]. London: Routledge & Kegan Paul, 1978.

[111] PUTNAM H. Meaning holism[C] // HAHN L E, SCHILPP P. The Philosophy of W. V. Quine, 1986: 405 - 426.

[112] PUTNAM H. Mind, language and reality[M]. Cambridge: Cambridge University Press, 1975.

[113] PUTNAM H. Philosophers and human understanding[C]. Realism and Reason, 1983: 184 - 204.

[114] PUTNAM H. Realism and reason[M]. Cambridge: Cambridge University Press, 1983.

[115] PUTNAM H. Reason, truth and history[M]. Cambridge: Cambridge University Press, 1981.

[116] PUTNAM H. The analytic and the synthetic[C]. Mind, Language and Reality, 1975: 33 - 69.

[117] PUTNAM H. The meaning of "meaning" [C]. Mind, Language and Reality, 1975: 215 - 271.

[118] QUINE W V. Epistemology naturalized[C]. Ontological Relativity and Other Essays, 1975: 69 - 90.

[119] QUINE W V. Ontological relativity[C]. Ontological Relativity and Other Essays, 1969: 26 - 68.

[120] QUINE W V. Ontological relativity and other essays[M]. New York: Columbia University Press, 1969.

[121] QUINE W V. Pursuit of truth[M]. Cambridge, Mass: Harvard University Press, 1990.

[122] QUINE W V. Reply to Chomsky[C]. DAVIDSON D, HINTIKKA J. Work and Objections: Essays on the Work of W. V. Quine. Davidson, Holland: Reidel, 1969: 302 - 311.

[123] QUINE W V. Reply to Hilary Putnam[C] // HAHN L E, SCHILPP P. The Philosophy of W. V. Quine, 1986: 427 - 432.

[124] QUINE W V. Review of Evans and McDowell truth and meaning[J]. Journal of Philosophy, 1977, 74: 225 - 241.

[125] QUINE W V. Theories and things[M]. Cambridge, Mass: Harvard University Press, 1981.

[126] QUINE W V. Two dogmas of empiricism[C] // From a Logical Point of View. Cambridge, Mass: Harvard University Press, 1953: 20 - 46.

[127] QUINE W V. Word and object[M]. Cambridge, Mass: MIT Press, 1960.

[128] RHEES R. Can there be a private language[C] // PITCHER G.

Wittgenstein: The Philosophical Investigations. 1966: 267 – 285.

[129] ROSENBERG A. Davidson's unintended attack on psychology[C] // Lepore E, MCLAUGHLIN B. Action and Events. 1985: 399 – 407.

[130] RUSSELL B. The analysis of mind[M]. London: Allen & Unwin, 1971.

[131] RYLE G. The theory of meaning[C] // MACE C. British Philosophy in Mid-Century. London: Allen & Unwin, 1957.

[132] SALMON N. Frege's puzzle[M]. Cambridge, Mass: MIT Press, 1986.

[133] SAUSSURE F D. Course in general linguistics[M]. London: Duckworth, 1983.

[134] SCHIFFER S. Meaning[M]. Oxford: Clarendon Press, 1972.

[135] SCHIFFER S. Remnants of meaning[M]. Cambridge, Mass: MIT Press, 1987.

[136] SEARLE J. Speech acts[M]. Cambridge: Cambridge University Press, 1969.

[137] SHOEMAKER S. Functionalism and qualia[J]. Philosophical Studies, 1975, 27: 291 – 315.

[138] SKINNER B F. Verbal behavior[M]. New York: Appleton-Century Crofts Inc., 1957.

[139] SMOLENSKY P. On the proper treatment of connectionism[J]. Behavioral and Brain Sciences, 1988, 11: 1 – 23.

[140] STALNAKER R C. Inquiry[M]. Cambridge, Mass: Inquiry, MIT Press, 1987.

[141] STAMPER D. Towards a causal theory of linguistic representation [C] // FRENCH P, UEHLING T, WETTSTEIN H. Midwest Studies in Philosophy, vol. 2: Studies in the Philosophy of Lan-

guage. Minneapolis: Minnesota university press, 1977: 42 - 63.

[142] STICH S. Dennett on intentional systems[J]. Philosophical Topics, 1981, 12: 38 - 62.

[143] STICH S. From folk psychology to cognitive science: the case against belief[M]. Cambridge, Mass: MIT Press, 1983.

[144] STICH S. The fragmentation of reason[M]. Cambridge, Mass: MIT Press, 1990.

[145] VERMAZEN B. General beliefs and the principle of charity[J]. Philosophical Studies, 1982, 42: 111 - 118.

[146] WALLACE J. Translation theories and linear B[C] // LEPORE E. Truth and Interpretation, 1986: 111 - 118.

[147] WITTGENSTEIN L. Philosophical investigations[M]. Oxford: Basil Blackwell, 1968.

[148] ZIFF P. Semantic analysis[M]. Ithaca: Cornell University Press, 1960.

译后记

在形而上学、认识论等哲学研究领域，以及社会科学研究的某些讨论里，都容易发现整体论的身影。作为哲学或科学探究的一种立场，它通常跟原子论相对峙。后者主张，世界的构成物在形而上学上是独立的，因而，对某个对象的认识并不必然依赖于对别的对象的认识。整体论者则有相反的运思，认为事物（以及性质）总是通过与他物的联系（或关系）才得以确立。

作为迄今唯一一本系统、深入地讨论意义整体论的著作，此书在分析哲学界广为人知。在精神上，分析哲学家重视对问题做理性的分析，强调概念表达的清晰以及论证的严格。正如作者所言，他们想提供一个“购物指南”，而不是一个可以直接采纳的立场。我以为，两位分析哲学家讨论整体论的方式（也许，并不是某一种特定立场），对理智上特别同情整体论的志士，应有可借鉴之处。因而，不畏繁难，将之译成中文。

因个人才智疏浅，我邀请了数位对议题有专门研究的青年学者襄助。各章分工如下：

序言：刘冰译，刘小涛校；

第一章：刘小涛译，何朝安校；

第二章：鲍建竹译，刘小涛校；

第三章：李主斌译，谭力扬校；

第四章：曹青春译，谭力扬校；

第五章：刘冰译，何朝安校；

第六章：张艳芬译，何朝安校；

第七章：刘小涛译，张孟雯校。

刘小涛、何朝安通读全书译稿，做了译名统一、文字润饰的工作；张孟雯、姜晨程、金一鑫在文字录入等方面多有帮助。席建海先生促成此译著出版。对各方帮助，在此一并致谢！

正文文献页码均为原英文文献页码；重要术语译名可参照术语译名对照表。特此说明。

限于学识，译文当有不足，是所求教于方家。